There were two trees in the garden

There were two trees in the garden

Rick Joyner
MorningStar Publications
16000 Lancaster Highway
Charlotte, NC 28277
1-800-542-0278
Printed in the United States of America
Copyright © 1986, 1990, 1992, 1993 by Rick Joyner

All rights reserved
Korean Copyright © 2006 by Grace Publisher
178-94 Soongin 2dong Jongro-ku Seoul Korea

There were two trees in the garden
동산 안의 두 나무

릭 조이너 저 | 박미가 역

There were two trees in the garden
동산 안의 두 나무

발행일 2006년 2월 20일
6　쇄 2016년 6월 10일
지은이 릭 조이너
역은이 박미가
펴낸이 장사경
펴낸곳 Grace 은혜출판사(Grace Publisher)

주소 서울 종로구 종로 65길 12-10
전화 744-4029　**FAX** 744-6578
출판등록 제 1-618호(1988. 1. 7)

ⓒ 2016 Grace Publisher, Printed in Korea
　　ISBN 89 - 7917 -733-X　03230

이 출판물은 저작권법에 의해 보호를 받는 저작물이므로
무단 전재와 무단 복제를 할 수 없습니다.

contents

There_Were_Two_Trees_In_The_Garden_

Part Ⅰ _ 세대 간의 갈등 _ 15

The Conflict Of The Ages

Chapter 1 _ 두 나무 _ 17

Chapter 2 _ 가인의 씨 _ 27
죄된 인간 · 30

Chapter 3 _ 희생 제물 _ 43
아벨 · 47 ㅣ 용서 · 51

Chapter 4 _ 두 마음을 품음의 뿌리 _ 59
이기주의 · 61 ㅣ 인본주의의 공격 · 66

Chapter 5 _ 바벨론 _ 77
그리스도인들이 연합하지 못함의 뿌리 · 78 ㅣ 참된 연합 · 82
가인의 씨 속에 있는 자만심 · 87

Chapter 6 _ 바벨론에 대항함 _ 91
하나님의 일 · 93 ㅣ 참된 영적 비전 · 96

Chapter 7 _ 아브라함 _ 101
참 믿음 · 103 ㅣ 크나큰 분리 · 109 ㅣ 믿음과 인내 · 112 ㅣ 이스마엘 · 118

Chapter 8 _ 그 어떤 도시를 바람 _ 123

영적인 기초 · 125 | 참된 사역 · 134

Part II _ 마음이라는 전쟁터 _ 139

The Battleground of the Heart

Chapter 9 _ 야곱과 에서 및 루우벤과 요셉 _ 141

하나님과 씨름하기 · 142 | 사탄의 양식 · 145 | 몸, 혼 그리고 영 · 151

Chapter 10 _ 바로와 모세 그리고 영적 권위 _ 157

거절에 대한 두려움 · 162 | 하나님의 길 알기 · 178
사역에 헌신함 · 184 | 모세가 바위를 치다 · 187

Chapter 11 _ 하나님을 두려워하는 것과 사람을 두려워하는 것 _ 191

사람을 두려워 함 · 191 | 사울과 다윗 · 193 | 사탄의 기본 전략 · 198

Part III _ 승 리 _ 205

The Victor

Chapter 12 _ 유월절 _ 207

새로운 시작 · 210 | 진리 안에서 걷기 · 213 | 성령 안에서 살기 · 216
마음이 변화됨 · 220

Chapter 13 _ 양을 데리고 집으로 들어감 _ 229

당신은 예수님을 누구라고 말하시겠습니까? · 234

Chapter 14 _ 우리 모두가 그분을 십자가에 못 박았다 _ 239
　　하나님을 비난함 · 240 | 의로운 판단 · 244
　　하나님의 대변인 되기 · 248

Chapter 15 _ 생명은 피에 있다 _ 251
　　지식의 증가 · 253 | 성찬식 · 255 | 몸을 분별함 · 259
　　전체를 다 먹어야 한다 · 261

Chapter 16 _ 성령의 움직임에 민감함 _ 269
　　서둘러서 먹어야 한다 · 269 | 율법보다 위대한 의 · 272
　　영적 질서 · 276

Chapter 17 _ 이방 사람은 아무도 먹지 못한다 _ 283
　　헛된 예배 · 284 | 하나님이 계시는 곳 · 287 | 세 수준의 사역 · 291
　　가라지가 있는 이유 · 294

Chapter 18 _ 승리 _ 299
　　애굽의 태도 · 299 | 곡식단 흔들기 · 305

여호와의 도모는 영영히 서고
그 심사는 대대에 이르리로다
(시편 33:11)

There Were
Two
Trees
In The
Garden—

Part I

세대 간의 갈등

주 하나님은
보기에 아름답고 먹기에 좋은
열매를 맺는 온갖 나무를 땅에서 자라게 하시고,
동산 한가운데는
생명나무와 선과 악을 알게하는 나무를
자라게 하셨다.

(창세기 2:9 새번역 성경)

There_
Were_
Two_
Trees_
In_The_
Garden_

Chapter 1

두 나무

　　　　　　　　　　　에덴동산 안에는 인류 전체에게 지대한 영향을 끼친 두 나무가 있었습니다. 그 두 나무는 바로 선과 악을 알게 하는 나무와 생명나무였습니다. 이 두 나무는 지금까지도 인간들의 삶에 영향을 미치고 있습니다. 그리스도인이 되었다고 해서 이 두 나무가 주는 영향력에서 벗어 날 수는 없습니다. 오히려 선과 악을 알게하는 이 두 나무는 비그리스도인보다 그리스도인에게 더 큰 영향력을 행사합니다. 우리는 그리스도인으로서 이 두 나무의 열매 중 어느 열매를 먹어야 하는 지를 계속해서 선택해야만 하는 삶을 살 수 밖에 없습니다. 그리고 우리의 이러한 선택은 하나님 나라와 현재 우리를 지배하고 있는 세상의 악한 세대를 나의 삶에서 분리하는 선택으로 귀결됩니다.

　　생명나무와 선악을 알게 하는 지식나무는 서로 다른 두 영적인 가계도를 상징합니다. 성경은 창세기에서부터 요한계시록까지 이 두 가계도의 역사를 나타내주는 책이라고 말할 수 있습니다. 교회를 잘못 이끌어 온 요인들을 포함하여, 전 인류를 오류에 빠뜨리게 한 모든 요인들에 대한 바른 이해를 위해서는 먼저 이 두 가계도에 대한 이해가 선행되어야 합니다.

사탄이 하와로 하여금 선악을 알게 하는 나무의 실과(선악과)를 먹도록 한 이유는 단지 하나님께서 선악과를 따서 먹는 것을 금지하였기 때문만은 아닙니다. 사탄이 하와를 유혹한 이유는 사탄의 능력이 선악과 나무의 뿌리로부터 나오기 때문입니다. 또한 하나님께서 단지 아담과 하와를 시험하기 위해서 그들에게 선악과를 먹지 못하게 한 것은 아닙니다. 하나님께서 아담에게 선악을 알게 하는 지식나무의 실과(선악과)를 먹지 말라고 말씀하셨을 때, "만일 네가 선악과를 먹는 날에는 내가 너를 죽이겠다."라고 말씀하지 않으셨고, "네가 그것을 먹는 날에는 너는 죽을 것이다."라고 말씀하셨음을 기억하십시오. 세상에 죽음을 가져다 준 것은 단지 인간의 불순종만이 아니었습니다. 선악과의 열매도 인간에게 죽음을 가져다준 것입니다.

성경적으로 볼 때 선악을 알게 하는 지식나무는 율법을 상징합니다. 사도 바울은 "죽음의 독침은 죄요, 죄의 권세는 율법"(고린도전서 15:56, 이하 성경 인용은 특별한 경우가 아닌 한 모두 새번역 성경을 사용하였습니다: 역자주)이라고 말한바 있습니다. 죄의 권세가 율법에 있는 이유는 율법을 통해 우리는 선과 악에 대한 지식을 얻게 되기 때문입니다. 우리는 선악을 알게 하는 나무가 열매를 맺을 때, 그 나무가 어떻게 인간에게 죽음을 주는지에 대해 알고 싶어 합니다. 그 이유는 다음과 같습니다. 선과 악에 관한 지식은 우리의 관심을 생명나무로 상징되는 예수에게서 떠나 다른 곳으로 향하게 하기 때문에 인간들에게 죽음을 가져다줍니다. 지식나무는 사람들의 관심을 자기 자신에게만 머무르게 하는 힘을 가지고 있습니다. 죄는 율법으로 인해 힘이 세어집니다. 그 이유는 인간은 율법으로 인해 악을 알고 선도 알기 때문입니다. 선악과는 우리를 부패하게 만들고 자신의 의로움만 나타나도록 하게 만듭니다. 그리고 그에 대한 결과는 죽음입니다.

선악과를 맺는 지식나무가 에덴동산의 중앙에 있었다는 사실은 영적으로 매우 큰 의미를 갖고 있습니다(창세기 3:3). 인간은 자기 밖에 모르는 이기심으로 인해 결국은 자기가 고통을 받게 됩니다. 아담과 하와가 선악과 열매를 먹은 후에 나타난 첫 현상은 '자기점검' 이라는 현상이었습니다. 이 실과를 먹기 전에 그들은 자신이 벌거벗고 있다는 사실조차 몰랐었습니다. 선악과를 먹기 전에 그들은 단지 하나님에게만 집중하였습니다. 그 결과 아담과 하와는 하나님이 자기들을 지으신 목적대로 살아갈 수가 있었습니다. 그러나 아담과 하와가 선악과를 먹게 되자 자기 자신에 대한 관심과 이해가 증가하였습니다. 자기 자신에 대한 그들의 관심과 이해의 기준은 바로 선과 악이었습니다. 우리가 생명나무에 관심을 집중하면 할수록 자신에 대한 관심은 줄어듭니다. 선악과가 가져다주는 죽음으로부터 우리를 지키려면 우리는 단지 생명나무만을 바라보고 있으면 됩니다. 율법은 우리의 관심이 자기 자신에게로만 향하게 만듭니다. 이런 원리를 잘 이해하고 있었던 사도 바울은 "율법은 죽음을 가져다주고 저주를 가져다준다."라고 말했습니다(고린도후서 3:7, 9).

지식나무를 율법에 비유할 때, 많은 그리스도인들은 그 율법이 마치 모세가 준 율법인 것으로 생각하는데, 반드시 그런 것만은 아닙니다. 또한 우리는 구약성경은 율법이요, 신약성경은 은혜라고 생각하는데, 이 또한 반드시 그렇지는 않습니다. 구약성경은 기록된 글자 (성문화된 법률이라는 뜻임: 역자 주)이고, 신약성경은 영(성령, the Spirit)입니다. 만일 우리가 신약성경을 읽어나갈 때 구약의 율법적인 관점을 갖고 읽는다면, 신약성경도 우리에게는 단지 글자로 기록된 율법의 나열로만 보여집니다. 하나님과 생명을 주는 관계는 도외시하고, 단지 성경에 쓰여 있는 명령을 지키는 것에만 집착하는 것은 생명이 없는 죽은 종교로 가는 지름길입니다.

예수님께서는 우리에게 성령을 보내시는데, 그 성령이 우리를 모든 진리 가운데로 인도한다고 말씀하셨습니다(에베소서 4:21). 성경은 주님께서 자신의 백성들에게 주신 가장 귀하고 놀라운 선물임은 분명합니다. 그러나 그렇다고 해서 성경이 주님 자신을 대신하거나 주님이 보내신 성령님을 대신할 수는 없습니다. 주님께서는 자신을 대신하라고 성경을 주시지 않으셨습니다. 성경은 도달해야 할 목표가 아니라 목표에 도달하기 위한 수단입니다. 우리가 도달해야 할 목표는 주님이 주신 성경이 아니라, 성경을 주신 주님입니다. 우리가 만일 신약성경에서 우리가 지켜야 할 원칙과 법들만을 찾아내어 그것을 지키려고 애쓰는 삶만 산다면 구약의 규례만을 지키려고 애쓰며 살았던 바리새인들과 다를 것이 없습니다. 우리 그리스도인의 삶이 성경의 명령에만 묶인다면 우리의 영성은 기록된 문자에 묶이게 됩니다. 우리는 성경에 기록된 글자를 닮아가지 말고 예수님을 닮아가야 합니다.

주님께서 우리에게 그 사람이 맺는 열매로 그 사람을 판단할 수 있다고 말씀하셨다는 사실을 기억합시다. 앵무새에게 진리를 말하라고 가르칠 수는 있지만 그 진리대로 행하라고 가르칠 수는 없습니다. 사탄은 성경까지 인용하며, 자신을 "빛의 천사"로 가장하고 우리에게 다가옵니다. 사탄은 우리가 성경의 글자에만 집중하도록 합니다. 그러나 예수님께서는 우리의 삶을 통해 참 생명되신 예수의 열매가 주렁주렁 맺히길 원하십니다. "문자는 사람을 죽이지만, 영은 사람을 살립니다."(고린도후서 3:6)

성령에 의지하여 성경을 읽으면 성경은 우리에게 예수를 증거해주고, 그 결과 생명에 이르게 됩니다. 성경은 우리에게 예수를 증거하기 위해 존재합니다. "너희가 성경을 연구하는 것은 영원한 생명이 그 안에 있다고 생각하기 때문이다. 성경이 나를 증언하고 있다."(요한복음

5:39)라고 주님께서 말씀하셨음을 기억하십시다. 성령님이 우리에게 오신 이유는 성경을 읽을 때에 우리를 예수에게로 인도하여 그분을 만나도록 하기 위함입니다. 그래서 우리의 삶에 주님이 나타나도록 하기 위함입니다. 성령님의 도움없이 성경을 읽으면 지식나무의 열매인 선악과를 먹게 됩니다. 그 결과는 죽음입니다. 사탄은 지식나무가 맺는 열매의 외형은 아름답게 보이도록 할 수 있습니다. 그러나 성령의 열매로 가장할 수는 없습니다. 사탄은 생명나무이신 예수로 가장할 수 없습니다. 인간은 여러 가지 이기적인 이유들로 인하여 어느 정도까지는 가장하여 행동할 수는 있습니다. 오직 성령님만이 인간의 내면을 진정으로 변화시킵니다. 그러기에 인간의 내면을 속속들이 보시는 하나님께서는 우리가 우리 속에서 자신의 아들인 예수의 마음을 발견하기를 원하십니다.

하나님의 창조에 관한 첫 행위는 빛을 만드시는 행위였습니다. 빛을 창조하신 하나님께서는 그 다음의 행위로 빛과 어두움을 갈라놓으셨습니다. 그 이유는 빛과 어두움은 공존할 수가 없기 때문입니다. 주님께서 인간을 재창조 하실 때 인간은 다시 태어납니다. 하나님께서는 인간이 다시 태어날 때, 빛과 어두움을 서로 갈라놓으십니다. 그러나 그러함에도 불구하고 인간은 하나님을 위한다는 명목으로, 빛과 어둠을 나누신 하나님의 일을 자신의 힘과 노력으로 대신하려고 합니다. 여기에 율법과 은혜가 서로 싸우게 됩니다. 육과 성령이 부딪히게 됩니다. 이러한 싸움을 모든 그리스도인들이 하고 있는 고민입니다. 이 싸움은 이 세상에 존재하는 싸움들 중에서 가장 큰 싸움입니다. 이 싸움은 또한 인간을 자유하게 하는 하나님의 진리와 사탄이 주는 거짓과의 인간의 내면에서 벌어지는 싸움입니다.

창조의 세 번째 날에 하나님께서는 매우 중요한 영적인 법칙과 물리적인 법칙을 이 세상에 만들어 놓으셨습니다. 즉 하나님께서 나무는 그 종류대로 씨를 맺고 과실을 맺도록 하셨습니다(창세기 1:11-12). 그 결과 두 나무는 서로 영원히 구별되고 갈라지게 되었습니다.

> 좋은 나무가 나쁜 열매를 맺지 않고, 또 나쁜 나무가 좋은 열매를 맺지 않는다. 나무는 각각 그 열매를 보면 안다. 가시나무에서 무화과를 거두어들이지 못하고, 가시덤불에서 포도를 따지 못한다. (누가복음 6:43-44)

위의 말씀과 관련하여 사도 바울은 "사람은 무엇을 심든지 심은 대로 거둘 것입니다"(갈라디아서 6:7)라고 말하였습니다. 우리가 지식나무에서 생명실과를 딸 것을 기대할 수는 없습니다. 이와 마찬가지로 생명나무만 바라본다면 우리는 지식나무가 가져다주는 죽음이라는 열매를 결단코 먹지 않게 됩니다. 이는 나무는 그 종류에 맞는 열매만을 맺기 때문입니다.

성경에서 나무는 종종 가계도를 상징합니다. 인간을 구원하기 위한 하나님의 생명의 씨가 인간 예수에게 심겨졌던 것과 마찬가지로 인간이 죄를 범함으로 죄의 씨앗이 아담과 하와에게 심겨졌습니다. 이렇듯 열매가 맺히기 전에 반드시 씨가 심겨져야 합니다. 아담과 하와가 선악과를 따 먹었기에 그들의 삶에 지식나무의 열매가 맺히는 일이 일어날 수밖에 없었습니다. 그리고 그러한 죽음은 아담과 하와의 모든 후손들에게 옮겨갔습니다. 그러나 은혜와 자비로 가득 차신 하나님께서는 그들의 실수를 없애 주시기로 결정하셨습니다. 그래서 그분께서는 인간에게 생명나무의 싹이 움트게 하는 '예수'라는 씨를 심으셨습니다. 그 예수로 인해 인간은 참 생명을 다시 갖게 됩니다. 예수라는 씨는 예언을 통해 성령님이 심으신 영의 씨입니다. 그 어떤 육체도 예수라는 씨를 생기게 할 수는 없습니다. 그러나 모든 육체가 예수라는 씨를 받아 마음속에 심을 수는 있습니다. 하나님께서는 죄를 지은 여인인 하와에게서 한 씨가 나와서, 그 씨가 그녀를 속였던 마귀의 머리를 짓밟는 일이 일어날 것이라고 말씀하셨습니다(창세기 3:15). 이제 하와가 낳은 두 자녀에게 심겨졌던 두 나무의 씨들에 대해 살펴봅시다.

그러나 내가 두려워하는 것은,
뱀이 그 간사한 꾀로 하와를 속인 것과 같이,
여러분의 생각이 부패해서,
여러분이 그리스도께 바치는 진실함과 순결함을
저버리지나 않을까 하는 것이다.

(고린도후서 11:3)

There_
Were_
Two_
Trees_
In_The_
Garden_

Chapter 2

가인의 씨

하나님께서는 아담과 하와가 범죄하자, 아담과 하와의 마음 속에 있던 두 종류의 씨가 모든 인류들에게 확산될 것이라고 말씀하셨습니다. 두 개의 씨 중 한 씨를 가진 사람은 뱀의 속성을 갖게 되고, 다른 씨를 가진 사람은 그리스도의 속성을 갖게 됩니다. 가인과 아벨은 바로 서로 다른 두 씨를 상징합니다. 그러기에 가인과 아벨은 하나님의 예언적 말씀대로 서로 적대시하는 삶을 살았습니다.

우리 모두에게는 가인이 있습니다. 가인은 인간에 의해 태어난 첫 인간이기에 아담의 속성을 갖고 있습니다. 가인은 "농사하는 자"(창세기 4:2)였습니다. 그러기에 그는 땅에 속한 자라고 말할 수 있습니다. "농사하는 자"는 땅의 것만 생각하고 살아가는 자들 곧 가인의 후예들을 상징하며 성령으로 거듭나지 않는 사람들을 상징합니다. 예수님께서는, "누구든지 다시 나지 않으면 하나님 나라를 볼 수 없다."(요한복음 3:3)라고 말씀하셨습니다. 뱀이 평생 땅에만 몸을 붙이고 기어 다니도록 저주를 받았듯이, 사탄의 씨를 갖게 된 모든 사람은 땅의 것에만 집착하며 살 수 밖에 없습니다. "자연에 속한 사람은 하나님의 영에 속한 일들을 받아들이지 않습니다. 그런 사람에게는 이런 일들이 어리석은 일이요, 그런 사람은 이런 일들을 이해할 수 없습니다. 그것은 이런 일들이 영적으로만 분별되기 때문입니다."(고린도전서 2:14) 그리스도로 인하여 인간에게 씌어진 저주의 굴레가 벗겨지기까지 모든 인간은 육에 속한 삶을 살 수밖에 없습니다. 그러나 성령에 의해 거듭나게 된 사람은 비록 이 세상에 살아도 하늘나라를 경험하고 살며 하늘의 것들을 보며 살게 됩니다. 그런 사람은 육적인 것에 묶이지 않고 살 수 있습니다.

이 땅에 태어난 모든 인간들은 모두가 하나같이 영적인 눈이 감겨진 가인의 후손들이기에, 창조주를 경배하는 대신에 피조물을 경배하며 살 수밖에 없습니다. 가인은 땅만 쳐다보고 살았으므로 땅을 경작할 수밖에 없었습니다. 인간은 자신이 아는 것 밖의 것을 경배할 수는 없습니다. 인간들의 잘못된 경배는 결국 물질주의로 귀결되고 각종 비기독교적 철학들과 사상들로 귀결됩니다. 그 결과 인간들이 만든 철학들이 인간사의 중심부를 차지하게 되었습니다. '종교적'인 사람이란 예수님에게 경배하기보다는 교회나 종교 단체를 경배하는 삶을 삽니다. 이렇듯 피조물을 경배하는 사람이 종교적인 사람입니다. 이러한 종교적 성향은 더 좋은 것을 지향하고 조화를 추구한다고 주장하는 소위 영성을 한다는 사람들에게서도 어렵지 않게 찾아볼 수 있습니다. 종교성이 강한 사람들은 창조주 하나님과의 연합을 추구하기보다는 피조물과의 연합을 추구합니다. 하나님 말씀의 결론 부분에 해당한다고 볼 수 있는 요한계시록에서 우리는 인간에게 심겨진 두 개의 씨의 극적 대립을 보게 됩니다. 요한계시록에서 두 개의 씨는 "짐승"과 "영광스런 그리스도"로 나타납니다. 요한계시록은 우리에게 이 두 개의 씨의 전개과정과 결국이 어떻게 되는지를 알려주고 있습니다. 이제 요한계시록에 나타난 이 두 개의 씨의 전개과정과 마지막 때에 일어날 하나님이 주신 계시에 대해 생각해 봅시다.

하나님께서 사도 요한에게 계시록을 쓰도록 계시하여 준 이유는 앞으로 될 일을 보여주기 위해서만은 아닙니다. 하나님은 우리에게 "예수 그리스도에 관한"(요한계시록 1:1) 것을 알려주시기 위해 요한계시록을 우리에게 주셨습니다. 요한계시록을 올바로 이해한다는 것은 예수를 올바로 이해하는 것입니다. 물론 계시록에는 요한이 본 환상을 통해서 앞으로 될 일들이 나열되어 있습니다. 그러나 그 이유는 바로 예수를 우리에게 계시해 주기 위함입니다. 그러므로 사도 요한은 이 일이 "속히 될 일들"(1절)이라고 요한계시록에서 말하고 있습니다. 이러한 일들은 예언대로 속히 그러나 지속적으로 일어날 것입니다. 요한계시록은 바로 예수님에 관한 계시입니다. 역사(history)라는 말은 그분의 이야기 (His-story) 곧 주님의 이야기입니다. 성령님께서 우리의 눈을 여시면 설사 인간사적으로 보면 온통 혼동으로 가득 찬 역사라고 할지라도 우리는 그 속에서 그분과 그분의 목적을 볼 수 있게 됩니다.

죄된 인간

요한계시록에는 적그리스도의 이야기와 아울러 인간의 죄에 대한 이야기들이 많이 기록되어 있습니다. 인간은 그리스도로 인해 온전히 변화될 때까지 죄적인 속성을 버릴 수가 없습니다. 지식 나무에 달린 열매가 바로 죄입니다. 죄된 인간에게 힘을 행사하는 뿌리는 뱀입니다. 인간 속에는 짐승이 있습니다. 사람은 무엇을 심든지 심은 대로 거두기 마련입니다. 요한계시록에 표현된 짐승에게서 우리는 그리스도가 계시지 않는 인간의 모습을 봅니다. 요한계시록의 나타나는 계시를 통해 우리는 거듭남의 절대적 필요성을 절감하게 됩니다.

요한계시록 13장 16-17절에 짐승이 인간에게 짐승의 표를 붙이는 기록이 나옵니다. 그리고 14장 9-10절에는 짐승의 표를 받은 사람들이 하나님의 진노로 인해 고통을 받는 기록이 나옵니다. 짐승의 표를 받는 것에 대한 연구를 하던 많은 사람들이 짐승의 표만 받지 않으면 하나님의 진노를 피할 수 있다고 주장하였습니다. 그런 사람들은 이 연구 자체가 올무가 되어 자신들도 모르는 사이에 매일 짐승표를 받는 삶을 살았습니다. 우리가 물리적인 표식만 받지 않는다고 해서 마귀가 주는 저주에서 자유할 수는 없습니다. 예수님께서 자신의 종들에게 주시는 종의 표식은 물리적인 표식이 아니라 영적인 표식임을 우리는 알아야 합니다. 이와 마찬가지로 요한계시록에서 말하는 짐승의 표는 물리적인 표식 이상의 의미를 갖고 있습니다. 짐승의 표식이 어떤 형태로 오든 상관없이, 이 세상의 영을 따라가는 사람들은 짐승이 주는 표식들을 받는 사람들입니다. 하나님의 진노로부터 자유하는 유일한 길은 그리스도 안에 머무르는 것입니다. 물리적인 표식을 받는 것이 죄가 아니라 짐승을 경배하는 것이 죄입니다.

요한 사도는 한걸음 더 나아가, "지각이 있는 사람은 그 짐승을 상징하는 숫자를 세어 보십시오. 그 수는 어떤 사람을 가리키는데 그 수는 육백 육십육입니다."(요한계시록 13:18)라고 기록하였습니다. 여기서 666이란 숫자를 임의로 해석해서는 안 됩니다. 하나님께서는 인간을 여섯째 날에 창조하셨습니다. '여섯' 이란 숫자는 성경에서 인간을 상징하는 숫자로 자주 사용됩니다. 이 숫자는 또한 짐승 곧 타락한 인간을 상징하는 숫자입니다. 13장11절에 보면 "짐승이 땅에서 올라온다." 는 표현이 있습니다. 땅에서 올라오는 이 짐승은 땅을 경작했던 가인이 심은 씨의 결과입니다. 이 짐승은 세상에 메여 살아가는 인간 내면에서부터 나오는 왜곡된 종교성의 구체적 표현입니다. 짐승은 땅에서 올라오지만 그리스도는 하늘에서 내려오십니다. 예수님은 성령님에 의해서만 나타나십니다. 그리스도의 신부인 교회를 상징하는 '새 예루살렘'은 하늘에서 내려왔으며 이러한 사실은 교회가 하늘 태생인 것을 나타냅니다. 교회는 하나님에게서 났지, 사람에게서 난 것이 아닙니다.

만일 인간이 짐승인지 아닌지를 알기 위해 단지 선악을 아는 지식에 의존한다면 쉽게 속임을 당합니다. 인간의 짐승적 속성은 인간 속에 있는 악에 뿌리를 두고 있기도 하지만 인간 속에 있는 선에도 역시 뿌리를 두고 있습니다. 사탄은 자기 자신을 빛의 천사로 가장하고 진리를 전달자로 가장하여 인간들에게 접근합니다. 사탄의 이러한 위장전술에 인간들이 쉽게 넘어가는 이유는, 악보다는 선에 잘 속아 넘어가는 속성을 갖고 있기 때문입니다. 사탄의 유혹에 하와가 속아 넘어간 것은 선과 악을 알게 하는 나무의 악한 열매에 의해서가 아니라 선한 열매에 의해서임을 기억하십시오. 이처럼 지식나무의 '선'은 '악'만큼 나쁜 위력을 발휘합니다.

오늘날 인간은 시간이 감에 따라 점점 악해지고 있습니다. 이와 아울러 지식의 나무에 뿌리를 두고 있는 인간의 선도 시간이 감에 따라 역시 증가하고 있습니다. 악이 점점 노골적으로 표출되는 만큼 인간이 만든 선도 점점 인간을 교묘하게 속이고 있는 것입니다. 예를 들어 봅시다. 만일 어떤 지도자가 사회 안전도를 증가시킬 것과 통화를 안정시키고 실업문제와 음란 서적의 문제들을 위시한 각종 문제들을 해결함으로써 국가의 위상을 높이고 군대를 강하게 만들어주고 국민들에게 더 큰 자유를 주겠다고 약속한다면 그 지도자의 인기가 점점 올라가 결국은 최고 지도자의 위치로까지 올라가기 쉽습니다.

아돌프 히틀러가 독일 국민들에게 이와 동일한 약속을 하였습니다. 그 결과 그는 독일의 국가 원수가 되었습니다. 그러나 그로 인해 결국은 경제공황이 닥쳐왔고 그가 일으킨 전쟁으로 인해 독일은 패망하고 말았습니다. 밀톤 메이어는 "그들은 그들이 자유를 얻을 줄로 알았다"라는 제목의 저서에서 "파시즘은 자신을 '빛의 천사'로 가장하고 다가와 독일 기독교인들을 속였다. 그 당시 독일의 신교와 구교는 모두 히틀러를 하나님이 주신 선물로 믿고 그를 환영하였다. 사람들은 나치주의가 부패해가는 독일 사회를 구원할 것으로 믿었다. 나치주의는 그 당시의 부패한 독일 사회에 청교도적인 모습을 가장하고 다가왔던 것이다."라고 기록한 바 있습니다.

히틀러가 결국 독일의 권좌에 올라서자, 막데버그 성당의 수석 사제였던 사람은 "누구든 나치의 깃발을 거부하는 자는 독일을 거부하는 자다. 나치의 깃발은 하나님의 제단에서 우리의 시대가 올 것이라는 약속이 담긴 희망의 빛을 발하고 있다."라고 외치며 성당 안에 나치 깃발을 걸어두었습니다. 지그프리드 레플러 목사는 "기독교 역사상 가장 암흑의 시기인 지금 히틀러는 우리 독일 그리스도인들에게 투명성이라는 창문을 주었다. 그리고 그 창문을 통해 기독교 역사상 그 어느 때보다 찬란한 빛이 우리에게 스며들기 시작했다."라며 히틀러를 한껏 높이 세웠습니다. 또한 율리우스 로이쏘이저는 한술 더 떠서 "그리스도는 아돌프 히틀러를 통해 우리에게 다시 다가왔다."라고 말했습니다.

히틀러에 대한 잘못된 인식을 독일의 모든 교회가 받아들인 것은 아니었습니다. 그러나 대다수의 독일 교회들이 이러한 잘못된 인식을 진리로 받아들인 것은 사실입니다. 이러한 심각한 속임수는 독일 교회 안의 디트리히 본회퍼와 같은 사람들에 의해 어느 정도 드러나게 되었습니다. 본회퍼는 현실을 예리하게 직시하고 있던 독일의 목사였습니다. 본회퍼는 잘못된 독재 군주에게 단지 영적인 능력만을 가지고 항거함으로, 진리가 결국은 승리한다는 사실을 밝히 보여준 몇 안 되는 20세기의 위대한 그리스도인들 중 한 명입니다. "그는 비록 죽었지만 아직도 말하고 있다."는 아벨에 관한 성경 말씀은 본회퍼에게도 역시 적용됩니다.

독일 교회는 그리스도의 구속에 관해 피상적인 이해만을 하고 있었고, 그 결과 이러한 엄청난 속임수에 스스로를 열어놓게 되었습니다. 인간의 선은 결코 인간을 악으로부터 구출해 내지 못합니다. 에덴동산에 있었던 지식나무는 아직도 모든 인간들 안에 존재하고 있으며 지식나무의 열매는 인간에게 항상 죽음을 가져다줍니다. 독일 그리스도인들에게는 그토록 선으로 보였던 악의 시스템이 결국 세계를 깜짝 놀라게 하는 악을 자행하고 말았습니다. 이 악의 시스템은 아직도 지구상에서 그 힘을 발휘하고 있습니다. 인간이 추구하는 선은 인간 속에 존재하는 악의 다른 모습일 뿐입니다. 사탄은 인간의 선을 자신의 목적을 성취하기 위한 도구로 사용하곤 합니다. 히틀러 당시 이러한 사탄의 놀라운 속임수를 처음부터 알고 있었던 그리스도인들은 극히 소수일 뿐이었습니다. 오늘날도 사탄은 동일한 수법을 사용하여 인간들을 파멸시키고 있습니다. 우리의 분별력은 단지 선과 악을 구별하는 데에 그쳐서는 안 됩니다. 우리의 분별력은 어떤 음성이 주님의 음성인지 아니면 사탄의 음성인지를 분별해야 합니다. 그런 후에 주님이 인도하시는 대로 주님을 좇아가는 것에 우리의 삶의 모든 초점을 맞추어야 합니다.

밀톤 메이여는 전쟁터로 행진하는 독일 군인들을 만나 본 후, "나는 독일 군인들을 만났다기보다 죄로 인해 속고 있는 사람들을 만났다. 그 사람들은 독일인들이었다. 그러나 지금 상황에서 그 사람들은 바로 내 속에 있는 사람이다."라는 통찰력 있는 글을 남겼습니다. 그가 가리킨 '그 사람은' 바로 짐승입니다. 그 짐승이 진정 우리 모두에게 있습니다. 우리 모두에게 있는 아담의 속성이 오늘도 우리도 하여금 선악과 열매를 따 먹도록 부추깁니다.

자신이 그리스도인이라고 해서 반드시 그리스도인인 것은 아닙니다. 역사상 가장 악명을 떨쳤던 사기꾼들이 예수님을 빙자하여 나쁜 짓을 하였습니다. 이에 관해 주님 자신도 "많은 사람이 내 이름으로 와서 '내가 그리스도다' 하면서, 많은 사람을 속일 것이다."(마태복음 24:5) 라고 말씀하셨습니다. 어떤 사람들은 예수님의 이 말씀을, "많은 사람들이 자신을 예수라고 주장하여 많은 사람들을 속일 것이다."라는 뜻으로 해석합니다. 그러나 그렇지 않습니다. 예수님이 이 구절을 통해 우리에게 경고하신 진의는 바로, 많은 사람들이 실제로 예수를 그리스도라고 전하지만 결국은 사람들을 속이는 자들일 뿐이라는 것입니다. 기독교 역사를 연구해 보면 저의 해석이 맞는다는 것을 어렵지 않게 알게 됩니다. 중세 시대에 악행을 행했던 여러 폭군들과 교황들을 히틀러와 비교해 본다면, 히틀러가 오히려 나은 사람입니다. 역사상 가장 잔혹했던 행위들은 중세 시대의 교회들에 의해 행해졌습니다. 우리는 역사를 너무 쉽게 망각합니다. 그러기에 사탄은 빛의 천사로 자신을 가장하고 인간들을 계속 공격합니다.

우리 그리스도인들은 보수주의적이거나 도덕적으로 숭고해 보이는 사람들을 존경하는 경향을 갖고 있습니다. 그러나 예수님은 그렇지 않으셨습니다. 죄인들이 예수님을 못 박아 죽인 것이 아닙니다. 이스라엘에서 도덕적으로 숭고해 보이고 가장 훌륭한 삶을 산다고 여겨지던 사람들이 예수님을 십자가에 못 박아 죽였습니다. 예수님께서는 고상해 보이는 사람들보다는 창녀들이 먼저 천국에 들어가게 될 것이라고 말씀하셨습니다. 자신을 훌륭한 시민으로 또한 도덕적인 사람으로 여기는 사람들보다 세상 사람들에 의해 천민으로 여겨지는 사람들이 천국에 더 가까이 가 있는 사람들입니다. "모두들 다른 길로 빗나가서 하나같이 썩었으니, 착한 일을 하는 사람이 하나도 없구나."(시편 14:3)라고 시편 기자는 인간을 논하였습니다. 죄인들과 귀신들린 사람들은 주님 앞에서 겸손하게 되었습니다. 그러나 종교성이 강한 상위 계층의 사람들은 자신들처럼 의롭게 행동하지 않는다며 예수님을 멸시하였습니다. 누가 우리의 대적입니까? 최근에 어떤 목사님은, '나는 대적을 만났습니다. 그 대적은 바로 나 자신입니다.' 라고 말한 바 있습니다. 이 말은 '누가 우리의 대적입니까?' 라는 저의 질문에 대한 정답입니다.

오늘날 너무나 많은 선들이 그리스도인들로 하여금 주님과 주님의 부르심에 자신들을 집중하지 못하게 하고 있습니다. 오늘날 인간의 선은 "세상에서 최고가 되라."며 인간들을 부추깁니다. 물론 어찌 보면 이러한 부추김들이 전혀 문제가 없는 것처럼 보이기도 하는 것이 사실입니다. 그러나 이러한 부추김들이 문제가 되는 이유는 이러한 잘못된 부추김들이 휩쓸고 간 자리에는 돌봄을 받지 못하는 동성애로 인해 생기는 에이즈 환자들을 위시한 수많은 병자들이 발생하기 때문입니다. 그러나 이러한 현상들은 앞으로 닥칠 더 심각한 문제들의 전초전일 뿐입니다. 과거에 공산주의와 파시즘은 인간의 영혼을 파괴하는 심각한 질병을 초래하였습니다. 그러나 교회는 이들이 주는 도덕적 상처들에 대해 임시적인 처방밖에는 내리지 못하였습니다. 인간들에게는 행동의 변화 이상 것이 필요합니다. 이제 교회는 문제의 가지만을 건드리는 일은 그만하고, 지식나무의 뿌리 전부를 도끼로 아예 잘라버려야 합니다.

인간의 속성이 변해야 합니다. 모든 인간들은 남녀를 불문하고 짐승의 속성을 갖고 있습니다. 그래서 인간들은 관심을 자기에게만 집중하고 싶어합니다. 그 결과 자기 자신을 경배합니다. 심지어 꽤 괜찮아 보이는 동정과 은혜를 베푸는 인간의 행위도 사실은 자신이 지은 죄를 살짝만이라도 덮어보려는 얄팍한 의도에서 나왔습니다. 그러므로 인간은 스스로에게서 나온 자선 행위로 인해, 그리스도와 그분의 구속이 나에게 반드시 필요하다는 엄연한 진리를 받아들이지 않게 됩니다. 항상 지식나무의 선이 지식나무의 악보다 인간을 주님으로부터 더 멀리 떨어지게 하였습니다. 인간의 선은 인간의 자부심이라는 흉측한 모습으로 표출되는데, 이것은 하나님을 향한 가장 심각한 도전입니다. 지식나무는 인간의 영혼으로부터 뿌리째 제거되어야 합니다.

예수님께서는 자신이 누구인지를 말씀하시기 전에 회개의 메시지를 전하셨습니다. 예수님은 이 회개의 메시지로 인해 사람들이 예수를 따르도록 하셨던 것입니다. 예수님의 회개의 메시지가 오늘날도 우리로 하여금 예수를 따르도록 해줍니다. 회개한다는 것은 죄를 지은 것을 후회한다는 이상의 의미를 가지고 있습니다. 회개란 죄로부터 완전히 돌아서서, 멀리 가버리는 것입니다. 죄란 잘못된 행위 이상의 것입니다. 인간의 속성 그 자체가 죄입니다. 겉으로는 아무리 선하게 보이는 인간도 죄를 원천적으로 갖고 있습니다. 그리스도 안에서 우리가 회개한다는 것은 우리의 존재 모두를 버린다는 말입니다. 그러므로 우리는 우리의 잘못도 버려야 하지만 우리의 의도 버려야 합니다. 사도 바울은 빌립보 교회 교인들에게 분명한 어조로 이렇게 선언하였습니다.

개들을 조심하십시오, 악한 일꾼들을 조심하십시오. 할례를 주장하는 사람들을 조심하십시오.

하나님의 영으로 예배하며, 그리스도 예수 안에서 자랑하며, 육체를 신뢰하지 않는 우리야말로, 참으로 할례를 받은 사람입니다.

하기야, 나는 육체에도 신뢰를 둘 만합니다. 다른 어떤 사람이 육체에 신뢰를 둘 만한 것이 있다고 생각하면 나는 더욱 그러합니다.

나는 난 지 여드레 만에 할례를 받았고, 이스라엘 민족 가운데서도 베냐민 지파요, 히브리 사람 가운데서도 히브리 사람이요, 율법으로는 바리새파 사람이요, 열성으로는 교회를 박해하였고, 율법의 의로는 흠 잡힐 데가 없습니다.

그러나 나는 그리스도 때문에 나에게 이로웠던 것은 무엇이든지 해로운 것으로 여기게 되었습니다.

그뿐만 아니라, 나의 주 예수 그리스도를 아는 지식이 가장 고귀하므로, 나는 그 밖의 모든 것은 해로 여깁니다. 나는 그리스도 때문에 모든 것을 잃었고 그것들을 오물로 여깁니다. 그것은 내가 그리스도를 얻고, 그리스도 안에 있음을 인정받으려는 것입니다. 그리고 율법에서 오는 나 스스로의 의가 아니라, 그리스도를 믿는 믿음으로 말미암아 오는 의, 곧 믿음에 근거하여 하나님께로부터 오는 의를 가지려는 것입니다 (빌립보서 3:2-9).

예수님을 알기 전에, 바울의 율법에 가득 찬 자기 의는 예수의 참 진리를 대적하였습니다. 그는 회개하기 전에 참 예배자들을 고소하였습니다. 오늘날도 율법에 의거하여 살려는 사람들은 하나님 아버지를 참으로 예배하는 자들을 고소하고 있습니다. 가인이 아벨을 참을 수 없었듯이 자신의 의를 기준으로 살아가는 사람들은 예수 안에서 믿음에 의거하여 살아가는 사람들에 대해 참을 수 없는 분노를 느낍니다. 십자가의 피 흘림을 기초로 한, 하나님의 의는 인간의 의의 무익함을 백일하에 노출시킴으로써, 인간의 자만이 얼마나 허울 좋은 것인가를 밝히 드러냅니다. 인간의 자기중심성에 대한 가장 큰 위협은 예수 그리스도의 십자가입니다. 바울은 빌립보 교회의 교인들에게 자신은 오직 예수 그리스도만을 더 알기 위해 자신이 가진 모든 것을 포기하였다고 고백하였습니다. 그는 예수님의 의를 알게 되자 자신이 지금껏 가지고 있던 모든 의는 쓰레기라는 사실을 깨닫게 되었습니다. 이러한 바울의 고백은 올바른 고백입니다. 우리가 우리의 힘으로 이룩한 모든 것들은 예수가 이룩한 귀한 것에 비하면 아무것도 아닙니다. 시바의 여왕은 솔로몬의 뛰어남을 보고 놀랐습니다. 그러나 우리는 예수를 보고 시바 여왕이 놀랐던 것보다 훨씬 더 놀라게 됩니다. 인간의 자존성과 인간의 자기 의지를 최대로 위협하였던 바로 그 존재(예수)가 우리에게 모든 인간들이 반드시 가져야만 할 놀라운 평강과 자유를 가져다줍니다.

형제자매 여러분, 그러므로 나는 하나님의 자비하심을 힘입어 여러분에게 권합니다. 여러분은 여러분의 몸을 하나님께서 기뻐하실 거룩한 산 제사로 드리십시오. 이것이 여러분이 드릴 합당한 예배입니다. 여러분은 이 시대의 풍조를 본받지 말고, 마음을 새롭게 함으로 변화를 받아서, 하나님의 선하시고 기뻐하시고 완전하신 뜻이 무엇인지를 분별하도록 하십시오.

(로마서 12:1-2)

There_
Were_
Two_
Trees_
In_The_
Garden_

Chapter 3
희생 제물

　　　　　　　　　가인과 아벨의 영적인 뿌리가 분명히 다르다는 것은 그들이 하나님께 올린 제물을 살펴보면 쉽게 알 수가 있습니다. 가인은 하나님께 곡물을 드렸는데, 곡물을 드렸다는 것은 성경적으로 보면 자신의 노력을 하나님께 드린 것을 상징합니다. 아담과 하와가 하나님에게 처음으로 죄를 범한 이후 땅이 저주를 받았습니다. 그래서 땅은 인간의 노고와 땀을 흡수해야만 먹을 것을 생산해 내게 되었습니다(창세기 3:17-19). 가인은 땅에 땀을 흘린 대가로 곡물을 얻었습니다. 가인은 자신이 열심히 일을 해서 얻은 곡물을 제물로 하나님께 드리면 하나님이 받으실 것으로 생각하였습니다. 아직도 우리 속에는 가인의 피가 흐르고 있기에 우리도 가인과 같이 동일한 생각을 합니다. 십자가에 대한 올바른 계시를 받지 못한 모든 사람들은 자신으로부터 나오는 선과 악을 잘 균형 잡히도록 하기 위해 인간적인 노력을 경주합니다. 즉 이들은 자신의 악을 자신의 선으로 덮으려고 하는 노력을 하는 것입니다. 그렇게 하면 하나님께서 자신을 받아주시리라고 생각합니다. 그런 사람들은, '난 그래도 꽤나 괜찮은 사람이야.' 라고 말하거나, '나는 아무에게도 상처준 적이 없어…', '나는 교회에 다녀…' 또는 '나는 선교 헌금을 꼬박꼬박 하고 있지…' 등의 말을 합니다. 자신의 악을 무마하기 위한 선행은 예수님의 십자가에 대한 도전입니다. 그런 선행은 하나님 아버지께서 절대로 받지 않으십니다. "우리는 모두 부정한 자와 같고 우리의 모든 의는 더러운 옷과 같습니다."(이사야 64:6)라고 성경은 말합니다. 이런 이유에서 가인의 노력에 의한 제물은 하나님께서 거절하실 수밖에 없었습니다.

반면, 아벨은 피의 제사를 드렸습니다. 피 흘림의 제사는 예수님의 피 흘림을 통한 구속을 나타냅니다. "피를 흘림이 없이는 죄를 사함이 이루어지지 않습니다."(히브리서 9:22) 이 피 흘림을 통한 희생의 제사는 하나님께서 받으십니다. 오늘날도 이 두 개의 씨, 곧 가인의 씨와 아벨의 씨는 서로 충돌하고 있습니다. 희생은 충돌의 결과입니다.

하나님께서 아벨의 제사를 받으시자 가인은 화가 나서 동생 아벨을 죽였습니다. 안정감이 없는 사람이 자신을 극단적으로 방어합니다. 그러다 보면 최악의 경우, 살인까지 이르는데 그 이유는 그 사람 속에 가인의 씨가 있기 때문입니다. 자신의 노력과 선행으로 자기의 의를 나타내려는 사람은 불안정한 사람입니다. 자신이 얼마나 불안정한지는 불안정한 행위를 하는 자기 자신이 누구보다도 더 잘 알고 있습니다. 불안정한 사람은 자신의 헛된 신념에 도전하는 사람에게는, 설사 그 도전이 심히 미약할지라도 쉽게 위협을 느낍니다.

우리는 이와 같은 경우를 거듭나기 전의 바울에게서 쉽게 관찰할 수 있습니다. 율법으로 보건데 바울은 흠이 없을 정도로 의로운 사람이었다고 스스로 착각하며 살았습니다(빌립보서 3:6). 그런 바울의 의가 오직 예수에게만 의로움이 있다는 진리에 의해 도전을 받았을 때, 그의 삶의 기반은 뿌리째 흔들렸습니다. 그러자 그는 격앙하여 자신의 의에 위협을 가하는 기독교를 파괴하려고 온 힘을 기울였습니다. 예수님의 십자가는 모든 인간의 의를 완전히 무력화시킵니다. 선악을 알게 하는 지식의 대적은 십자가입니다. 십자가는 가인의 씨 안에 교묘하게 숨어 있던 분노를 밖으로 표출하게 만들었습니다. 자기 의로움으로 살아가려는 것은 자기 보호를 위한 몸부림으로 그럴듯한 표현에 불과합니다. 이 가인과 아벨의 측면을 둘 다 겪어 본 사도 바울은 예수를 믿고 나서 담대하게 다음과 같이 말하였습니다. "그리스도 예수 안에서 경건하게 살려고 하는 사람은 모두 박해를 받을 것입니다."(디모데후서 3:12) 그리고 하나님께서는 이사야 선지자를 통하여 다음과 같은 놀라운 말씀을 우리에게 해주셨습니다.

누가 눈이 먼 자냐? 나의 종이 아니냐? 내가 보낸 나의 사자가 아니냐!

누가 눈이 먼 자냐? 주님과 언약을 맺은 자가 아니냐? 누가 눈이 먼자냐? 주의 종이 아니냐! (이사야 42:19)

예수님께서도 유대인들과 대화 중에 다음과 같이 말씀을 하셨습니다.

너희가 눈이 먼 사람들이라면 도리어 죄가 없었을 것이다. 그러나 너희가 지금 본다고 말하니, 너희의 죄가 그대로 남아 있다. (요한복음 9:41)

사울은 다메섹으로 가는 도중에 갑자기 눈이 멀게 되었습니다. 시간 차가 있기는 하나, 예수님을 받아들이고 그분에게 가까이 나가는 사람들은 모두가 눈이 머는 경험을 한 사람들입니다. 사울은 영적인 것을 보기 전에 육적인 눈이 멀었습니다. 그렇듯 우리 속에 있는 가인은 예수님을 받아들이기 위해 반드시 소경이 되어야 합니다. 우리가 아직도 본다고 주장한다면 그것은 우리 속에 아직도 죄가 있다는 말입니다. 하나님의 강한 빛을 볼 때에 우리의 죄가 제거됩니다. 우리가 하나님의 빛인 예수를 봄으로써, 육의 눈이 멀지 않고서는 우리는 진정으로 진리를 제대로 본다고 말할 수 없습니다.

아벨

성경은 가인이 아벨을 심히 미워하였을 때에, 아벨이 어떤 반응을 보였는지에 대해 아무 말도 없었습니다. 그러나 만일 아벨이 예수님을 예표한다면, 그는 절대로 가인에게 반항하지 않았을 것입니다. 만일 우리가 주님을 닮아가고자 한다면, 자신에게 가해지는 부당한 취급에 잘못된 반응을 보여서는 안 됩니다. 예수님께서는 바른 반응이 어떤지에 대해 이렇게 말씀하셨습니다.

눈은 눈으로, 이는 이로 갚아라 하고 이른 것을, 너희가 들었다.
그러나 나는 너희에게 말한다. 악한 사람에게 맞서지 말아라. 누가 네 오른쪽 뺨을 치거든, 왼쪽 뺨마저 돌려 대어라.
너를 걸어 고소하여 네 속옷을 가지려는 사람에게는, 겉옷까지도 내주어라.
누가 너더러 억지로 오 리를 가자고 하거든, 십 리를 같이 가주어라.
네게 달라는 사람에게는 주고, 네게 꾸려고 하는 사람을 물리치지 말아라.
네 이웃을 사랑하고, 네 원수를 미워하여라 하고 이른 것을, 너희가 들었다.
그러나 나는 너희에게 말한다. 너희의 원수를 사랑하고, 너희를 박해하는 사람을 위하여 기도하여라.
그래야만, 너희가 하늘에 계신 너희 아버지의 자녀가 될 것이다. 아버지께서는, 악한 사람에게나 선한 사람에게나, 똑같이 해를 떠오르게 하시고,

똑같이 비를 내려 주신다.

　너희가 너희를 사랑하는 사람만 사랑하면, 무슨 상을 받겠느냐? 세리도 그만큼은 하지 않느냐?

　또한 너희가 너희 형제 자매들에게만 인사를 하면서 지내면, 남보다 나을 것이 무엇이냐? 이방 사람들도 그만큼은 하지 않느냐?

　그러므로 너희의 하늘 아버지께서 완전하신 것과 같이, 너희도 완전하여라. (마태복음 5:38-48)

　예수님께서는 영적인 훈련을 잘 받도록 하기 위한 목적에서만 이렇게 말씀하신 것이 아닙니다. 주님께서 이렇게 하라고 지시를 내리신 참 이유는 우리가 악에 대해 저항을 하지 않을 때 뱀의 머리가 부서지는 일이 일어나기 때문입니다. 그렇게 함으로 우리 속에 있는 그리고 우리를 힘들게 하는 사람들 속에 있는 악이 그 뿌리까지 제거되는 일이 일어납니다. 주님의 이러한 명령을 지키게 되면 우리를 통해 악이 더 이상 다른 사람에게로 퍼져나가지 않게 됩니다. 그러나 반대로 우리가 다른 사람을 말과 주먹으로 공격하게 되면 악은 우리를 통해 다른 사람에게로 번져나가게 됩니다. 우리에게 행해진 악을 인내와 평강과 사랑으로 극복하게 되면 악은 묶임을 받아 패배하게 됩니다. "사랑은 오래 참고, 친절합니다. 사랑은 시기하지 않으며, 뽐내지 않으며, 교만하지 않습니다. 사랑은 무례하지 않으며, 자기의 유익을 구하지 않으며, 성을 내지 않으며, 원한을 품지 않습니다. 사랑은 불의를 기뻐하지 않으며, 진리와 함께 기뻐합니다. 사랑은 모든 것을 덮어 주며, 모든 것을 믿으

며, 모든 것을 바라며, 모든 것을 견딥니다." (고린도전서 13:4-7)

　육의 사람 곧 자연인들은 이러한 원칙들에 대해 이해하기가 하늘의 별 따기 만큼 힘듭니다. 그들은 악에 저항하지 않는다는 것은 악이 활개치며 사람들 사이에서 더 활동할 수 있는 증명서를 주는 것과 같은 것이라고 생각합니다. 그러나 이러한 생각을 무효화시키는 훨씬 더 높은 영적인 원칙이 세상을 움직입니다. 사탄은 절대로 사탄을 몰아낼 수 없습니다. 분노는 분노를 몰아내지 못합니다. 복수한다고 분노가 처리되는 것이 아닙니다. 만일 우리가 악에 반응한다면 우리가 내몰고자 했던 귀신들의 수를 여러 배로 증가시켜 불러들이는 결과를 초래할 뿐입니다. "사랑은 허다한 죄를 덮어 줍니다" (베드로전서 4:8). 예수님께서는 이러한 원칙과 관련하여, "사람이 먼저 힘센 사람을 묶어 놓지 않고, 어떻게 그 사람의 집에 들어가서 세간을 털어 갈 수 있느냐? 묶어 놓은 뒤에야 그 집을 털어 갈 것이다." (마태복음 12:29)라고 말씀하셨습니다. 인간에 대한 사랑에 가득 찬 반응은 복수하지 않는 반응이기에, 사탄을 묶어버립니다. 예수님께서는 사탄으로 하여금 자기 자신을 십자가에 못 박도록 허락하셨습니다. 예수님이 십자가에서 죽음을 당하였을 때 예수님의 제자들을 비롯한 많은 사람들은 예수가 사탄을 쫓아내는 것이 아니라 사탄이 예수를 쫓아낸다고 생각하였을 것입니다. 파라독스하게도 사탄의 승리처럼 보이는 바로 그 사건이 사실은 하나님의 위대한 승리였던 것입니다. 하나님의 승리는 육의 사람들에게는 항상 하나님의 패배처럼 보입니다.

하나님께서는 바울이 교회를 핍박하는 것을 허락하셨습니다. 그래서 얼마 동안은 교회에 극심한 핍박이 가해졌습니다. 일반적으로 핍박을 당하게 되면 핍박을 당하는 자는 하나님이 계시다면 왜 내가 이런 힘든 일을 당해야 하는지에 대해 갈등하게 됩니다. 그러나 하나님께서는 바울이라는 핍박자를 사용하셔서 이방의 왕들과 나라들에게 자신의 이름을 전파하려는 놀라운 계획을 이미 갖고 계셨습니다. 바울이 다메섹으로 가는 길에 부활하신 예수님을 만났습니다. 이를 통해 바울은 하나님의 큰 은혜를 경험하였습니다. 그리고 기독교도들에 대한 그의 분노는 사라지고 매우 겸손한 사람이 되었습니다. 많이 용서받은 자는 주님을 많이 사랑합니다. 바울의 변화 후 이천 년이 지난 지금도 이 세상에서 기독교에 영향을 가장 많이 끼친 사람은 바로 사도 바울입니다. 스데반이 돌에 맞아 죽을 때 바리새인 중의 바리새인이었던 바울은 스데반의 순교 현장을 기쁘게 지켜보고 있었습니다. 교회는 이 사건으로 인해 큰 슬픔에 잠겼습니다. 그러나 스데반의 죽음 뒤에 숨어 있는 하나님의 놀라운 계획을 교인들이 미리 알았더라면 오히려 기뻐하였을 것입니다. 주님께서 한 번은 이렇게 말씀하셨습니다.

> 내가 진징으로 진정으로 너희에게 말한다. 밀알 하나가 땅에 떨어져서 죽지 않으면 한 알 그대로 있고, 죽으면 열매를 많이 맺는다.
>
> (요한복음 12:24)

주님을 성실하게 따르는 성도의 죽음은 주님께 귀중합니다.

(시편 116:15)

우리의 눈으로 장차 맺힐 열매를 보지 못하거나 이해조차 하지 못할 수도 있습니다. 그러나 우리가 주님을 위해 핍박을 받거나 생명을 내려놓을 때마다 악을 이기는 승리가 있고 의로운 씨의 죽음으로 인한 영광스러운 추수가 있습니다.

용서

아벨의 피가 땅에서부터 소리를 지릅니다(창세기 4:10). 아벨의 피의 소리는 예수님의 피의 소리의 예표입니다. 예수님의 피는 피조물에게 가장 위대한 소리를 발하고 있습니다. 예수님께서는 십자가에 달리셨을 때 가장 큰 고통 가운데 있었습니다. 그 고통 가운데서도 주님께서는 자신을 못 박아 죽이는 사람들에 대해 그 어떤 복수심도 없었습니다. 아니 오히려 자비의 마음을 가지시고 그들을 바라보셨습니다. "아버지, 저 사람들을 용서하여 주십시오. 저 사람들은 자기네가 무슨 일을 하는지 알지 못합니다."(누가복음 23:34)라고 하나님께 기도하였습니다. 주님은 이러한 말을 위선된 마음으로 하신 것이 아니라 진정한 마음으로 하셨습니다. 주님은 장차 재림하실 것입니다. 그러나 주님은 자신이 당한 일에 대해 복수를 하기 위해 재림하지는 않습니다. 왜냐하면 이미 십자가 위에서 인간의 모든 죄를 다 용서하셨기 때문입니다. 주님은 사람들이 자기가 하는 일이 진정 어떤 영적 의미를 갖고 있는지 조차 알지 못하면서, 나쁜 일들을 행한다는 사실을 이미 알고 계셨습니다. 사람들은 흑암 속에서 살았습니다. 이 흑암은 오직 예수님께서 친히 희생 제물이 되셔서 죽으심으로 말미암아 없어지는 흑암입니다. 주님께서는 세상을 심판하시기 위해 세상에 오시지 않으셨습니다. 세상은 이미 심판을 받았습니다. 주님은 단지 저주 아래에 있는 세상을 구원하시기 위해 오셨습니다. 예수님은 우리에게 주님의 목적과 동일한 목적을 갖고 살아가라고 말씀하십니다. 주님은 우리를 통해 세상 사람들이 구원받길 원하십니다. 그러므로 우리는 주님을 위해 우리의 삶을 내려놓겠다는 자세로 인생을 살아가야 하겠습니다.

우리를 때리는 사람에게 더 때리라고 뺨을 내민다는 것은 정말로 어렵습니다. 주님에게도 이것은 쉽지 않았습니다. 인간은 어느 정도 자신의 의지를 죽일 수는 있습니다. 그러나 주님이 하신 정도까지는 하기는 불가능합니다. 부당하게 고통을 받을 때 바른 영으로 고통을 주는 사람을 이기는 것과 관련하여 히브리서 기자는 다음과 같이 기록하였습니다. "믿음의 창시자요 완성자이신 예수를 바라봅시다. 그는 자기 앞에 놓여 있는 기쁨을 내다보고서, 부끄러움을 마음에 두지 않으시고, 십자가를 참으셨습니다. 그래서 그는 하나님의 보좌 오른쪽에 앉으셨습니다. 죄인들의 이러한 반항을 참아 내신 분을 생각하십시오. 그러면 여러분은 낙심하여 지쳐 버리는 일이 없을 것입니다."(히브리서 12:2-3)

스데반도 주님에게 집중하였기 때문에 그를 향해 날아오는 돌들도 그를 어떻게 할 수 없었습니다. 그는 주님에게 집중하였기에 죽음의 순간에 예수님을 보았습니다. 주님을 보자 그는 주님의 사랑으로 가득 차서 자기를 돌로 쳐 죽이는 사람들을 용서해 달라고 주님께 기도할 수 있었습니다(사도행전 7:54-60).

우리가 진정 주님과 동행하기를 원한다면 용서할 줄 알아야 합니다. 용서는 선택이 아니라 필수입니다. 예수님께서는 "너희가 남을 용서해 주지 않으면, 너희 아버지께서도 너희의 잘못을 용서해 주지 않으실 것이다."(마태복음 6:15)라고 말씀하셨습니다. 만일 우리가 정말로 주님과 같이 십자가에 못 박혀 주님과 함께 십자가에서 죽었다면 그 어떤 불의함도 우리에게 영향을 줄 수가 없게 됩니다. 우리가 주님과 함께 죽었다는 것은 우리가 세상에 대해 죽었다는 것입니다. 그 어떤 것도 죽은 사람에게 영향을 끼칠 순 없습니다. 만일 우리가 세상에 대해 진정으로 죽었다면 세상은 우리에게 그 어떤 영향도 미칠 수 없습니다.

여러분은 이런 마음을 품으십시오. 그것은 곧 그리스도 예수의 마음입니다.
그는 하나님의 모습을 지니셨으나, 하나님과 동등함을 당연하게 생각하지 않으시고,
오히려 자기를 비워서 종의 모습을 취하시고 사람과 같이 되셨습니다. 그는 사람의 모양으로 나타나셔서,

자기를 낮추시고, 죽기까지 순종하셨으니, 곧 십자가에 죽기까지 하셨습니다.

그러므로 하나님께서는 그를 지극히 높이시고 모든 이름 위에 뛰어난 이름을 그에게 주셨습니다. (빌립보서 2:5-9)

만일 이 온 우주의 창조주이시며 왕이신 주 예수님께서 자신을 찌른 사람들을 위해 자신의 목숨을 내어주셨다면 우리도 마땅히 예수를 본받아 우리를 찌르는 사람들을 위해 우리의 목숨을 내어놓아야 하지 않겠습니까? 찬양 받기에 합당하신 영광의 왕께서는 이 땅에서 출생하여 죽으실 때까지 항상 자신을 겸손의 자리에 내어놓으셨습니다. 그렇다면 우리는 더욱더 주님을 위하여 그 어떤 명예와 지위도 내려놓아야 하지 않겠습니까?

구약의 계명은 자기 자신을 사랑하듯 이웃을 사랑하라고 촉구합니다. 그러나 주님은 구약의 계명보다 더 큰 계명으로 우리를 부르십니다. "이제 나는 너희에게 새 계명을 준다. 서로 사랑하여라. 내가 너희를 사랑한 것과 같이 너희도 서로 사랑하여라." (요한복음 13:34) 라고 말씀하신 예수님께서는 자기 자신을 사랑한 것만큼만 우리를 사랑하시지 않으셨습니다. 주님께서는 자신을 사랑한 것보다 우리를 더 사랑하셨습니다. 주님은 우리에게 이러한 주님의 사랑으로 서로 사랑하라고 명령하십니다.

하나님의 진노가 이 땅에 퍼부어질 때가 옵니다. 아니, 여러 방면에서 이런 일들은 이미 일어나고 있습니다. 이러한 때에 우리는 하나님의 진노에 대해 올바른 이해를 하고 있어야 합니다. 질투하는 것은 육의 일이요 마귀의 일입니다(갈라디아서 5:20, 야고보서 3:14-15). 그러나 성경의 여러 구절들에는 하나님을 질투하시는 분으로 기록하고 있습니다. 하나님이 질투하시는 분이라고 해서 하나님이 마귀나 인간의 질투와 같은 질투를 하실까요? 물론 그럴 수는 없습니다. 하나님의 질투는 인간들의 질투와는 근본적으로 다릅니다. 하나님께서는 "나의 생각은 너희의 생각과 다르며, 너희의 길은 나의 길과 다르다. 하늘이 땅보다 높듯이, 나의 길은 너희의 길보다 높으며, 나의 생각은 너희의 생각보다 높다."(이사야 55:8-9)라고 말씀하셨음을 기억합시다.

인간의 질투는 육적이고 이기적이며 또한 마귀적입니다. 하나님의 길은 인간의 길보다 높습니다. 그분의 질투는 정결한 질투이며 우리를 사랑하시기 때문에 하는 이타적인 질투입니다. 하나님은 자신을 위해 질투하지 않으시고 우리를 위해 질투하십니다. 또한 하나님의 분노는 인간의 분노와 다릅니다. "하나님은 사랑이십니다"(요한1서 4:8). 그분의 성품은 그의 기본 속성인 사랑으로부터 나옵니다. 인간은 하나님을 인간의 시각으로 보는 우를 범하곤 합니다. 하나님의 길은 한없이 높습니다. 우리가 하나님을 성령의 눈으로 보지 않고 우리의 눈으로 본다면 성경을 왜곡할 수밖에 없습니다. 그래서 하나님의 목적을 제대로 알지 못하게 됩니다.

사도 바울은 우리에게, "하나님의 인자하심과 준엄하심을 생각해 보십시오."(로마서 11:22)라고 권면하였습니다. 인간의 시각으로만 본다면 하나님의 인자하심과 하나님의 엄격하심이 서로 대치되는 것으로 비춰질 수 있습니다. 그래서 사람들은 상황에 따라 하나님의 인자와 하나님의 엄격하심 중에서 어느 한 쪽을 더 강조합니다. 그러나 성령 안에서 하나님을 보면 하나님의 엄격하심과 인자하심은 서로 온전한 조화를 이루고 있음을 알게 됩니다. 하나님의 길은 인간들의 길보다 높은 곳에 있습니다. 만일 하나님의 길을 제대로 이해하고자 한다면 우리는 반드시 하나님의 시각으로 하나님의 길을 보아야 합니다. 인간의 관점으로 하나님을 올바로 이해한다는 것은 불가능합니다. 세상 사람들에게 십자가는 어리석게 보입니다. 만일 주님께서 우리의 눈을 열어주신다면 우리는 십자가에서 인간의 이해를 초월하는 하나님의 영광을 볼 수 있게 됩니다.

여러분 가운데 누구든지 지혜가 부족하거든 아낌없이 주시고 나무라지 않으시는 하나님께 구하십시오. 그러면 받을 것입니다. 조금도 의심하지 말고 믿고, 구하십시오. 의심하는 사람은 마치 바람에 밀려서 출렁이는 바다 물결과 같습니다. 그런 사람은 주께로부터 아무것도 받을 생각을 하지 마십시오. 그는 두 마음을 품은 사람이요, 그의 모든 행동에는 안정이 없습니다.

(야고보서 1:5-8)

There_
Were_
Two_
Trees_
In_The_
Garden_

Chapter 4

두 마음을 품음의 뿌리

오늘날을 살아가는 인간들 속에 내재된 문제점들이 무엇인지를 우리는 이미 잘 알고 있습니다. 날이 갈수록 심각해지는 이러한 인간들에 의해 야기된 문제점들은 비단 오늘날에만 국한된 문제가 아닙니다. 인간들의 문제를 추적해 올라가 보면 결국 지식나무가 나옵니다.

야고보는 두 마음을 품은 사람은 자신이 하는 모든 것에서 불안정하다고 말하였습니다(야고보서 1:8). 두 마음을 품음은 인류에게 심각한 영향을 미칩니다. 두 마음을 품게 됨으로 인간의 불안정성은 증가하게 됩니다. 이러한 두 마음을 품음의 현상은 날이 갈수록 심해지고 있습니다. 성경은 이미 이 세상의 종말이 가까울수록 사람들은 두 마음을 품게 되고, 그로 인해서 세상의 어두움은 더욱 증가될 것이라고 예언하였습니다.

두 마음을 품는다는 것은 무슨 뜻일까요? 두 마음을 품는다는 것은 한 인간이 한 가지의 마음 이상의 마음과 인격을 품고 있다는 뜻입니다. 두 마음을 품은 사람은 최종적으로 정신분열증에 걸린다는 사실을 현대의 의학은 이미 밝혔습니다. 심지어 어떤 심리학파에서는 두 마음이 정신분열증이라고 정의하기도 하였습니다. 일반적으로 한 사람이 여러 개의 인격을 갖고 있고, 한 사람 속에 있는 여러 개의 인격들이 상황에 따라 급변하여 나타날 경우 정신분열증에 걸렸다고 정의합니다. 이러한 정신분열증의 증상은 그 정도가 심할 때 마귀적인 속성을 나타냅니다. 그리스도에 의해 마음이 새롭게 변화되지 못한 모든 사람들은 정도의 차이가 있기는 하지만 누구나 두 마음을 품고 있습니다. 만일 집에서 행동하는 나와 직장에서 행동하는 나, 그리고 교회에서 행동하는 내가 다르다면 나는 두 마음을 품음의 증상을 나타내고 있는 것입니다. 이러한 증상은 인간이 지식의 나무의 열매를 따 먹은 결과입니다.

선과 악을 아는 지식을 삶의 기준으로 살아가는 사람은 정도의 차이가 있기는 하나 분명 두 마음을 가지고 있는 사람입니다. 두 마음을 품고 살도록 하기 위해 하나님이 인간을 만들지는 않았습니다. 두 마음을 품고 살아가면 불안정한 삶을 살게 됩니다. 어떤 사람들은 인간은 상황에 유연성을 가지고 있는 존재이기 때문에 이렇게 두 마음을 품고 살아가는 것은 당연하다고 생각할 수도 있습니다. 거듭나기 전의 자연인들은 상황의 변화에 따른 인격변화가 당연하다고 생각할지 모르나, 하나님에 의해 재창조된 거듭난 그리스도인들은 그것을 당연하다고 생각해서는 안 됩니다. 진정한 안정은 인간의 힘으로는 절대로 가질 수 없습니다. 진정한 안정은 큰 바위이신 예수에게로 들어갈 때에만 얻을 수 있습니다.

이기주의

선악에 관한 지식을 가지고 사람들을 판단함으로 야기되었으며 아담과 하와가 범죄함으로 인해 야기된 문제가 있습니다. 그 문제는 두려움이란 문제입니다. 인간 최대의 두려움은 거절 받는 것에 대한 두려움입니다. 인간은 새로운 상황을 접하거나 새로운 그룹을 만나게 되면 그 그룹으로부터 거절 받지 않기 위해 노력합니다. 인간은 상황이 변화할 때마다 자기 자신을 조금씩 변화시키는 존재이기 때문에 거절 받지 않으려고 원래의 자기가 아닌 자기를 보여줍니다. 그 결과 자신이 마땅히 갖고 있어야 할 안정성은 차츰 무너지기 시작합니다. 이러한 무너짐의 결과, 인간은 점차 상황의존적인 존재로 전락하게 되어 결국 자기 본래의 정체성을 완전히 상실하게 됩니다.

오늘날 새로운 철학 이론 및 심리학 이론들이 나타나고 있습니다. 이로 인해 인간은 일관성 있게 살아야 한다는 값진 의미는 퇴색해가고 있습니다. 개인 간의 교류에서부터 나라 간의 교류에 이르기까지 오늘날 인간 교류의 빈도는 가파르게 상승하고 있습니다. 각종의 선거 결과들이 잘 보여주고 있듯이 오늘날 사람들은 자신의 정치적 견해를 자주 바꿉니다. 이러한 현상은 인간들이 진실로 믿어야 할 것은 놓치고 있다는 사실을 잘 나타내주고 있습니다. 인간의 안정성을 위협하는 강력한 힘이 이 세상에 존재하고 있는 것이 분명합니다. 성경은 장차 인간 도덕성의 엄청난 붕괴가 올 것에 대해 예언하고 있습니다.

무엇을 심든지 심은 대로 거두기 마련입니다. 인간의 처음 조상이 하나님께서 따 먹지 말라고 하는 열매를 따 먹었습니다. 그 결과 이 세상에 태어난 모든 인간들은 선과 악을 아는 지식을 갖고 태어나게 되었습니다. 인간이 에덴동산에서 쫓겨난 이후 인간들은 선악에 대한 지식으로 자신의 삶을 지탱해가기 시작하였습니다. 그러나 그 결과 인간은 갈등과 우울증으로 고통받게 되었습니다. 하나님께서는 가인에게, "어찌하여 네가 화를 내느냐? 얼굴색이 변하는 까닭이 무엇이냐? 네가 올바른 일을 하였다면, 어찌하여 얼굴을 펴지 못하느냐? 그러나 네가 올바르지 못한 일을 하였으니, 죄가 너의 문에 도사리고 앉아서 너를 지배하려고 하니, 너는 그 죄를 잘 다스려야 한다."(창세기 4:6-7)라고 말씀하셨습니다. 이 질문은 하나님께서 가인의 속에 선악을 아는 지식에 따라 살고자 하는 속성이 있는 줄을 아셨기에 던진 질문입니다. 선과 악을 구별하고자 하는 율법은 모든 인간들 안에 존재합니다. 그러기에 인간은 선을 행하면 어느 정도 기쁨을 느끼게 됩니다. 그러나 선을 행하지 않는 인간은 이성과는 상관없이 선과 악의 내적 충돌로 인해 기쁨을 상실하게 됩니다.

　타락한 인간이 자신의 마음속에 있는 율법의 소리만을 따라서 산다는 것은 불가능합니다. 지그문트 프로이드는 인간의 우울증의 원인은 죄책감에 있다고 하였습니다. 정직하게 진리를 찾아 나선 사람들은 프로이드처럼 인간 문제의 원인이 죄책감에 있다고 생각하게 됩니다. 그러나 프로이드는 인간 문제의 근본 뿌리가 지식나무에 있다는 사실을 알지 못했습니다. 그래서 그는 인간에게 모든 문제들을 제공해 준 원인이라고 생각되는 죄책감에서 인간의 우울증을 치료하는 해법을 찾으려고 한 것입니다. 그래서 프로이드는 선을 행함으로 죄책감과 우울증에서 벗어날 수 있다고 가르치는 대신에, 비현실적으로 율법에 기준한 지키기 힘든 높은 수준의 도덕적 요구로 인해 죄책감이 생긴다고 가르쳤습니다. 그의 이러한 생각은 많은 사람들에게 영향을 미쳤습니다. 오늘날 세계를 파고든 수많은 도덕성과 율법 무시의 성향은 프로이드의 이론들에 그 근거를 두고 있습니다. 프로이드의 이론으로 인해 인간의 내면에서 나온 죄악상은 극치를 향해 치닫고 있습니다. 영국의 수상을 지낸 바 있는 마가렛 대처는 "인간의 문명은 매우 얇은 베니어판과 같다."라고 말한 바 있습니다. 프로이드의 이론들은 이러한 얇고 얇은 베니어판의 껍질을 한 겹 더 벗겨내는 결과를 가지고 왔을 뿐입니다. 지금으로부터 수천 년 전에 시편 기자는 이미 인간들의 이러한 죄성에 가득 찬 행위들을 알아내곤 이렇게 이런 기록을 남겼습니다.

> 어찌하여 뭇 나라가 공모하며, 어찌하여 뭇 민족이 헛된 일을 꾸미는가?
> 어찌하여 세상의 임금들이 나서고, 어찌하여 통치자들이 음모를 꾸며 주를 거역하고, 기름 부음 받은 분을 거역하면서 이르기를
> 이 족쇄를 벗어 던지자. 동여맨 이 사슬을 끊어 버리자 하는가?
>
> (시편 2:1-3)

프로이드는 사람들이 우울증을 겪는 이유는 높은 수준의 도덕적 삶을 요구하는 율법에 기인한다고 보았습니다. 인간은 율법을 다 지키며 살아갈 수 없는 존재입니다. 그리고 그 결과 우울증에 걸립니다. 그러기에 바울도, "나는 내가 원하는 선한 일은 하지 않고, 도리어 원하지 않는 악한 일을 합니다."(로마서 7:19)라며 한탄하였습니다. 이러한 바울의 고백은 율법은 선하나 자기 자신은 악하다는 사실을 깨달았기 때문에 나온 고백입니다. 그러한 깨달음이 있었기에 그는, "나는 내 속에, 곧 내 육신 속에 선한 것이 깃들어 있지 않다는 것을 압니다. 선을 행하려는 의지는 나에게 있으나, 그것을 실행하지 않습니다."(로마서 7:18)라는 고백을 할 수 있었습니다.

사도 바울은 선과 악에 대한 갈등의 해결책을 예수 그리스도에게서 찾았습니다. 프로이드는 모든 인류에게 죽음과 악의 원인을 제공해 준

것은 바로 인간의 이성이라고 생각했습니다. 프로이드는 인간을 율법과 죽음으로부터 해결해 줄 주님을 찾지 않은 상태에서 율법을 인간으로부터 제거하려고 시도하였습니다. 주님의 도움 없이 인간 속에 있는 율법을 제거한다는 것은 불가능합니다. 인간은 지식 나무의 열매를 먹음으로 인해 율법이 모든 인간 속에 있게 되었습니다. 누구도 자신의 힘으로 그 마음속의 율법을 제거할 수 없습니다. 시편 기자는 율법을 무시함의 종말은 나라들 간의 전쟁으로 인한 혼동이라는 사실을 잘 알고 있었습니다. 우리가 율법을 무시하는 정도가 커질수록 우리는 더욱 더 우울증과 정신분열증에 빠지게 됩니다. 인간과 나라들 사이의 경계선을 허물어도 좋다는 철학이 세계 도처에 빠져들고 있는 것도 바로 율법을 무시한 일입니다. 율법을 무시한 결과 깊은 어두움이 성경의 예언대로 이 세상에 퍼져나가고 있습니다(이사야 60:2).

역사가 윌 두란트는 인간들의 광란 상태가 지속되는 것이 이제는 더 이상 이상히 여겨지고 있지 않다고 하였습니다. 그래서 그는, "이제 우리 인간들은 흐르는 물처럼 무의식의 도랑을 따라서만 행동하려고 하기 때문에, 더 이상 움직이고 싶어하지 않을 정도의 심한 불안정성에 도달하게 되었다."라고 피력하였습니다. 기차가 레일 위를 벗어나면 기차로서의 기능을 상실합니다. 인간도 이와 마찬가지입니다. 인간은 하나님이 마련해 주신 레일 위를 벗어나면 절대로 하나님이 인간을 창조하셨을 때 의도하셨던 자유의 삶을 살 수가 없습니다. 그러나 사람들은 레일을 벗어나면 자유로워진다고 생각하고 하나님이 정해주신 레일을 벗어나려고 발버둥칩니다. 그러나 그러면 그럴수록 인간은 더욱더 자유롭지 못하게 됩니다. 만일 기차가 철로를 벗어나 다니려고 하면 할수록 그 기차는 미궁에 빠지고 기차로서의 기능을 상실하게 됩니다. 하나님이 설정해 주신 레일을 벗어나가려고 하면 할수록 인간은 불안정이라는 미궁 속으로 더 많이 빠지게 되었습니다. 인간 스스로가 정한 자유의 길을 걸으려고 시도할 때마다 인간은 더욱 부자유하게 됩니다. 선악을 구별하고자 하는 선악과의 길은 인간에게 혼동만 가져다 줄뿐입니다. 인간들은 예수님이란 길을 찾을 때까지는 다른 길을 알 수가 없어서, 선과 악을 알게 하는 길만 가려고 합니다.

인본주의의 공격

1950년대에 공산주의가 서구 사회에 스며들었습니다. 이런 현상은 미국도 예외가 아닙니다. 그 결과 자녀들에게 폭력을 행사하는 부모들에게 항거하도록 자녀들을 가르치는 심리학적, 철학적 이론들이 발달하게 되었습니다. 이러한 이론들은 인간의 자기 의지에 영광을 돌리고 인간의 자기 확신에 영광을 돌리는 이론들입니다. 이러한 이론들에 심취한 심리학자들은 부모가 자녀를 훈계하여야 한다는 성경적 가르침은 일체 무시하였습니다. 그들은 부모가 자녀를 훈계하면 자녀들은 의사 표현을 자발적으로 할 수 없게 된다고 그래서 부모 의존적 인간으로 전락한다고 보았습니다. 그 결과 이 세대의 가르침을 받은 자녀들은 자라

나서 1960년대가 되자 결국 정부에 폭력적으로 항거하는 청년들이 되었고 공산주의자들이 되었고 무정부주의자들이 되었습니다. 자녀 양육에 대한 성경적 지침을 무시한 결과 이들은 부모 세대들이 그토록 꺼렸던 폭행을 행하는 자들로 변모한 것입니다. 부모 세대들이 증오했던 것을 그대로 거둬들였습니다. 도대체 왜 그렇게 된 것입니까?

육과 영의 법칙에 관해 성경은, "자기 육체의 욕망을 따라 심는 사람은 육체로부터 썩을 것을 거두고, 성령의 뜻을 따라 심는 사람은 성령으로부터 영생을 거둘 것입니다."(갈라디아서 6:8)라고 말합니다. 성령을 심으면 성령을 거둡니다. 자기의지를 심으면 이기주의 곧 자기중심적인 것을 거둡니다. 자기중심성은 고귀한 생각과 행동이 아닙니다. 이기적인 사람들은 자기의 필요와 자신의 야망을 이루는 것에만 관심을 갖고 있습니다. 폭군들은 자기중심성이 나타내는 파괴의 극치를 나타냅니다. 그들은 지도자로서 바른 지도력을 발휘하는 것에 대한 법칙을 무시하고 단지 권위만을 가지고 자신을 안전하게 지켜나가려고 합니다. 그래서 자신보다 권위나 지위가 약한 사람들을 무참히 짓밟습니다. 이러한 성향을 나타내는 사람은 자신의 육을 의지하는 사람입니다. 사람들은 권력자가 가진 무력이 무서워 충성합니다.

자기 중심적인 사람은 비록 자기 자신이 사랑, 의무, 정의, 자비와 심지어는 자유를 아무리 힘차게 외친다고 하더라도 실상은 이런 것들과는 거리가 먼 사람입니다. 그런 사람들은 자신이 아무리 그런 것들에게 집착하는 듯이 보여도 그 내면 깊숙한 곳에는 명예를 얻고 싶은 마음,

반항하고 싶은 마음, 힘있는 단체를 만들고 싶은 마음이 자리 잡고 있습니다. 그들에게 사랑과 정의 그리고 자유 같은 것들은 그리 문제되지 않습니다. 단지 그들은 성공을 위해 그런 것들을 이용할 뿐입니다. 지금의 사람들은 자기 밖에 모릅니다. 야망을 완전히 버리고 온전히 남들을 섬기는 종이 되려는 자세를 가지고 살아가는 사람들은 정말로 찾아보기 힘들게 되었습니다. 그러나 참 자유는 자기를 버리는 예수와 같은 마음을 품음으로 나옵니다. 예수가 우리 삶의 중심이 되지 않고서 우리는 참으로 온전해지지도 않고 참으로 자유를 누리지도 못합니다.

하나님께서는 인간을 만드실 때 자기의 형상을 따라 만드셨습니다. 그러므로 인간은 하나님과 관계할 때만 자신의 참 정체성을 회복할 수 있습니다. 인격의 분열증상과 다중 인격은 인간이 자신의 정체성을 잃어버렸기에 나타나는 증상입니다. 인간은 자신 속에 있는 하나님의 형상을 상실할 때 정신분열을 경험합니다. 이와 반대로 우리가 하나님에게 가까이 갈 때 우리는 우리가 누구인지를 진정으로 아는 경험을 하게 됩니다. 그리고 그 결과 우리는 안정적인 사람이 됩니다. 그래서 이 세상 그 어느 사람들보다 시종여일하고 결단력이 강한 사람이 됩니다. 그런 사람은 사회적 환경의 변화로 인해 가해지는 압박을 잘 견뎌나갑니다. 그런 사람들 속에는 참 빛이신 예수가 살아서 활동하고 계십니다. 예수님은 어제나 오늘이나 내일이나 항시 시종여일 하십니다. 그분은 절대로 변하시는 법이 없으십니다. 그런 예수를 모시고 사는 사람은 항시 그분의 눈을 바라보고 그분의 음성을 듣고 그분의 마음을 잘 이해하고 있기 때문에 수시로 변하는 세상에 의해 좌지우지 되지 않습니다. 우리 속에서 살아서 역사하시는 하나님은 우리로 하여금 세상이 가져다주는 그 어떤 억압도 이길 수 있도록 해주십니다. 그분은 세상보다 크신 분이십니다.

하나님을 잘 알고 있는 사람들은 결국 세상에게 가장 겸손하고 평화로운 사람들이 됩니다. 하나님께서는 이사야 선지자를 통하여 "내가 시온에 주춧돌을 놓는다. 얼마나 견고한지 시험하여 본 돌이다. 이 귀한 돌을 모퉁이에 놓아서, 기초를 튼튼히 세울 것이니, 이것을 의지하는 사람은 불안하지 않을 것이다."(이사야 28:16)라고 말씀하셨습니다. 예수님은 우주 창조의 모퉁이 돌입니다. 그분은 인간 삶의 유일무이한 기초입니다. 그분께서 우리의 삶에 굳건한 자리를 차지하게 되면, 우리는 세상이 주는 그 어떠한 악의 힘도 이길 수 있습니다. 우리가 하나님에 대하여 아는 것이 아니라 하나님 그분 자체를 안다면 우리는 외부의 상황에 영향을 받지 않고, 내 속에 계신 하나님에 의해서만 영향을 받는 사람이 됩니다. 하나님의 우리를 향한 온전한 사랑을 우리가 받게 되면, 우리는 인간들의 거절에 대한 그 어떤 두려움도 이길 수 있습니다. 우리는 하나님을 모시고 있기에 두려움에 의거하여 행동하는 것이 아니라 믿음에 의거하여 행동합니다.

사도 요한은 지식나무의 씨와 생명나무의 씨가 서로 다름에 대해 다음과 같이 말하였습니다.

하나님에게서 난 사람은 누구나 죄를 짓지 않습니다. 하나님의 씨가 그 사람 속에 있기 때문입니다. 그는 죄를 지을 수 없습니다. 그가 하나님께 로부터 났기 때문입니다.

하나님의 자녀와 악마의 자녀가 여기에서 밝히 드러납니다. 곧 의를 행하지 않는 사람과 자기의 형제나 자매를 사랑하지 않는 사람은 누구나 하나님에게서 난 사람이 아닙니다.

이것은 여러분이 처음부터 들은 소식인데, 곧 우리가 서로 사랑해야 한다는 것입니다.

우리는 가인과 같이 되어서는 안 됩니다. 그는 악한 자에게 속하여 자기 동생을 쳐 죽였습니다. 무엇 때문에 그가 동생을 쳐 죽였습니까? 그가 한 일은 악했는데, 동생이 한 일은 의로웠기 때문입니다.

형제자매 여러분, 세상이 여러분을 미워해도 이상하게 여기지 마십시오.

우리가 이미 죽음에서 생명으로 옮겨 갔다는 것을 우리는 압니다. 이것을 아는 것은 우리가 형제자매를 사랑하기 때문입니다. 사랑하지 않는 사람은 죽음 가운데 머물러 있습니다.

자기의 형제나 자매를 미워하는 사람은 누구나 살인을 하는 사람입니다. 살인을 하는 사람은, 누구든지 그 안에 영원한 생명이 없습니다.

그리스도께서는 우리를 위하여 자기의 목숨을 버리셨습니다. 이것으로 우리가 사랑을 알게 되었습니다. 그러므로 우리는 형제자매를 위하여 목숨을 버리는 것이 마땅합니다.

누구든지 세상 재물을 가지고 있으면서, 자기 형제나 자매의 궁핍함을 보고도 마음 문을 닫고 도와주지 않으면 어떻게 하나님의 사랑이 그 사람 안에 머물겠습니까?

자녀 여러분, 우리는 말로나 혀로만 사랑하지 말고, 행함과 진실함으로 사랑합시다.

이렇게 함으로써, 우리가 진리에서 났음을 우리는 알게 되고, 하나님 앞에서 확신을 가지게 될 것입니다. (요일 3:9-19)

하나님으로부터 난 사람들의 특징은 의를 실천하고 형제들을 사랑하는 삶을 살아간다는 것입니다. 그들의 의는 율법을 지킴으로 난 의가 아닙니다. "율법을 지킴으로써 하나님 앞에서 의롭다고 인정받을 사람은 아무도 없습니다."(로마서 3:20) "그리스도께서는 모든 믿는 사람을 의롭게 해주시려고 율법의 끝마침이 되셨습니다."(로마서 10:4) 그리스도는 율법을 제거하신 것이 아니라 율법을 온전하게 하셨습니다(마태복음 5:17). 그분께서는 율법을 온전하게 하시고 우리를 위하여 죽으심으로 우리의 의가 되셨습니다. 우리의 의로운 행위들의 근거는 오직 예수님에게만 있습니다. 그러므로 우리의 믿음은 우리의 강한 의지나 우리의 지적인 능력과 사실인식의 능력을 그 기반으로 하지 않습니다. 우리의 믿음은 마음을 중요시합니다. "사람은 마음으로 믿어서 의에 이릅니다."(로마서 10:10) 생각으로 믿어서는 의에 이르지 못합니다. 믿음은 마음 차원의 것입니다. 생각 차원의 것이 아닙니다. 그리고 마음 차원의 믿음을 가지려면 중생해야 합니다. 성령이 성령을 낳습니다. 우리 속에 그리스도가 살아나셔야만 우리는 하나님과 조화를 이룰 수 있습니다. 인간의 의지로는 안 됩니다. 그러기에 사도 바울은 로마서를 통해 다음과 같이 고백하였습니다.

믿음에 근거한 의를 두고는 이렇게 말합니다. "너는 마음 속으로 '누가 하늘에 올라갈 것이냐' 하고 말하지 말아라. 그것은 그리스도를 끌어내리는 것이다. 또 '누가 지옥에 내려갈 것이냐' 하고 말하지도 말아라. 그것은 그리스도를 죽은 사람들 가운데서 끌어올리는 것이다" (로마서 10:6-7)

우리의 힘으로 우리는 그리스도를 이 흑암의 세상으로 내려오시게 할 수도 없고, 하늘나라로 다시 부활하여 올라가시게 할 수도 없습니다. 인간의 구원은 인간의 힘으로는 절대로 불가능합니다. 오직 예수님만이 하나님의 율법을 온전히 지킵니다. 만일 인간인 우리가 율법에 집중하면 죄가 인간을 태워서 죽여 버립니다. 그러나 만일 우리가 그리스도에게 집중하면 우리는 그분의 형상으로 변합니다. 인간 속에 있는 하나님의 형상이 회복됩니다. 그분 안에는 죄가 없습니다. 만일 우리가 그리스도 안에 거하면 우리의 죄는 없어집니다.

한번은 서기관들이 예수님에게 "세상에서 가장 큰 계명은 무엇이냐."고 물었습니다. 이에 대해 예수님께서는 그들에게, "'네 마음을 다하고 네 목숨을 다하고, 네 뜻을 다하여, 주 너의 하나님을 사랑하여라.' 하셨으니, 이것이 가장 중요하고, 으뜸가는 계명이다. 둘째 계명도 이것과 같은데 '네 이웃을 네 몸 같이 사랑하여라' 한 것이다. 이 두 계명에 모든 율법과 예언자들의 본 뜻이 달려 있다." (마태복음 22:37-40)라고 대답하셨습니다. 우리가 이 두 가지 계명을 지킨다면 우리는 율법 전체를 지키게 됩니다. 만일 우리가 온 맘으로 주님을 사랑한다면 우리는 우상을 숭배하지 않게 됩니다. 우리가 우리의 이웃을 사랑한다면 이웃을 시기하지도 이웃이 가진 소유물과 아내도 탐하지 않게 됩니다.

이 두 계명을 지킴으로 율법 전부를 지키는 것입니다. 예수님께서는 무엇무엇을 '하지 말라' 는 것으로만 이루어진 부정적인 문구의 율법을, '사랑하라' 라는 긍정적인 문구로 바꾸셨습니다.

인간들 중 누가 주님과 형제들을 온 마음을 다해 사랑할 수 있겠습니까? "주께서는 하늘에서 사람을 굽어보시면서, 지혜로운 사람이 있는지, 하나님을 찾는 사람이 있는지를 살펴보신다. 모두들 다른 길로 빗나가서 하나같이 썩었으니, 착한 일을 하는 사람이 하나도 없구나. 죄악을 행하는 자는 다 무지한 자냐? 그들이 밥 먹듯이 내 백성을 먹으면서, 나 주를 부르지 않는구나."(시편 14:2-4)라고 성경은 기록하고 있습니다. 하나님께서 우리를 이끌지 아니하시면 우리는 하나님을 찾으려는 시도조차도 하지 않습니다. 고린도전서 13장이 말하는 사랑으로, 사랑을 행하는 사람이 그 어디에 있단 말입니까? 오직 그리스도 안에 거할 때에만 인간은 의를 행할 수 있습니다. 예수님은 우리의 심령 속에 하나님의 사랑을 심어주셨습니다.

우리가 주님의 영광을 주목하면 우리는 변화 받습니다(고린도후서 3:18). 만일 우리가 주님을 보고나서(지식나무의 잣대로) 자기 자신을 본다면 변화 받을 수 없습니다. 하나님은 우리가 우리의 힘으로 주님을 흉내내도록 우리를 부르시지 않았습니다. 하나님은 우리 속에 그리스도가 형성되도록 우리를 부르셨습니다. 만일 우리가 그분의 영광을 진정으로 바라보게 되면, 그래서 그분의 기묘하심에 우리의 전 존재를 빼앗기게 되면, 우리는 더 이상 자기 자신과 자신이 이루고 싶은 야망에 흥미를 갖지 않게 됩니다. 요한계시록에서 어린 양 주님을 만나게 된 스물네 명의 장로들은 자신들이 쓰고 있던 영예의 관을 벗어 주님 발 앞에 내려놓았습니다. 이 세상 그 누가 주님의 영광 앞에서 뽐낼 수 있겠습니까? 우리가 만일 주님 앞에서 자기의 지위를 자랑한다면 자랑하는 그 순간 이미 그 지위를 빼앗기고 맙니다. 그리스도는 하나님의 사역의 완성자이십니다. 그분은 교회 사역의 완성자이십니다. 우리는 그분 안에서만 자라날 수 있습니다. 우리가 누구냐 하는 것이 우리의 관심이 되어서는 안 됩니다. 그분이 누구인가가 우리의 관심이 되어야 합니다. 그분은 생명나무입니다. 우리가 그분을 가지고 있으면 우리는 영원히 살 수 있습니다.

시기심과 파당심이 있는 곳에는,
혼란과 온갖 더러운 행실이 있기 때문입니다.
(야고보서 3:16)

There_
Were_
Two_
Trees_
In_The_
Garden_

Chapter 5

바벨론

인간의 육적인 동기의 발현이 어떤 결과를 보여주는지에 대한 명확한 증거는 바벨탑 사건에서 잘 나타납니다. 바벨탑을 쌓은 사람들은 땅의 것만을 생각하였습니다.

그들은 또 말하였다. "자, 도시를 세우고, 그 안에 탑을 쌓고서, 탑 꼭대기가 하늘에 닿게 하여, 우리의 이름을 날리고, 온 땅 위에 흩어지지 않게 하자." (창세기 11:4)

하나님은 인간을 창조하심으로 인간들과 교제하는 즐거움과 인간의 섬김을 받는 데에서 오는 즐거움을 느끼고 싶어 하십니다. 자신의 관심을 하나님께로 향하여 하나님을 섬길 때에 인간의 존재목적이 원만히 이루어집니다. 그러나 지식나무의 열매를 따 먹음으로 인해 인간의 관심은 온통 자신을 위한 것에만 고착되게 되었습니다. 그 결과 인간들이 겪는 것은 좌절과 혼동뿐입니다.

탑을 높게 쌓아 하늘 높이까지 오르려는 인간의 시도는 어리석었습니다. 그리고 그들의 시도는 성공하지 못하였습니다. 역사란 자신의 이름을 내기 위해 그리고 그들이 임의로 설정한 탑을 세우기 위해 사람들을 규합하였지만 결국은 실패들로 끝난 바벨탑과 같은 사건들의 나열입니다. 그리스인들도 이 점에 있어서는 예외가 아닙니다. 우리가 아무리 겉으로는 거룩한 체, 주님의 이름으로 우리의 사역들을 펼쳐나간다고 해도, 우리의 내적 동기가 자신의 이기적 야망을 이루기 위한 것이라면 반드시 혼동과 파멸로 끝이 납니다. 야고보 기자는 개인적인 야망은 하늘에서 내려오는 지혜가 아니라, 세속적이고 육욕적이고 악마적인 것일 뿐이라고 말하였습니다(야고보서 3:15).

그리스도인들이 연합하지 못함의 뿌리

하나님께서 사람들이 바벨탑을 쌓고 있는 것을 하늘에서 내려다보시고 그들의 언어 소통을 혼잡케 함으로 그들의 어리석은 시도를 무효화하기로 결정하셨습니다. 바벨이란 말은 '혼동'이란 말입니다. 이와 같은 바벨탑 사건은 특히 중세 암흑시대의 교회에서도 잘 나타납니다. 그리고 또한 수많은 지역 교회들에서도 이러한 바벨탑과 같은 사건들을 쉽게 관찰할 수가 있습니다. 바벨탑 사건이란 인간의 힘으로 하늘에 오르려는 모든 시도들입니다. 그래서 하나님은 서로의 의사소통을 불가능하게 하는 다른 언어들을 주었습니다. 그래서 현재까지 지구상에 있는 5000개의 다른 언어들과 기독교 교단들이 존재하게 되었습니다. 각 교단들이 내세우는 사역들이 아무리 선하게 보여도 주 예수님을 중심으로 모이지 않는 연합 속에는 인간들의 죄된 속성이 자리 잡고 있습니다. 사람들을 많이 모이게 하여 자신의 이름을 높이려는 시도의 결과는 혼동일 뿐입니다. 물론 프로젝트를 진행하고 같이 힘을 합하여 복음을 전하고 올바른 교리를 세우는 것이 잘못된 것은 아닙니다. 그러나 이런 것들 자체가 관심의 중심점에 있다면 안 되는 것입니다. 우리의 관심의 중심점에 예수님이 없다면 우리의 모든 선행은 무효화되기 마련입니다.

기독교의 모든 교리에 정통해도 그리스도인이 아닐 수가 있습니다. 특정 교리들을 이해하고 영적인 원칙들을 이해한다고 해서 그리스인이 되는 것이 아닙니다. 우리 속에 그리스도께서 계셔야 그리스도인입니다. 만일 그 어떤 진리가 우리를 그리스도께로 인도해 준다면 그 어떤 진리는 자신의 사명을 제대로 다 한 것입니다. 그러나 만일 어떤 진리가 우리의 관심 그 자체라면, 그래서 그 진리가 우리의 관심을 주 예수에게로 향하도록 해주지 못한다면 그 진리는 또 다른 하나의 지식 나무일 뿐이어서, 결국은 우리를 죽이게 됩니다. 많은 교단들은 성령의 운

행하심이 교회들에 부어짐으로 탄생하였습니다. 그래서 생겨난 교단들이 주장하는 진리들은 그리스도인들로 하여금 주님에게 더 가까이 가도록 한 것이 사실입니다. 그 결과 많은 사람들이 주님과 더 친밀히 교제하고 동행하는 삶을 살게 되었습니다. 그러나 어떤 그리스도인들은 그 진리를 제대로 받아들이지 못하고 자신의 바벨탑을 세우기 위한 목적으로 자기의 교단들을 세운 경우들도 많습니다.

바벨론은 눈으로 보이는 실체가 아닐 수도 있습니다. 바벨론은 마음에 있습니다. 어떤 교회들은 교단에 소속되어 있지 않습니다. 그러나 교단에 소속되지 않은 교회라고 해서 세속적인 것이 전혀 없는 교회라고 할 수는 없습니다. 그리고 물론, 교단에 소속된 교회들 중에서도 정말로 예수님이 머리 역할을 하시고 세속적인 속성이 없거나 매우 적은 교회들도 있습니다. 그리고 교회들 중에는 교리와 같은 진리는 있지만 생명이 없는 교회들도 있고, 생명은 있으나 교리에 대한 이해가 부족한 교회들도 있습니다. 토마스 아켐피스는 "그리스도를 본 받아"라는 제목의 저서에서 "나는 교리에 정통하느니 차라리 회개하는 쪽을 택하겠다. 겸손함이 없이 삼위일체론에 대해 정통하는 것은 하나님을 기쁘게 하지 못한다. 나는 교리에 정통하지 못하더라도 겸손한 사람이 되어 하나님을 기쁘시게 하는 편을 택하겠다."라고 말하였습니다.

소속한 교단이나 교파를 떠난다고 해서 자동적으로 바벨론을 떠나는 것이 아닙니다. 바벨론을 떠난 것은 형제를 미워하는 마음의 장벽이 무너지고 주님과 가로막혔던 마음의 담이 무너져서 주님과 이웃을 사랑하고 섬기는 것으로 표현됩니다. 사도 바울은 "그러므로 우리는 이제부터는 아무도 육신의 잣대로 알려고 하지 않습니다. 전에는 우리가 육신의 잣대로 그리스도를 알았지만, 이제는 그렇지 않습니다."(고린도후서 5:16)라고 말하였습니다.

물론 진리는 중요합니다. 어떤 기독교의 기본적인 진리들을 우리는 반드시 알고 있어야 합니다. 그래야 우리가 생명에 이르는 길을 제대로 갈 수 있습니다. 그러나 많은 교리들이 그렇지 못합니다. 진리에 이르는 길과는 상관없는 교리들로 인해 많은 교회들이 나뉘고 갈라졌습니다. 주님은 서로 사랑함으로 그들이 나의 제자가 된다고 말씀하셨습니다. 많은 그리스도인들이 기독교 교리의 98%는 서로 동의하면서 나머지 2%에 이견이 있다고 서로 갈라서고 있습니다. 그들이 기독교 기본 진리도 아닌 하찮은 교리 2% 때문에 서로 갈라서는 이유는 참다운 정체성의 부재로 인한 불안정한 마음 때문입니다.

교회의 지도자들이 서로 갈라서는 이유는 그 다른 어떤 이유보다 정체성의 결핍으로 인한 불안정성 때문입니다. 자기에게 조금이라도 의견을 달리하는 사람들은 모두 자신에 대해 도전장을 내는 사람으로 보는 이유가 바로 그런 이유 때문입니다. 양극화는 쓴 뿌리를 낳고 별것도 아닌 것을 놓고 서로 불화하게 만듭니다. 이렇게 되는 이유는 그리스도에게 뿌리를 두지 않기 때문입니다. 우리의 삶이 그리스도에게만 뿌리를 두고 있고 그분과 교제하는 삶을 첫째로 놓고 살아나간다면 그 어떤 인간들의 도전에도 우리는 불안정해지거나 겁먹지 않게 됩니다. 자신의 권위가 하나님으로부터 나온 권위라는 것을 진정으로 믿는 사람은 하나님의 권위는 절대로 무너질 수 없는 안정된 권위라는 사실을 알기 때문에 그 어떤 인간의 도전에도 필요이상으로 반응하지 않게 됩니다.

참된 연합

하나님께서 못 이루실 일은 하나도 없습니다. 하나님은 우리 모든 그리스도인들이 동일한 신조를 갖고 신앙생활을 하게 하실 수가 있으십니다. 그러나 하나님께서는 그렇게는 하지 않으십니다. 우리는 연합이 반드시 통일된 교리를 요구하지 않는다는 사실을 잘 이해하고 있어야 합니다. 동일한 교리에 기초한 연합은 피상적 연합을 이룰 뿐입니다. 주님에게 집중하여 그분만을 사랑하고 서로서로를 사랑하는 것이 모든 교리에 의견일치를 이루는 것보다 훨씬 더 중요합니다. 같은 교리를 만들기 위한 시도는 연합을 이루는 것이 아니라 오히려 분열을 조성합니다. 우리가 만일 주님에게만 집중한다면 우리는 주님의 시각이라는 공통된 시각으로 서로 다른 교리들을 볼 수 있게 됩니다.

성경에서 사도 바울은 우리에게 "모든 것을 분간하고 좋은 것을 굳게 잡으십시오."(데살로니가전서 5:21)라고 권면하였습니다. 만일 우리가 모든 것들을 성경 말씀과 성령님의 기준으로 보아가며, 조심하지 않으면 우리는 어리석은 짓을 하게 됩니다. 이와 아울러 우리가 옳지 못한 동기를 갖고 있다면 아무리 제대로 교리를 열심히 가르쳐도 우리는 역시 어리석은 짓을 하고 있는 것입니다. 성경은 우리에게 잘 살펴서 좋은 것에 집중하라고 말하였지 나쁜 것에 주목하라고 말하지 않습니다. 잘 살피는 이유는 나쁜 것을 찾아내기 위함이 아니라 좋은 것을 보기 위함입니다. 우리가 다른 사람의 지위를 밀어내기 위해 진리를 추구한다면 근본 의도부터 잘못된 것이기에, 우리는 결단코 우리가 찾는 진리를 인식할 수가 없게 됩니다.

많은 그리스도인들이 자신들을 진리로 인도하는 성령님에게 집중하기 보다는 자신들을 거짓으로 인도하는 마귀에게 더 큰 관심을 나타내고 있습니다. 그들이 그렇게 하는 이유는 그들이 불안정하기 때문입니다. 그리고 그 결과 교회에 수많은 분리와 오해가 있게 되었습니다. 때론 도전과 충돌이 잘못된 것을 바로 잡기도 합니다. 신약 성경의 서신서들을 살펴보면 사도와 장로들이 그러한 일을 함으로 교회를 바로 세워 나갔음을 잘 알 수가 있습니다. 그러나 인간의 교정은 아픔을 초래하고 화해를 점점 더 어렵게 만듭니다. 그러므로 교정하려고 한다면 주님이 하시는 교정이 되도록 해야 치유가 일어나고 회복이 일어납니다.

사도 바울은 "교우 여러분, 어떤 사람이 어떤 죄에 빠진 일이 드러나면 성령의 지도를 받아 사는 여러분은 온유한 마음으로 그런 사람을 바로잡아 주고, 자기 스스로를 살펴서 유혹에 빠지지 않도록 조심하십시오."(갈라디아서 6:1) 라며 갈라디아 교회의 교인들을 권면하였습니다. 남의 죄를 들춰내려고 애썼던 많은 사람들이 동일한 죄에 빠지는 것을 봅니다. "하나님께서는 교만한 자들을 물리치시고, 겸손한 사람들에게 은혜를 주십니다"(야고보서 4:6). 하나님의 은혜가 없다면 아무도 설 수 없습니다. 마치 우리는 무죄한 듯, 남의 죄를 들추어내고 남들을 공격한다면 바로 그 순간 우리는 이미 넘어지고 있는 것입니다. 이단을 찾아내는 것이 사명인 양 살아가는 사람들 중 많은 사람들이 잘못된 의도로 그렇게 하다가 결국 교회에, 이단들이 준 악영향보다 더 많은 악영향을 끼쳤다는 사실은 교회의 역사가 잘 증명해 주고 있습니다.

교회가 받아들인 모든 진리들은 처음에는 교회 내의 극단주의자들에 의해 받아들여졌습니다. 그리고 그 결과 그 진리에 반대쪽 진리를 주장하는 다른 극단주의자들이 생겨났습니다. 이것은 과도한 반응입니다. 과도한 반응은 첫 진리를 받아들인 극단주의자들이 교회에 해악을 미친 것과 같은 정도의 해악을 교회에 끼치게 됩니다. 생명으로 인도하는 진리는 이 양극단의 중산부분에서 발견됩니다. 그러나 극단주의자들은 이러한 입장을 타협이라며 비난합니다. 역사적으로 보면 교회에서 양극단이 대립하면 대다수의 사람들은 혼동을 피하기 위해 대립으로부터 숨는 일이 일어났습니다. 지혜로운 사람은 모든 것을 잘 조사한 후에 좋은 것을 선택합니다. 우리가 하나님보다 사람들을 더 의식하고 살면 혼동이 도래할 때 그 혼동이 주는 압력에 의해 한쪽으로 치우치게 됩니다. 만일 우리가 성령의 인도함을 받으면 우리는 하나님의 진정한 아들들이기에(로마서 8:14), 성령님께서 하나님의 아들된 우리를 모든 진리로 인도하십니다.

아무리 성경적으로 보이는 일이라고 할지라도, 그 일에 우리 자신을 헌신하기 전에 반드시 그 일의 뿌리를 먼저 살펴보아야 합니다. 주님께서는 어떤 사람과 그 사람이 하는 사역이 어떤지를 그들이 주장하는 것이 얼마나 성경적인지를 살펴봄으로써 안다고 말하신 적이 없으십니다. 우리는 그들의 사역의 열매를 봄으로써 그들의 참 의도를 알 수 있습니다. 그들이 맺는 열매가 생명나무의 열매인가 지식나무의 열매인가를 알아보아야 합니다. 그들의 사역이 선한 사역이라고 해서 안심하면 안 됩니다. 지식의 나무는 악에 뿌리를 두기도 하지만 선에도 뿌리를 둡니다. 만일 사역을 통해 맺는 열매가 예수가 아니라면 그 사역에는 생명이 없습니다.

교리적 오류의 대부분은 성경의 특정 구절만을 강조할 때 발생합니다. 그런 이유에서 사도 바울은 디모데에게, "그대는 진리의 말씀을 올바르게 가르치는 부끄러울 것 없는 일꾼으로, 하나님께 인정을 받는 사람이 되기를 힘쓰십시오."(디모데후서 2:15)라고 권고하였습니다. 그리고 시편 119편 160절에는 "주님의 말씀의 총합 (sum)이 진리"라는 뜻의 말씀이 기록되어 있습니다. 성경을 올바로 나누기 위해 우리는 성경을 총체적으로 볼 수 있어야 합니다. 성경의 단지 한두 구절만 본다면 우리는 성경에서 서로 다른 반대의 주장을 하는 많은 구절들을 만나게 됩니다. 그래서 우리가 만일 성경의 한두 구절에 치중하여 그것만이 맞는 진리라고 주장한다면, 그래서 우리의 이성으로 그 구절들을 합리화하는데 사용한다면, 우리는 성경의 다른 많은 진리를 놓치는 결과를 초래하게 됩니다. 그 결과 우리는 극단주의자가 됩니다. 모든 기독교의 교리에는 극단주의자들이 있습니다. 우리가 사소한 것에 집중하면 생명의 강물에서 멀어지게 됩니다. 모든 진리를 통합적으로 볼 수 있어야 부분적 진리를 제대로 이해할 수 있습니다. 예수님은 모든 영적 진리들의 통합이십니다. 모든 진리는 예수 안에서만 의미를 갖습니다 (에베소서 1:10). 하나님은 모든 것들이 그분의 아들이신 예수 안에서 통합되기를 원하십니다. 우리가 하나님의 이러한 의도를 놓치면 극단주의자가 됩니다. 우리 모두가 그분에게 집중하여 그분만을 바라본다면, 서로 관련이 없다고 생각하던 진리들이 서로 그림조각맞추기 하듯 맞추어져서 우리의 숨을 멎게 할 정도로 조화롭고도 아름다운 한 폭의 그림을 이루게 됩니다.

진리 안에서 걷는다는 것은 모든 진리들을 정확히 다 이해한다는 말이 아니라 진리이신 그리스도 안에 거한다는 말입니다. 영적으로 자란다는 것은 지식이 증가한다는 것이 아니라 "그리스도 안에서 자란다."(에베소서 4:15)라는 말입니다. 교리하나 잘못 이해한다고 마귀에게 속는 것이 아니라, 그분의 뜻을 벗어날 때 마귀에게 속습니다. 예수님의 몸인 교회는 수많은 경고를 발하는 교리들의 집합체가 아니라, 서로서로 살아서 그 기능을 발휘하는 조직체들이 모여서 이룬 하나의 유기체입니다. 주님의 몸은 분리되어서도 안 되고 분리 될 수도 없습니다. "빵은 하나이고 우리 모두가 그 한 덩어리의 빵을 나누어 먹는 사람들이니 비록 우리가 여럿이지만 모두 한 몸인 것입니다"(고린도전서 10:17).

가인의 씨 속에 있는 자만심

바벨탑은 가인의 씨 속에 들어있는 자만심을 잘 나타내주고 있습니다. 바벨에 사는 사람들은 자신이 자신들의 노력으로 하늘에 닿을 수 있다고 생각하였습니다. 그래서 그들은 '우리가 우리의 힘으로 탑을 쌓자'라고 말하였습니다. 이 말은 뱀이 하와를 유혹할 때 한 말과 흡사합니다. 뱀은 하와에게 하나님 없이도 하나님처럼 될 수 있다고 유혹하였습니다. 그 유혹이 성공하였기에 사탄은 모든 인간들로 하여금 자신의 어리석은 시도에 무릎 꿇게 할 수 있게 되었습니다. 인류는 그 동안 수많은 우상들에게 절하였습니다. 그러나 이것은 실상 각자의 인간이 자기 자신이라는 한 명의 신에게 절한 것입니다. 동산에서 뱀은 인간을 유혹했고 그 유혹에 걸려든 후 지금까지 수많은 사람들이 각자의 길을 가기 시작하였습니다. 이러한 하나님으로부터 분리된 결과, 이 세상에는 죽음이 찾아왔고 그 죽음의 힘이 아직도 인간을 지배하고 있습니다.

이것은 사탄의 영향하에 우리가 아직도 사탄 쪽으로 끌려가고 있다는 증거입니다. 이사야 선지자는 '바벨론의 왕' 으로 표현된 사탄이 다음과 같은 말을 하였다고 하였습니다.

> "내가 가장 높은 하늘로 올라가겠다. 하나님의 별들보다 더 높은 곳에 나의 보좌를 두고, 저 멀리 북쪽 끝에 있는 산 위에, 산들이 모여 있는 그 산위에 자리잡고 앉겠다." (이사야 14:13-14)

이러한 자기 스스로의 힘으로 하나님이라도 될 수 있다는 마귀적 태도는 참 기독교를 제외한 이 세상의 모든 종교와 철학에서 쉽게 발견됩니다. 자기가 되고 싶은 존재가 되도록 자신을 만들어가는 태도는 교회 안에 너무도 스며있어, 꽤나 헌신적으로 보이는 그리스도인조차도 자기 속에 이런 마귀적인 태도가 있는 줄을 까맣게 모르고 있습니다. 그리고 우리들 중 어떤 사람들은 너무도 속고 있어서, 자신을 스스로의 힘으로 자신이 원하는 존재로 형성해나갈 뿐 아니라 다른 사람들도 그렇게 되도록 하고 있습니다.

주님은 우리가 하늘에 올라가길 원하십니다. 그분은 우리가 그분이 계신 성산에 올라가서 앉기를 원하십니다. 그분은 우리가 구름보다 높은 것으로 오르길 원하십니다. 그래서 그분은 그분의 형상을 우리가 소유하여 그분처럼 되기를 간절히 원하십니다. 그러나 그렇게 되는 것은 그분이 그렇게 해주셔야만 가능합니다. 아니, 그분은 그분의 아들을 하여 그렇게 되도록 이미 다 해놓으셨습니다. 지난 오랜 세월 동안 사탄은 하나님께서 이미 이룩해 놓으신 일을 사람들을 부추겨 스스로의 힘으로 그렇게 해보라며 미혹하고 있습니다. 사탄을 이긴 예수님의 승리는 "주님께서는 자신을 하나님과 동등됨으로 여기지 아니하셨다."는 빌립보서 2장 6절 말씀을 통해 잘 나타나 있습니다. 예수님께서는 스스로 겸손해져서 하나님의 지위를 버리시고 인간이 되셨습니다. 그랬기에 하나님께서는 지극히 높은 곳으로 그분을 다시 높여주셨습니다.

Chapter 6

바벨론에 대항함

바벨에서 하나님은 사람들의 언어를 흩으셨습니다. 그러자 더 이상 의사소통이 되지 않았기 때문에 바벨탑을 쌓을 수가 없게 되었습니다. 오순절날 사람들에게 성령으로 세례를 주심으로, 하나님께서는 교회가 바벨탑에 대항할 것임을 나타내 보여 주셨습니다. 바벨에서 인간의 언어들이 혼잡하게 되었습니다. 그러나 오순절날에 모든 사람들이 동일한 언어로 이해하는 일이 벌어졌습니다. 그들이 들을 수 있었던 공통의 언어는 "하나님이 행하시는 놀라운 일"(사도행전 2:11) 이었습니다. 이 일은 바벨탑을 쌓기 위해 벌였던 인간들의 헛된 일과 잘 대조됩니다.

오순절날 성령이 내려왔을 때 사람들이 성령이 내려온 장소로 몰려들었습니다. 몰려든 사람들은 사람들이 방언을 하는 것을 목격하였습니다. 이 방언은 하나님이 주신 선물 (은사)입니다. 이러한 방언의 은사는 하나님이 주신 은사들 중에서 가장 논란이 분분했던 은사라는 사실은 결코 이상한 일이 아닙니다. 자연인들은 방언의 목적과 사용 이유에 대해서 도저히 이해를 하지 못합니다. 방언은 인간의 깊숙한 곳에 있는 모든 면들을 만질 수 있는 하나님의 언어입니다. 성령의 언어인 방언은 장차 어느 날 모두가 하나 되어 하나님의 언어로 의사소통할 것이라는 사실을 예표합니다.

바벨론을 향한 하나님의 심판은 저주가 아니었습니다. 하나님은 바벨탑 사건을 통하여 오직 예수님을 통해서만 우리가 참 연합을 이룰 수 있다는 사실을 알리시길 원하셨습니다. 그 어떤 범기독교적인 열심도 참된 연합을 이룰 수 없습니다. 우리의 열린 태도는 오직 주님으로부터 온 것이어야만 합니다. 주님이 높임 받으시면 그분께서 모든 사람들을 자기에게로 이끌 것입니다. 인간끼리의 참된 대화를 이루려면 그리고 특히 인간과 하나님과의 참된 대화가 있으려면 반드시 서로 간에 예수라는 공통분모가 있어야 합니다. 오직 예수를 통해서만 우리는 자신과 타인 그리고 아버지 하나님을 제대로 이해할 수 있습니다.

예수님께서는 십자가에 못 박히시기 전에 교회를 위해 다음과 같이 기도하셨습니다. "아버지, 아버지께서 내 안에 계시고, 내가 아버지 안에 있는 것과 같이, 그들도 하나가 되어서 우리 안에 있게 하여 주십시오. 그래서 아버지께서 나를 보내셨다는 것을 세상이 믿게 하여 주십시오"(요한복음 17:21). 세상적인 생각으로 교회를 세워 가면 결국은 바벨에서 그랬던 것과 마찬가지로 혼동만 초래될 뿐입니다. 그러나 주님이 교회를 세워 가시도록 하면 결국은 모두가 연합되는 일이 일어납니다. 이렇게 일어나는 연합은 계약과 동의를 뛰어넘는 연합입니다. 모든 것을 자신의 말씀의 힘으로 연합시키는 참된 연합자이신 예수에게 우리 모두가 자신을 연합시킬 때 이러한 일이 일어납니다. 이러한 참된 연합은 연합을 추구함으로 되는 것이 아니라 주님을 추구함으로 됩니다. 우리가 서로 연합하여야 된다는 사실도 잊어버린 채, 주님에게 몰두할 때 참된 연합은 일어납니다. 연합을 위한 연합은 그 자체가 우상입니다. 우리가 그분을 구할 때 연합은 그저 옵니다.

하나님의 일

사람들이 예수님께, "우리가 하나님의 일을 하기 위해서는 어떻게 해야 합니까?"라고 물었습니다. 이 때 주님께서는 "하나님이 보내신 자를 믿는 것이 하나님의 일이다."라고 대답하셨습니다(요한복음 6:28-29). 예수님은 하나님의 일의 마침이 되십니다. 예수님은 하나님의 일의 시작이셨습니다. 그분은 또한 마침이 되십니다. 그분은 알파요 오메가이십니다. 이런 사실을 잘 알고 있었기에 사도 바울은, "우리는 이 그리스도를 전파합니다. 우리는 모든 사람을 그리스도 안에서 온전한 사람으로 세우려고 모든 사람에게 권하며, 지혜를 다하여 모든 사람을 가르칩니다. 나도 이 일을 위하여 내 속에서 능력으로 활동하시는 그에게 힘을 얻어서 수고하고 있고 애쓰고 있습니다." (골로새서 1:28-29)라고 말할 수 있었습니다. 하나님이 행하시는 모든 일은 예수 안에서 발견됩니다. 모든 일의 궁극적 마침이 예수 안에서 통합됩니다.

예수님은 "모든 창조의 근본 (beginning)" (요한계시록 3:14)이십니다. 하나님께서는 모든 것을 창조하실 때 먼저 자신의 아들에 대해 생각하셨습니다. 하나님 아버지께서 사랑하시고 귀하게 보시는 모든 것들은 예수로 귀결됩니다. 하나님 아버지는 아들 예수를 그 어느 누구보다 사랑하십니다. 그리고 아들 예수는 자신의 아버지를 그 어느 누구보다 사랑하십니다. 이 사랑의 인격화와 능력이 바로 성령이십니다. 창조된 모든 것들 속에서 아들을 찾고자 하시는 것이 아버지 하나님의 마음입니다. 그분은 우리 안에서 예수를 보고 싶어 하십니다.

만물이 그의 안에서 창조되었습니다. 하늘에 있는 것들과 땅에 있는 것들, 보이는 것들과 보이지 않는 것들, 왕권이나 주권이나 권력이나 권세나 할 것 없이, 모든 것이 그로 말미암아 창조되었고 그를 위하여 창조되었습니다.
그는 만물보다 먼저 계시고 만물은 그의 안에서 존속합니다.
그는 그의 몸인 교회의 머리이십니다. 그는 근원이시요, 죽은 사람 가운데서 맨 먼저 살아나신 분이십니다. 이렇게 살아나심은 그가 만물 가운데서 으뜸이 되시려고 하심입니다.

　하나님께서는 그리스도 안에 있는 모든 충만함을 머물러 하시기를 기뻐하시고, 그리스도의 십자가의 피로 평화를 이루셔서 그리스도로 말미암아 만물, 곧 땅에 있는 것들이나 하늘에 있는 것들이나 다, 기쁘게 자기와 화해시키셨습니다. (골로새서 1:16-20)

　사도들은 그 어떤 교리가 교회에 들어가도록 하기 위해 목숨 바친 것이 아니라, 교회에 그리스도가 나타나도록 하기 위하여 목숨을 바쳤습니다. 그러기에 사도 바울은 갈라디아서에서, "나의 자녀 여러분, 나는 여러분 속에 그리스도의 형상이 이루어지기까지 다시 해산의 고통을 겪습니다."(갈라디아서 4:19)라고 말하였습니다. 그리스도를 위한 모든 사역들의 목표는 그리스도의 형상이 나타나도록 하는 것이어야 합니다. 우리의 목표는 우리가 우리의 힘으로 그리스도의 형상을 이루는 것이 아니라, 하나님의 힘에 의해 우리가 그리스도 형상으로 변화 받는 것이어야 합니다.

　그리스도 안에서 미리 세우신 하나님이 기뻐하시는 뜻을 따라 하나님의 신비한 뜻을 우리에게 알려 주셨습니다.
　하나님의 경륜은 때가 차면, 하늘과 땅에 있는 모든 것을 그리스도 안에서 그분을 머리로 하여 통일시키는 것입니다. (에베소서 1:9-10)

　"육으로 난 것은 육이요 성령으로 난 것은 영입니다"(요한복음 3:6). 오직 하나님의 영만이 그리스도를 나타내실 수 있습니다. 그 어떤 선한 의도도, 그 의도가 인간으로 나온 것이라면 육을 생산할 뿐입니다. 왜냐하면 그 어떤 선해 보이는 인간의 의도도 단지 지식나무에 그 뿌리를 두고 있기 때문입니다. 그러기에 사도 바울은 아덴에 사는 사람들에게, "하나님은 무슨 부족한 것이라도 있어서 사람의 손으로 섬김을 받으시는 것이 아닙니다."(사도행전 17:25)라고 말하였습니다. 그리고 예수님께서는 "참되게 예배를 드리는 사람들이 영과 진리로 아버지께 예배를 드릴 때가 온다. 지금이 바로 그 때다. 아버지께서는 이렇게 예배를 드리는 사람들을 찾으신다. 하나님은 영이시다. 그러므로 하나님께 예배를 드리는 사람은 영과 진리로 예배를 드려야 한다."(요한복음 4:23-24)고 말씀하셨습니다. 우리는 성령님께서 우리의 마음을 열어놓는 정도만큼만 예배자가 됩니다.

참된 영적 비전

중생을 경험하고 성령 세례를 받아도 삶이 바뀌지 않는 많은 사람들이 있습니다. 이런 사람들은 설혹 외적인 행동은 바뀐 듯이 보일지 몰라도 주된 관심은 물질입니다. 그들은 그런 마음의 태도로 예수님과 관계합니다. 사람들은 예수를 "갈릴리 출신의 사람"이라고 말했습니다. 예수는 인간이 아닙니다. 그분은 영이셨고 영이십니다. 그런 분께서 종의 형상을 입으시고 잠시 동안 인간이 되신 것입니다. 성경은 우리가 그분의 영광을 보는 만큼 변화된다고 말합니다(고린도후서 3:18). 자연인은 아무리 그분을 보아도 하나님이 원하시는 변화된 모습으로 형성되어 가지 않습니다. 주님께서는 가야바에게, "이제로부터 당신들은, 인자가 권능의 보좌 오른쪽에 앉아 있는 것과 하늘 구름을 타고 오는 것을 보게 될 것이오."(마태복음 26:64)라고 말씀하셨습니다. 이 말은 예수가 십자가에 못 박혀 죽은 후에 부활의 권능을 갖고 나타나실 것을 우리가 보게 될 것이라는 말입니다. 우리가 그런 예수를 보게 되면, "하나님은 무슨 부족한 것이라도 있어서 사람의 손으로 섬김을 받으시는 것이 아닙니다. 그분은 모든 사람에게 생명과 호흡과 모든 것을 주시는 분"(사도행전 17:25)이라는 말의 의미에 대해 밝히 이해하게 될 것입니다.

부활하신 예수를 그의 제자들조차도 제대로 알지 못하였습니다. 그 이유는 제자들이 예수님의 영적인 모습보다 그분의 외모에 더 익숙해 있었기 때문입니다. 이런 일이 있을 줄을 미리 아신 예수님께서는 십자가에 달리시기 전에 자신의 제자들에게 자신이 가면 성령을 보내겠다고 말씀하셨습니다(요한복음 16:7). 기독교 역사를 돌이켜 보면 사람들은 예수를 영으로 보기보다는 육신을 가진 존재로 보려는 경향이 강하였음을 알 수가 있습니다. 예수는 인간이 감지할 수 있는 존재로 축소될 수 없습니다. 우리 인간의 눈과 능력으로는 그분을 온전히 다 이해할 수가 없습니다. 오직 성령을 통해서만 우리는 그분을 제대로 감지할 수 있습니다. 주님께서는 오늘날 우리에게도 빌립에게 하신 다음과 같은 말씀을 하고 계십니다. "조금 있으면 세상이 나를 보지 못할 것이다.

그러나 너희는 나를 보게 될 것이다. 그것은 내가 살아 있고 너희도 살아 있을 것이기 때문이다."(요한복음 14:19)

다음의 마태복음 17장 1-8까지의 변화산 사건에서 우리는 영광스런 모습으로 변모되신 예수님과 아직도 가인의 육적 성품을 벗어나지 못한 제자들과의 만남을 상상할 수 있습니다.

그리고 엿새 뒤에, 예수께서는 베드로와 야고보와 그의 동생 요한을 데리고서, 따로 높은 산으로 가셨다.
그런데 그들이 보는 앞에서 그의 모습이 변하였다. 그의 얼굴은 해와 같이 빛나고, 옷은 빛과 같이 희게 되었다.
그리고 마침 모세와 엘리야가 그들에게 나타나더니, 예수와 더불어 말을 나누었다.
베드로가 예수께 말하였다. "주님, 우리가 여기에 있는 것이 좋겠습니다. 원하시면, 내가 여기에다가 초막 셋을 지어, 하나에는 주님을, 하나에는 모세를, 하나에는 엘리야를 모시겠습니다."
베드로가 아직도 말을 채 끝내지 않았는데, 갑자기 빛나는 구름이 그들을 뒤덮었다. 그리고 구름 속에서 "이는 내 사랑하는 아들이다. 내가 그를 좋아한다. 너희는 그의 말을 들어라" 하는 소리가 들려왔다.
제자들은 이 말을 듣고, 얼굴을 땅에 대고 엎드려, 몹시 두려워하였다.
예수께서 가까이 오셔서, 그들에게 손을 대시고서 "일어나거라. 두려워하지 말아라" 하고 말씀하셨다.
그들이 눈을 들어 보니, 예수 밖에는 아무도 없었다.

예수님이 변화하신 모습을 보고 나서 다른 제자들은 가만히 있었습니다. 이 때 베드로가 말했습니다. 베드로가 뭐라고 말했습니까? "주님, 우리가 여기에 있는 것이 좋겠습니다. 원하시면, 내가…" 라고 말했습니다. 즉 내가 무엇 무엇을 예수를 위해 하겠다는 것이 베드로의 말입니다. 이 말을 들으실 때 그 어떤 것이 떠오르십니까? 제자들이 그 변화산에 있는 것은 좋은 일입니다. 베드로가 제기한 것처럼 그 어떤 행위를 하기 위해 변화산에 머무는 것이 좋은 것은 아닙니다. 주님의 영광을 목격하는 일이 좋은 것입니다. 하나님으로부터 "예수의 말을 들어라."라는 권면을 듣는 것도 좋은 일입니다. 그들은 모세 (율법을 상징)의 말을 듣기 위해서도, 엘리야 (교회를 상징)의 말을 듣기 위해서도 아닌 예수의 말을 듣기 위해 변화산에 머무른 것입니다. 제자들이 하나님의 음성을 듣고 나서 눈을 들어 보니, 예수 밖에는 아무도 없었습니다. 그들이 변화산으로 인도된 이유는 오직 예수만 보기 위함입니다. 그들의 비전은 오직 예수에게만 머무르게 되었습니다. 우리는 '갈릴리 출신의 사람' 으로서의 예수가 아닌 영광스런 아들로 변모된 예수를 주목하여야 합니다. 우리가 하나님의 권고대로 진정으로 그분의 말씀을 듣기 위해서는 우리의 노력으로 이룩할 수 있는 것은 잊어버리라는 하나님의 권고에 따라야 합니다. 그래야 예수라는 존재를 깊이 이해할 수 있습니다.

시험을 견디어 내는 사람은 복이 있습니다.
그 사람은 그의 참됨이 입증되어서
생명의 면류관을 받을 것이기 때문입니다.
그것은 하나님을 사랑하는 사람들에게 약속된 것입니다.
(약 1:12)

There_
Were_
Two_
Trees_
In_The_
Garden_

Chapter 7

아브라함

바벨탑 사건과 현격히 반대되는 것이 있는데 그것은 바로 아브라함의 삶입니다. 그는 바벨의 사람들과는 반대 되는 영을 가졌습니다. 아브라함은 자기 자신을 신뢰한 것이 아니라 하나님을 신뢰하였습니다. 바벨의 사람들은 자기 자신들을 위하여 영원한 도시를 이 땅에 세우려고 하였던 반면, 아브라함은 여러 번에 걸쳐서 이 땅에서 자기가 가진 모든 것을 포기하고, 하늘의 도시를 구하였습니다. 그는 자신의 아버지의 집과 가족들이 있는 갈데아 우르를 떠났습니다. 그리고 나중에는 그의 첫 아들 이스마엘을 쫓아내었습니다. 이뿐 아니라 하나님의 약속대로 하나님으로부터 받은 아들 이삭을 하나님의 명령을 좇아 희생 제물로 드리는 것도 마다하지 않았습니다. 그는 이 세상에 자기의 것을 세우지 않고 하나님을 위하여 모든 것을 계속적으로 포기하였습니다. 그 결과 하나님께서는 그를 통하여 자신의 뜻을 펼쳐나가실 수 있으셨습니다. 이러한 그의 굳건한 믿음으로 인해 하나님께서는 바벨의 사람이 그토록 얻으려고 애썼음에도 불구하고 결국은 얻지 못했던 것, 즉 수대에 걸쳐 존경받을 수 있는 명예와 영원히 존속하는 도시를 아브라함에게 주셨습니다.

자연인은 영원한 것을 감지할 수 없습니다. 그 이유는 그들은 만일 자신들이 사람들로부터 명예를 얻게 되면 그 명예가 영속할 것이라고 생각하기 때문입니다. 만일 우리가 영원하신 그분을 알게 되면 사람들이 자기를 알아주는 것에는 관심이 없어집니다. 그리고 하나님을 아는 것이면 충분하다고 생각하게 됩니다. 우리가 주님의 영광을 인지하게 되면 이 세상의 모든 도시들과 인간의 성공들은 더 이상 추구하지 않게 됩니다. 인간이 그토록 추구하던 명예와 지위가 얼마나 허무한 것인가를 알게 됩니다. 우리가 그분에게 가까이 가면 갈수록 우리는 인간이 세운 도시와 탑들에 대한 열정은 점점 상실하게 됩니다. 그 이유는 우리가 하나님이 세우시는 도시에 대해 우리의 관심이 집중되기 때문입니다.

아브라함이 하나님을 신뢰할 수 있었던 것은 그가 영적인 비전을 가진 사람이었기 때문입니다. 그랬기에 그는 육신의 눈이 볼 수 없는 것을 볼 수 있었습니다. 그는 영적인 사람이었기 때문에 "보이는 것을 바라보는 것이 아니라, 보이지 않은 것을 바라보았습니다. 이는 보이는 것은 잠깐이지만, 보이지 않는 것은 영원하기 때문입니다"(고후 4:18). 하나님께서 우리들의 마음의 눈을 열어 주셔서 영원한 영역에 있는 것들을 볼 수 있게 해주시면, 우리가 속한 공간과 시간은 우리의 비전을 더 이상 제한할 수 없게 됩니다. 그래서 현실을 보듯이 확실하게, 미래를 볼 수 있게 됩니다. 아브라함은 예수님이 희생 제물 되시는 것을 미리 볼 수 있었기에, 그는 담대히 이삭을 희생 제물로 바칠 수가 있었습니다. 이에 대해 하나님께서는 성경을 통해, "너희의 조상 아브라함은 나의 날을 보게 될 것을 즐거워 하였으며, 마침내 보고서 기뻐하였다."(요한복음 8:56)라고 말씀하셨음을 기억하십시오. 아브라함은 예수님의 십자가 달리심과 부활하심을 정말로 미리 보았습니다. 그랬기 때문에 그는 자신의 아들 이삭이 장차 오실 메시아의 예표라는 사실을 깨달을 수 있었습니다. 아브라함은 십자가에 달리신 예수와 부활하신 예수를 확실히 보았기 때문에, 예수님께서 자신의 십자가 나무를 스스로 지시고 산을 올라 가셨던 것처럼, 이삭이 자기라는 희생 제물을 불태울 나무들을 자기 스스로 지고 산에 올라가도록 할 수 있었습니다. 아브라함은 예수가 부활하듯이 자기 아들도 부활할 것을 알고 있었습니다(히브리서 11:19).

참 믿음

참 믿음은 단번에 얻을 수 있는 처방전이 아닙니다. 그리고 감정도 아닙니다. 지적인 능력이나 특정 원칙에 대한 동의는 더더구나 아닙니다. 참된 믿음은 영적인 비전과 함께 옵니다. 그러기에 사도 바울은 "우리의 마음의 눈이 밝혀져야 한다."(에베소서 1:18)고 말하였고 "마음으로 믿는다."(로마서 10:10)라는 말도 하였습니다. 간단하게 말해서 믿음은 우리가 믿는 그분을 인식하는 것입니다. 믿음은 예수를 아는 것입니다. 아브라함이 예수님 오시기 훨씬 전에 이미 예수를 보았습니다. 이처럼 믿음은 부활의 능력을 지니신 그분을 보는 능력입니다. 단지 주님에 대해 기록된 말씀을 믿는 것이 믿음이 아니라, 말씀되신 주님을 믿는 것이 믿음입니다. 그럴 때 우리는 잠시 지나가버리고 마는 세상에서의 근심과 걱정에서 자유함을 받을 수 있습니다.

자연 세계에는 자연 세계를 지배하는 자연의 법칙이 존재하듯이, 영의 세계에서는 영의 세계를 지배하는 영의 법칙이 엄연히 존재합니다. 누구든지 영의 법칙을 알아 그것을 이용하는 사람에게는 영의 법칙이 적용됩니다. 자연의 법칙이 그러하듯 영의 법칙도 하나님이 만드신 법칙입니다. 사탄도 이 영의 법칙을 벗어나서 활동할 수는 없습니다. 그러나 사탄은 이 영의 법칙을 자신의 목적을 이루기 위하여 악용합니다. 영의 법칙을 이용만 하면 된다는 잘못된 생각을 가지고, 하나님과의 친밀한 관계를 맺지 않고, 영의 법칙만을 이용하는 사람들이 있습니다. 이러한 잘못된 믿음을 가지고 심령술사 (spiritualist)와 상술에 밝은 믿음 치유자 (commercial faith healer)들이 많이 활동하고 있습니다. 그리고 신실한 그리스도인들 가운데서 많은 사람들이 참 믿음을 떠나, 배우고 훈련함으로써 믿음을 이용할 수 있다며 믿음을 축소하여 적용하는 사람들 쪽으로 몰려가고 있습니다.

참 믿음인지 거짓 믿음인지는 열매를 보면 쉽게 구별할 수 있습니다. 참 믿음은 하나님 속에 있는 믿음입니다. 반면에 거짓 믿음은 인간 스스로 만들어 낸 믿음이며 영의 법칙만 이용하려는 믿음입니다. 참 믿음은 주님을 봄으로 옵니다. 그리고 그 열매는 사랑과 겸손입니다. 거짓 믿음의 열매는 자만입니다. 거짓 믿음은 인간의 육은 살찌게 하나 영은 파리하게 합니다. 오늘날 소위 '믿음'이라는 평계로 잘못된 교리를 사용하는 사람들이, 시선을 세상에 두고 있는 많은 그리스도인들을 유혹하고 있습니다. 이들은 세상의 축복과 물질 취득을 지나치게 강조하는 경향을 보입니다. "육신을 따라 사는 사람은 육신에 속한 것을 생각하나, 성령을 따라 사는 사람은 성령에 속한 것을 생각합니다"(로마서 8:5). 사도 바울의 디모데에 대한 다음과 같은 경고는 영적인 삶에 파산을 당한 오늘날의 사람들이 마땅히 들어야 할 경고입니다.

자족할 줄 아는 사람에게는 경건이 큰 이득을 줍니다.
우리는 아무것도 세상에 가지고 오지 않았으니 아무것도 가지고 떠나갈 수 없습니다.
우리는 먹을 것과 입을 것이 있으면, 그것으로 만족해야 합니다.
그러나 부자가 되기를 원하는 사람은 유혹과 올무와 여러 가지 어리석고도 해로운 욕심에 떨어집니다. 이런 것들은 사람을 파멸과 멸망에 빠지게 합니다.

돈을 사랑하는 것이 모든 악의 뿌리입니다. 돈을 좇다가 믿음에서 떠나 헤매기도 하고, 많은 고통을 겪기도 한 사람이 더러 있습니다.

하나님의 사람이여, 그대는 이 악한 것을 피하십시오. 의와 경건과 믿음과 사랑과 인내와 온유를 좇으십시오.

믿음의 선한 싸움을 싸우십시오. 영원한 생명을 얻으십시오. 하나님께서는 영생을 얻게 하시려고 그대를 부르셨고, 또 그대는 많은 증인들 앞에서 훌륭하게 신앙을 고백하였습니다. (디모데전서 6:6-12)

이 세상에서 많은 것을 소유하든지, 안 하든지 간에 영성이나 믿음과는 하등의 관계가 없습니다. 가난한 것이 더 영적이라고 생각하여 하나님의 뜻과는 상관없이 재산을 함부로 소진하는 어리석은 사람들이 있습니다. 또한 재산을 늘리는 데에만 몰두하여 재물에 자기의 귀한 삶을 바치는 사람도 그런 사람 못지않게 어리석은 사람들입니다. 참 믿음을 가진 사람들은 하나님께서 설정해 주신 그 어떤 환경에서라도 평강을 유지하며 살아가는 사람입니다. 사도 바울의 예를 들어봅시다.

내가 궁핍해서 이렇게 말하는 것이 아닙니다. 나는 어떤 처지에서도 스스로 만족하는 법을 배웠습니다.

나는 비천하게 살 줄도 알고, 풍족하게 살 줄도 압니다. 배부르거나 굶주리거나, 풍족하거나 궁핍하거나, 그 어떤 경우에도 적응할 수 있는 비결을 배웠습니다. (빌립보서 4:11-12)

바울이 배고팠을 때 그의 믿음이 작아졌습니까? 그가 고통을 받을 때 그의 믿음이 작아졌습니까? 그는 그 어떤 환경이라도 만족할 줄 알았기에 진정으로 믿음의 사람이었습니다. 우리도 바울을 본받아 가난할 때도 잘 이겨나가고, 부자일 때에도 자만하지 않고 부를 잘 관리해야 합니다. 만일 우리가 세상 재물을 잘 관리하지 못한다면 어떻게 하늘의 재물을 잘 관리할 수 있겠습니까? 그러나 우리가 바울처럼 하늘의 부를 경험하게 되면 세상의 부에 대한 흥미를 잃게 됩니다. 성경을 잘 인용하는 사람이라고 반드시 믿음의 사람은 아닙니다. 모세는 남들이 볼 수 없는 것을 본 사람이었기에 이집트의 부귀영화를 마다하고 하나님을 따라갔습니다. 이처럼 참 믿음은 육의 눈으로 볼 수 없는 그분을 봄으로 나옵니다.

하나님은 우리를 행위 (do)와 소유 (have)로 부르시지 않고 존재 (be) 곧 오직 예수 안에서만 의미를 지닌 존재로 부르셨습니다. 그러기에 하나님의 인간에 대한 약속은 오직 예수 안에서만 의미를 가집니다. 그런 연고로 사도 바울은, "하나님의 모든 약속은 그리스도 안에서 '예' 가 됩니다."(고린도후서 1:20)라고 말하였습니다. 더 나아가 그는 갈라디아 교회 교인들에게, "하나님께서 아브라함과 그 자손에게 약속을 하여 주실 때에 여러 사람을 가리키는 말로 '자손들에게'를 쓰시지 않고 오직 한 사람을 가리키는 말로 '너의 자손에게' 라는 말을 쓰셨습니다. 그 한 사람은 곧 그리스도이십니다." 라는 말을 하였습니다(갈라디아서 3:16). 그리고 에베소 교회 교인들에게는, "여러분의 마음의 눈을 밝혀 주시기를 빕니다. 그리하여 하나님께서 여러분을 부르셔서 여러분에게 주신 그 소망이 무엇인지, 하나님께서 성도들에게 주신 상속의 영광이 얼마나 풍성한지, 하나님께서 우리 믿는 사람에게 강한 힘으로 활동하시는 그 능력이 얼마나 큰지를 여러분이 알게 되기를 바랍니다." (에베소서 1:18-19)라고 말하였습니다.

　사탄이 광야에서 예수님을 시험하실 때 하나님의 약속을 빙자하여 예수님의 육을 자극하며 유혹하였습니다. 오늘날도 사탄은 하나님의 사람들을 유혹할 때 예수님에게 썼던 방법을 사용합니다. 하나님의 약속은 인간의 이해를 초월하는 영광스러움입니다. 그러나 그 약속은 예수를 떼어놓고서는 절대로 우리에게 이루어지지 않습니다. 왜냐하면 하나님의 약속은 주 예수 자체를 우리가 소유하게 될 것이라는 약속이기 때문입니다. 하나님께서 그런 약속을 주실 때에 오직 그리스도 안에서라는 단서를 단 것은 예수 그분의 영광과 목적을 이루시기 위함입니다. 약속은 예수 안에서만 이루어집니다. 그러므로 우리의 모든 관심은 예수에게만 집중되어야 합니다. 예수 안에 있는 우리에게 집중할 때에는, 우리는 기적을 행할 수 없습니다. 그러나 우리 안에 계신 예수에게 집중할 때에, 우리는 기적을 행할 수 있게 됩니다. 그러기에 예수님께서는 "내가 진정으로 진정으로 너희에게 말한다. 나를 믿는 사람은 내가 하는 일을 할 것이요, 그보다 더 큰 일도 할 것이다. 그것은 내가 아버지께로 가기 때문이다" (요한복음 14:12)라고 까지 말씀하셨던 것입니다.

크나큰 분리

요한복음 6장에 보면 예수를 따르던 사람들이 대규모로 서로 갈라서는 장면이 나옵니다. 2절에서 수많은 사람들이 예수를 따랐는데, 그 이유는 그들이 예수가 행하는 기적을 보았기 때문입니다. 그리고 다른 부류의 사람들은 예수가 많은 사람들을 배불리 먹였기 때문에 예수를 따라다녔습니다(11절). 즉 어떤 사람들은 기적을 보려고 예수를 쫓아다녔고 다른 사람들은 배가 고파서 예수를 쫓아다녔습니다. 사람들은 예나 지금이나 동일합니다. 지금도 어떤 사람이 큰 기적을 베풀며 하나님은 먹을 것을 주는 하나님이라고 외친다면 많은 사람들이 그 사람 주위로 모일 것입니다. 그러나 예수님은 그런 이유 때문에 자신에게로 모이는 사람들은 단지 잠시 동안만 자신을 따를 사람이라는 사실을 잘 알고 계셨습니다. 그래서 그분은 알곡과 쭉정이를 고르는 작업을 시작하셨습니다. 그분은 이렇게 말씀하셨습니다. "너희는 썩을 양식을 얻으려고 일하지 말고 영원한 생명에 이르게 하는 양식을 위해 일하여라. 그 양식은 인자가 너희에게 줄 것이다. 그것은 아버지 하나님께서 인자를 인정하셨기 때문이다."(27절). 그러나 사람들은 예수님의 이 말씀을 이해하지 못하였습니다. 그래서 그들은, "우리가 무엇을 하여야 하나님의 일을 하는 것이 됩니까?"(28절)라고 예수님께 물었습니다. 그러자 예수님께서는, "하나님께서 보내신 이를 믿는 것이 곧 하나님의 일이다."(29절)라고 대답하셨습니다. 예수님을 따랐던 많은 사람들은 예수님께 하늘로부터 내려오는 양식인 만나를 주고 기적을 보여 달라는 것이었습니다. 그러나 예수님의 대답은 자기 자신이 하늘로부터 내려온 양식이라는 것입니다. 그러기에 자신의 피와 살을 먹지 않으면 생명을 가지지 못한다고 말씀하셨습니다. 요한이 기록한 증거들 중에서 가장 슬픈 증거가 바로 이 장면의 끝 부분에 나오는데, 이렇게 기록되어 있습니다. "이 일이 일어난 뒤로 제자 가운데서 많은 사람들이 떠나갔고, 그를 따르지 않았다." (요한복음 6:66)

예수님을 따른 많은 사람들 가운데 예수님을 따르는 사람과 예수가 행하는 기적을 따르는 사람들을 가른다면, 예수님을 따르는 사람 쪽에는 극히 소수만 남을 것입니다. 예수님을 떠난 많은 사람들이 그냥 예수를 따랐던 사람들이 아니라 바로 예수님의 제자들이었다고 요한복음 6장 66절은 기록하고 있다는 사실을 기억하십시오. 만일 오늘 주님이 우리들에게 동일한 질문을 한다면 얼마나 많은 사람들이 예수의 곁을 떠날까요? 베드로는 예수를 부인하지 않겠다고 장담하던 제자였습니다. 우리도 지금 절대로 예수를 떠나지 않겠다고 장담할 것입니다. 그러나 베드로와 우리가 서로 다를 바 없습니다. 만일 오늘 그리스도인들에게 큰 시련이 닥친다면 예수의 제자라고 자신을 여기던 많은 사람들이 떠날 것입니다. 당신도 떠나시겠습니까?

예수님을 따랐던 예수의 제자들 중 다수가 떠나고 나자, 예수님의 사역에 급격한 변화가 찾아왔습니다. 이전까지만 해도 예수님은 자신의 모든 사역을 다수의 군중들에게 집중하였습니다. 그러나 이 일이 있고 나자 예수님께서는 자신의 남은 제자들에게 집중적으로 사역하셨습니다. 그 전에는 많은 사람들이 믿을 수 있도록 하기 위해 다수의 백성들에게 기적을 베푸셨습니다. 그러나 이 일 후에는 단지 자신을 참으로 믿는 소수의 사람들에게만 그렇게 하셨습니다.

주님은 자신의 백성들에게 축복을 주시길 원하시는 분이십니다. 그러나 우리가 만일 주님보다 주님이 주시는 축복과 선물에 더 많은 관심을 보인다면 그 결과 심각한 문제가 발생합니다. 자기밖에 모르는 태도는 우리 모두를 죽이는 독입니다. 우리의 이기심을 만족시키기 위해 주님의 축복을 받고자 한다면, 하나님께서는 자비의 하나님이시기에 더 이상 우리에게 축복을 주시지 아니하십니다. 고대 이스라엘의 역사를 살펴보면 그들의 역사는 고통으로부터의 구출, 축복, 타협, 우상숭배, 묶임, 억압, 겸손, 하나님을 구함의 수레바퀴가 계속 되풀이되는 역사이었음을 알 수 있습니다. 즉 그들은 하나님의 참 메시지를 받지 못하였습니다. 우리도 그런 사람들일까요?

주님께서는 교회가 자신의 신부가 되도록 교회를 부르셨습니다. 만일 어떤 남편이 결혼 후에 아내가 자기의 많은 재물을 탐하여 결혼하였고, 남편보다는 남편이 집에 가지고 들어오는 선물에 관심을 보인다면, 그 남편의 기분이 어떨까요? 만일 남편이 아내에게 선물을 건네 줄 때에만 남편과 대화를 나눈다면 남편 마음이 어찌 기쁠 수 있겠습니까? 이런 결혼은 생명이 없는 결혼입니다. 우리가 주님과의 관계를 그렇게 하고 있지는 않습니까?

만일 우리가 주님이 주시는 축복보다는 주님에게 관심을 준다면, 주님께서는 우리에게 반드시 축복을 주십니다. "먼저 하나님의 나라를 구하라 그러면 다른 모든 것은 거저 부어주겠다"(마태복음 6:33)고 하는 것이 하나님의 약속입니다. 물론 하나님께서는 우리가 그분이 우리에게 주신 것들에 대해 감사를 표하기를 원하시는 분이십니다. 그러나 우리가 그분보다 그분이 주시는 것에 더 관심을 가진다면 안 될 일입니다. 우리가 그분을 뵙게 될 때, 우리는 우리가 쓰고 있던 왕관을 그분의 발 앞에 벗어놓아야 할 것입니다.

믿음과 인내

히브리서 6장 12절은 우리에게, "여러분은 게으른 사람이 되지 말고, 믿음과 인내로 약속을 상속받는 사람들을 본받는 사람이 되어야 합니다."라고 권면하고 있습니다. 지난 수십 년 동안 믿음은 수많은 그리스도인들 사이에 아주 관심을 끄는 주제였습니다. 그러나 그 반면에 인내라는 주제는 거의 전적으로 무시되어 왔습니다. 그 무시의 정도는 너무 커서 비극적이기까지 합니다.

참 믿음과 인내는 분리할 수가 없습니다. 인내는 참 믿음을 가진 사람이 보여주는 성품입니다. 아브라함이 그 좋은 예입니다. 하나님께서는 아브라함과 사라가 이미 늙었을 때 그들에게 아들을 주겠노라고 약속하셨습니다. 믿음의 사람 아브라함은 이 약속을 받은 후에 약속이 이루어질 때까지 매우 오랜 세월을 참고 기다리는 놀라운 인내를 보여주었습니다. 그리고 그는 마침내 약속한 아들을 가지게 되었습니다. 약속을 기다리는 시간이 흐를수록 그는 실망한 것이 아닙니다. 그의 하나님에 대한 믿음은 시간이 지날수록 오히려 더 커졌습니다. 그랬기에 약속이 이루어지자 그 이루어짐이 하나님으로부터 온 것이라는 사실을 아브라함은 추호도 의심치 않았습니다.

> 아브라함은 희망이 사라진 때에도 바라면서 믿었으므로 "너의 자손이 이와 같이 많아질 것이다" 하신 말씀대로 많은 민족의 조상이 되었습니다.
> 그는 나이가 백 세가 되어서, 자기 몸이 이미 죽은 것이나 다름없고, 사라의 태가 또한 죽은 것이나 다름없는 줄 알면서도, 그는 믿음이 약해지지 않았습니다.
> 그는 끝내 하나님의 약속을 믿고 의심하지 않았을 뿐만 아니라, 더욱 굳게 믿으며, 하나님께 영광을 돌렸습니다.
> 그는 하나님께서 스스로 약속하신 바를 능히 이루실 것이라고 확신하였습니다. (로마서 4:18-21)

시간이 믿음을 테스트합니다. 만일 우리가 가진 믿음이 하나님으로부터 온 참 믿음이라면 환경이 제아무리 믿음과는 상관없이 돌아간다고 하더라도, 시간이 갈수록 우리의 믿음은 더욱더 강해집니다. 그러나 우리의 믿음이 참 믿음이 아니라면 시간이 갈수록 믿음이 좀먹습니다. 하나님께서는 우리가 그분께서 우리에게 주시겠다고 약속하신 것을 받기 위해서는 믿음 및 인내가 필요하다고 말씀하셨습니다. 시간은 참이 아닌 것은 제거하고 참인 것은 강화합니다.

주님께서는 믿음을 겨자씨에 비유하셨습니다. 겨자씨는 매우 작지만 심겨진 후에는 매우 큰 나무로 자라고 자란 후에는 열매를 맺습니다. 그러나 씨는 열매가 아님을 기억하십시다. 씨는 심고 물을 주고 돌보아야만 건강한 식물로 자라고 그 다음에라야 열매를 맺습니다. 믿음도 이와 같습니다. 믿음도 씨와 같아서, 물주고 돌보고 양육해야 자라고 열매 맺습니다.

하나님으로부터 온 참 믿음은 산을 움직이고 죽은 자를 살리며 병든 자를 고칩니다. 저는 성숙된 태도를 갖고 하나님께 순종해야 믿음을 감지할 수 있다고 생각합니다. 그런데 그런 믿음은 소위 믿음이 좋은 것으로 보이는 미성숙한 그리스도인들 사이에서는 찾아보기 힘든 믿음입니다. 주님께서 말씀하시자마자 바로 연이어 기적이 일어나는 것을 보는 것은 우리를 흥분하게 합니다. 그러나 말씀하신 후 오랜 기간이 지난 후에 일어나는 기적도 엄연한 기적입니다. 제자들은 예수님께서 물을 일순간에 포도주로 만드는 것을 보고 놀랐습니다. 그러나 시간이 좀 더 걸릴 뿐 이런 물이 포도주로 변하는 기적은 오늘날도 계속 일어나고 있습니다. 주님이 저주하셨기에 얼마간의 시간이 지난 후 무화가 나무가 말라 죽었습니다. 주님께서 말씀하셨기에 병든 자들이 즉시 혹은 얼마의 시간이 지난 후에 고침을 받았습니다.

참 믿음이란 말씀대로 이루어질 때까지의 기간의 짧고 길음에 관여치 않고, 또한 하나님이 역사하시는 방법에 관여치 않고, 우리의 모든 일상사에서 역사하시는 하나님의 손길을 보는 능력입니다. 앨라저베쓰 브라우닝은, "지구는 천국으로 가득 차 있다. 지상의 모든 숲은 하나님의 불을 발하고 있다. 그러나 그런 것을 볼 수 있는 자는 신발을 벗는 자다."라고 말하였습니다. 참 믿음은 그분을 보는 것이며 그분 안에 거하는 것입니다. 이것을 대체할 다른 방법은 없습니다. 만일 아브라함이 그랬던 것처럼 참 믿음을 찾는다면 우리는 마땅히 인간의 능력 이상의 일이 나를 통해서 일어날 수 있다는 사실을 받아들여야 합니다.

수많은 사역들이 믿음과 인내와의 상관관계성에 대해 오해를 했기 때문에, 하나님의 뜻을 넘어서면서까지 사역하는 일들이 빈번히 일어나곤 합니다. 그런 사역자들은 자신의 사역이 지속적으로 확장되는 것과 믿음과를 동일 선상에 놓는 우를 범하곤 합니다. 그래서 그들은 자신들의 사역과 프로그램과 뉴스레터들을 증가시키기 위해 사람들에게 돈을 낼 것을 요구합니다. 그런 사람들은 만일 사람들이 당장 모금에 동참하지 않으면 마치 큰 일이 날 것처럼 호들갑을 떱니다. 이런 사역자들로 인해 교회가 큰 수치를 당하고 어려움을 겪어왔습니다. 주님께서는 자기에게서 나온 씨가 빵을 구걸할 것이라고 말씀하시지 않으셨습니다(시편 37:25). 만일 우리가 주님께서 하라고 하는 사역을 한다면, 주님께서는 분명히 사역에 필요한 것들을 우리에게 다 공급해 주실 것입니다. 모세가 하나님으로부터 명령을 받아 성막을 지으려고 했을 때 사람들이 (모세에게 성막을 지으라고) 너무 많은 재료와 패물들을 가지고 왔습니다. 그래서 모세가 이제 그만 가져오라고 말해야 할 지경까지 되었습니다. 사역을 확장하기 위해 그리스도인들에게 위협하듯 돈을 강요하는 것은 분명히 하나님의 은혜를 떠난 행위입니다.

하나님께서 어떻게 자신의 종들을 훈련시키는지에 대한 성경의 기록들은 오늘날의 경향과는 사뭇 다릅니다. 요셉이 꿈을 꾼 후 그에게 일어나는 것은 꿈에서 일어나리라고 예언된 것과는 정반대 되는 사건들이었습니다. 꿈에서 그는 해와 달과 별들이 그에게 절을 하는 것을 보았습니다. 그러나 그 후 그는 노예로 팔렸습니다. 그리고 얼마 후 그가 섬겼던 주인의 총애를 받게 되자, 감옥에 갇히는 일이 일어났습니다. 요즘의 사람들에게 인기 있는 믿음 사역자들의 가르침에 의한다면, 요셉은 정말로 꿈에 대한 믿음이 없는 사람이기 때문에 노예가 되었고 감옥에 갇혔다고 말할 수밖에 없습니다. 그러나 사실 요셉은 어려운 시련을 당할 때마다 믿음이 너욱너 강건해졌습니다. 하나님은 우리를 높이시기 전에 반드시 우리를 겸손하게 만드십니다. "그러므로 여러분은 하나님의 능력의 손 아래에서 스스로 겸손하십시오. 때가 되면 그분께서 여러분을 높이실 것입니다."(베드로전서 5:6)

하나님으로부터 약속을 받았을 때 있었던 땅과 하나님이 주시겠다고 약속하신 땅 사이에는 광야가 있습니다. 이 광야는 하나님의 약속과는 전혀 반대되는 땅입니다. 하나님은 이스라엘 백성들에게 젖과 꿀이 흐르는 땅을 주시겠다고 약속하셨습니다. 그러나 그들은 그 땅을 받기 위해서 반드시 광야를 통과해야만 했습니다. 그래서 그들은 물조차 없는 광야를 지나가게 되었습니다. 그리고 마침내 그들은 하나님이 약속하신 땅에 도착하였습니다. 그리고 그 곳에서 그들은 자신들이 짓지 않은 집들을 차지했고, 스스로 파지 않은 우물들을 소유하게 되었으며, 자신들이 심지 않은 포도원들을 가지게 되었습니다(신명기 6:10-11). 물론 그 땅에서 그들은 큰 전쟁을 해야만 했습니다. 그러나 공급은 하나님으로부터 왔습니다. '내가 하겠다.' 라는 삶의 태도는 하나님의 목적을 이루는데 방해가 됩니다. 우리의 '내가 하겠다.' 라는 태도가 '하나님이 하신다.' 는 태도로 바뀌지 않고서는 우리는 절대로 하나님이 주시는 약속을 소유할 수가 없습니다. 인간의 손으로는 하나님을 섬길 수가 없습니다. 하나님을 섬기겠다는 아무리 좋은 의도라고 해도 그 의도와 계획이 인간으로부터 온 것이라면 이 섬김과 의도로는 절대로 하나님의 목적을 이룰 수가 없습니다.

이스마엘

이스마엘은 아브라함이 하나님의 약속이 이루어질 때까지 인내를 갖고 기다리지 못함으로 태어난 아브라함의 아들입니다. 수년을 기다려도 아무 일도 일어나지 않았습니다. 그러자 아브라함은 성령의 인도함을 받기보다는 인간의 이성을 따랐습니다. 아내가 남편 아브라함에게 아들을 얻기 위해서 여종과 같이 잠자리를 하라고 요청하였고, 아브라함은 그 요청을 수락하였습니다. 그렇게 함으로 그는 아들 얻는 것에 대해 하나님을 의지하지 않는 실수를 범했습니다. 그는 여종 하갈과 동침하였고 이로 인해 하갈은 임신하였습니다. 그리고 이스마엘을 낳았습니다. 사도 바울은 이에 대해 나중에, 이 아들은 육을 따라 난 아들이지 성령을 따라 난 아들이 아니라고 말하였습니다(갈라디아서 4:23). 이스마엘은 가인의 씨였던 것입니다.

아브라함의 인내 부족으로 역사적으로 지금까지 엄청난 아픔이 지속되고 있습니다. 아직도 이스마엘의 후손들인 아랍인들과 이삭의 후손들인 유대인들은 서로 적대 관계에 있습니다. 세상에는 육으로 난 것과 성령으로 난 것 사이에 항상 격렬한 싸움이 있습니다. 이삭이 젖을 뗄 때자마자 이스마엘은 이삭을 핍박하였습니다(창세기 21:9). 그러자 아브라함이 이스마엘을 내어 쫓고, 이스마엘에게 할당된 유산을 박탈하였습니다. 나무는 종류에 따라 열매를 맺기 마련입니다. 육으로 심으면 육의 열매를 맺기 마련입니다. 이것은 그리스도인에게도 적용되는 법칙입니다. 일단 가인의 씨를 심은 후에는 아무리 하나님의 선한 뜻을 따른다고 하여도 우리는 그 씨의 열매로 인해 반드시 어려움을 겪게 됩니다.

하나님께서는 자신의 목적을 이루시기 위해 아브라함을 선택하셨습니다. 그리고 하나님의 약속은 참이었습니다. 현재 이 땅에는 하나님의 약속을 기다리지 못하고 자기의 방법으로 이삭을 낳은 아브라함과 같은 사람들이 이 세상을 국제적으로 황폐하게 만들고 있습니다. 자신의 방법을 고집함으로 이스마엘을 낳고 있는 많은 사역자들이 예수님의 몸인 교회를 망치고 있습니다. 육으로 난 것과 성령으로 난 것이 아직도 서로 부딪히고 있습니다.

하나님께서는 이스마엘로 인해 많은 혼란한 일들이 야기 될 것을 이미 알고 계셨습니다. 그러나 그럼에도 불구하고 아브라함의 아들인 이스마엘을 하나님께서는 축복하셨습니다. 그리고 이스마엘을 통해 큰 나라가 생겨나게 되었습니다(창세기 17:17-20). 하나님은 우리의 영적인 이스마엘도 축복하셔서 번영하게 하십니다. 하나님은 이스마엘을 사용하실 수 있는 데까지 사용하십니다. 하나님은 많은 이스마엘들을 사용하셔서 다른 사람들을 축복하십니다. 그러나 '이삭'이 나타나면 육으로 난 것은 쫓겨나야만 합니다. 육으로 난 것은 성령으로 난 것과 유산을 같이 나눌 수 없습니다.

육으로 난 것이 성령으로 난 것을 핍박할 때가 있습니다. 육의 것은 애쓰고 구걸하고 조정하고 위협함으로 자신을 지켜갑니다. 사역자가 자신의 사역을 지켜가기 위해 애쓰면 애쓸수록 그 사역자는 같은 부류의 사역을 하는 다른 사역자들의 성장하는 사역으로 인해 겁을 먹습니다. 이런 현상은 예수님의 몸된 교회들 도처에서 발견되고 있습니다. 그런데 예수님께서는 그런 사역자가 되지 말라고 말씀하셨습니다. 그분은 우리에게 서로 사랑함으로 참 씨인지 아닌지를 알게 된다며 우리를 훈계하셨습니다.

그는 하나님께서 설계하시고
세우실 튼튼한 기초를 가진 도시를
바라고 있었던 것입니다.

(히브리서 11:10)

There_
Were_
Two_
Trees_
In_The_
Garden_

Chapter 8

그 어떤 도시를 바람

아브라함은 떠나라는 하나님의 부르심을 받고 조상 때부터 살아왔던 땅을 떠났습니다. 그는 어디로 가야할지 몰랐습니다. 그러나 그는 무엇을 찾기 위해 떠나야 하는지는 알았습니다. "그는 하나님께서 설계하시고 세우실, 튼튼한 기초를 가진 도시를 바라고 있었던 것입니다"(히브리서 11:10).

하나님께서는 우리를 부르실 때 우리가 살아왔고 세워왔던 곳을 떠나기를 원하십니다. 그래서 우리가 하나님을 향한 믿음으로만 살아가길 원하십니다. 오직 이 믿음을 갖고만 하나님을 섬길 수가 있습니다. 하나님의 나라는 이 세상에 속하지 않았습니다. 하나님은 영이십니다. 만일 우리가 그분을 섬기길 원한다면 성령으로 섬겨야 합니다. 하나님께서는 영의 영역에 우리가 들어갈 수 있도록 문을 만들어 주셨는데, 그 문이 바로 믿음입니다. 하나님께 대한 우리의 믿음이 커질수록, 현 세상에 대한 현실감보다는 우리를 향한 하나님의 영향력이 훨씬 더 현실감있게 느껴집니다. 우리가 얼마나 온전히 하나님에게 집중하느냐와 우리가 얼마나 하나님을 순수하고 효과적으로 섬기느냐는 서로 비례합니다. 우리의 삶이 세상의 영향을 많이 받을수록 우리의 하나님에 대한 섬김은 더 많이 부패해갑니다.

한번은 예수님을 따르는 사람들이 예수님에게 자신들이 무엇을 해야 되느냐고 물었습니다. 이 때 예수님께서는, "하나님께서 보내신 이를 믿는 것이 곧 하나님의 일이다"(요 6:29)라고 대답하셨습니다. 하나님께서는 궁극적으로 우리를 믿음의 자리로 부르셨습니다. 우리의 믿음은 맹목적 믿음도 아니고 우직한 믿음도 아닙니다. 우리의 믿음은 궁극적으로 보는 것(vision)이요 이해하는 것입니다. 아브라함은 어디로 가야할지 몰랐습니다. 그러나 그는 어떤 것을 찾아나서야 할지는 확실히 알고 있었습니다. 그는 어떤 특정한 도시를 찾기를 바라고 고향을 떠났습니다. 그 도시는 기초가 세워진 도시입니다. 하나님은 우리에게 이 도시의 일부가 되도록 우리를 부르시고 계십니다.

하나님은 우리를 기초가 있는 곳으로 부르십니다. 실체가 있는 곳으로 부르십니다. 우리의 믿음은 실체를 향한 믿음입니다. 하나님께서 우리에게 주신 도시는 확실히 있는 도시입니다. 이 도시는 인간이 땀 흘리며 이룩한 헛된 도시보다 훨씬 더 확실한 도시입니다. 만일 하나님의 부르심과 그 부르심에 응답하는 우리의 믿음에 실체가 없다면 우리의 믿음은 헛것입니다.

영적인 기초

집을 짓는 데에는 법칙이 있습니다. 집의 크기에 따라 기초의 크기와 강도가 결정됩니다. 작은 집이나 빌딩을 짓는다면 기초가 약해도 괜찮습니다. 그러나 크고 튼튼한 빌딩을 지으려면 기초를 일 피트 정도로 얇게 파서는 안 됩니다. 깊숙한 곳에 묻혀있는 암반이 나올 때까지 파야합니다. 그리고 암반을 파서 그 곳에 기초를 놓아야 합니다. 그렇지 않는다면 건물의 무게를 견디지 못하고 건물이 가라앉거나 기울고 심하면 무너집니다.

영적인 일도 이와 같습니다. 영적인 것을 세우기 전에 우리는 먼저 기초를 파내려가야 합니다. 우리가 기초를 세우는데 얼마나 많은 힘을 썼느냐에 따라 세우는 건물의 크기가 결정됩니다. 많은 교회와 사역들 그리고 사람들이 이러한 영의 원칙을 무시하였기 때문에 무너져 내리고 있습니다.

한번은 알버트 아인슈타인이 자신이 발견한 상대성 이론만큼 중요한 것을 알아내었습니다. 그래서 그는, '미성숙한 책임은 피상적인 것만을 양산할 뿐이다' 라고 말했습니다. 예수님의 말씀도 동일합니다. 그분께서는 얇은 땅에 뿌려진 씨는 싹이 빨리 나는 듯 싶지만 금방 말라죽는다고 말씀하셨습니다. 우리는 매우 빠른 속도로 부상하는 사람들을 존경하여 보는 경향이 있습니다. 그러나 그러한 경향의 결과, 교회들이 약해졌습니다.

기초를 올바로 놓는데 충분한 시간과 땀을 투자해야 합니다. 만일 올바른 기초가 없다면 그 후의 것은 소용이 없게 됩니다. 저의 경우를 말씀드리겠습니다. 저는 중생을 체험한 이후 교회에 관한 하나님의 가르침과 계시를 매우 강조하는 교회에 출석하였습니다. 교회에 관해 깊은 이해를 한다는 것은 참 좋고 흥분되는 일입니다. 그래서 나는 교회라는 단단한 기초 위에 나의 삶을 세워나갈 수 있게 되었습니다. 그리고 그 교회라는 기초 위에 나의 삶에 필요한 기독교의 진리들을 세워나갔습니다. 나의 기초의 강조점은 '교회'에 있었습니다. 그 기초 위에 세운 나의 사역은 매우 빠른 속도로 커져갔습니다. 그리고 얼마 후에는 내가 세운 사역의 건물이 기울어졌습니다. 그 때 나는 뭔가가 잘못되었다는 사실을 깨닫기 시작했습니다. 그러나 그것이 무엇인지를 몰랐습니다. 모든 것이 다 성경적이었고 나는 이렇다 할 큰 죄를 지은 것이 없었습니다. 그래서 나는 나의 사역이 무너지지 않도록 하기 위해 더 많이 애를 썼습니다. 그러던 중 훌륭한 어느 상담자에게 상담을 받게 되었습니다. 그 때 하나님께서는 나에게 나의 사역의 기초가 바른 진리 위에 서

있긴 하지만 교회라는 것은 사역의 기초가 되어야 하는 것이 아니라 기초 위에 세워진 빌딩이 되어야 함을 알려주셨습니다. 저는 그 동안 주님 자신을 기초로 세우지 않고 주님의 것들을 기초로 세웠던 것입니다. 저는 그 동안 성전의 주인이신 주님을 섬기지 않고, 주님이 계신 교회를 섬겼던 것입니다. 그래서 나는 나도 모르는 사이에 과격한 사람이 되었던 것입니다. 사도 바울은 이렇게 설명하였습니다.

> 아무도 이미 닦아 놓은 터 곧 예수 그리스도 밖에 또 다른 터를 놓을 수 없습니다. (고린도전서 3:11)

우리의 기초는 단 하나입니다. 그것은 바로 예수 그리스도이십니다. 우리의 삶의 기초가 예수님이 아니라면 그 기초가 제아무리 고귀한 기독교 진리들이라고 할지라도, 그 기초는 우리의 영적인 삶을 올바로 지탱해 주지 못합니다. 그 결과 우리의 영적 삶과 사역이 흔들리고 무너집니다.

오늘날 많은 교리들이 한쪽으로 많이 치우쳐져 있습니다. 이러한 교리들이 첫 시작에서는 교회를 위한 시기적절한 주장들이라고 사료되기도 합니다. 잘못된 주장들이 결국은 교리에서 제외되는 일이 있다면, 그것은 그나마 다행한 일입니다. 이런 일들이 일어나는 이유는 바른 기초를 놓지 않았기 때문입니다. 어떤 사역자들은 사역이라는 건물의 외양만 아름답게 꾸미려고 애씁니다. 그런 사람들은 자신들이 그러는 동안 건물은 무너져 내리고 있다는 사실은 알지 못합니다. 다른 어떤 사람들은 건물에 문제가 있다는 사실을 알고는 결단을 내리고 건물을 기초부터 아예 다시 놓기도 합니다.

제대로 된 교회는 기초를 강조합니다. 초대 교회의 사도들과 설교가들은 단지 예수만을 외쳤습니다. 오늘날도 제대로 된 교리를 갖고 있는 사역자들은 예수님만을 외칩니다. "그리스도 안에는 모든 지혜와 지식의 보화가 감추어져 있습니다."(골로새서 2:3). 더 넓게 보면 예수님은 단지 기초이시지만은 않습니다. 기초를 포함한 빌딩 전체가 예수입니다. 모든 것이 예수로 귀결됩니다. 참된 성숙은 단지 진리를 터득하는 데에 그치지 않습니다. "우리는 사랑 안에서 진리를 말하면서 모든 면에서 자라나서, 머리이신 그리스도에게까지 이르러야 합니다"(에베소서 4:15).

사도들은 사람들 속에 그리스도의 형상이 이루어지도록 혼신의 노력을 기울였습니다. 예수 그리스도의 형상으로 빚어져 간다는 것과 영적인 진리를 더 많이 깨달아 간다는 것은 엄연히 다릅니다. 역사가였던 윌 듀란트는 예수와 시저와의 차이점을 시적하면서, "시저는 법률과 조직을 변화시켜서 인간을 변화시키려고 하였지만, 예수는 사람을 변화시킴으로 법률과 조직을 변화시키려고 하였다."라고 말하였습니다. 외적인 것을 강조함으로 경건의 모양은 갖출 수 있습니다. 그러나 그렇게 되면 주님의 능력은 부인하게 됩니다. 예수보다 앞서가는 것은 그 아무리 좋은 것이라 할지라도 단지 생명이 없는 의식에 불과합니다. 우리는 예수를 통해 다른 것들을 보아야 합니다. 만일 우리가 다른 것들을 통해 예수를 본다면 예수님은 찌그러져 보일 뿐입니다.

예수를 따르던 군중들이 배가 고팠을 때 예수는 그들이 필요로 하는 것들을 공급해 주셨습니다. 그분은 몇 개의 빵을 손에 잡으신 후 그것을 사람들에게 나누어 주셨습니다. 그러자 모든 사람들이 배불리 먹고 남을 정도가 되었습니다(요한복음 6:11-12). 이것은 어떤 면에서는 교회를 상징합니다. 우리는 빵(강조하는 것)의 일부분만을 먹었습니다. 그런데 그 일부분의 빵 조각들은 모두 한 개의 빵 곧 참 빵이신 예수 그리스도로부터 온 것입니다. 예수님은 사역기간 내내 사람들이 자신들의 관심을 유일한 빵 되신 예수 자신에게 집중하도록 하셨습니다. 오늘날도 주님께서는 우리가 각종 교리들에 대한 관심으로부터 돌이켜 오직 주님에게만 집중하기를 원하십니다. "그분은 만물보다 먼저 계시고 만물은 그의 안에서 존속합니다." (골로새서 1:17)

기독교의 모든 교리들은 예수 안에 있을 때에만 온전한 조화를 이룹니다. 그 아무리 좋게 보이는 교리라고 할지라도 주님을 떠난 교리는 교회에 치명상을 입힙니다. 모든 교리들이 그리스도 안에서 그리스도라는 관점으로 볼 때 의미가 있고 조화를 이루게 되며 서로를 인정하게 됩니다. "하나님께서 옛날에는 예언자들을 시켜서, 여러 번에 걸쳐 여러 가지 방법(여러가지 빵들)으로 우리 조상들에게 말씀하셨으나, 이 마지막 날에는 아들 [유일한 빵]을 시켜서 우리에게 말씀하셨습니다."
(히브리서 1:1-2)

우리는 이러한 진리를 자신의 오빠 나사로가 죽은 후 보여준 마르다의 말과 행동에서 잘 찾아볼 수가 있습니다. 마르다는 부활에 대해서 교리적으로는 이미 다 알고 있었습니다. 마르다는 마지막 날에 나사로가 살아날 것을 알고 있었습니다. 그러나 그녀는 희망을 부활의 교리에 두었지, 예수에게 두지 않았습니다. 이런 사실을 안 예수님께서는 마르다에게, "나는 부활이요 생명이다."(요한복음 11:25)라고 말씀하셨습니다. 그분은 진리 그 자체이십니다. 그분은 모든 진리이십니다. 그분은 하나님으로부터 온 계시이시며 하나님의 나타남이십니다. 그분은 영존하시는 하나님이십니다(He is I AM).

교리를 강조하다 보면 엉뚱한 길로 나갑니다. 교리는 인간을 바꿀 수 없습니다. 예수님을 볼 때 인간은 변화됩니다(고린도후서 3:18). 기름부음 받은 가르침을 받을 때에만 우리는 그리스도가 나타나는 삶을 살 수가 있습니다. 우리가 예수가 아닌 진리에 집착하게 되면 우리는 다른 길로 가게 됩니다. 사탄은 이런 원리를 알고 빛의 천사와 진리의 사신으로 가장하고 우리에게 접근합니다. 유일한 진리는 바로 예수님이고 그분에게만 생명이 있습니다. 주님은 우리에게 진리를 가르치시려고만 오시지 않으셨습니다. 진리 자체이신 그분 자신이 우리에게 오셨습니다.

출애굽기 33장 8-11절에서 모세는 장막 안에서 하나님과 이야기를 합니다. 구름 기둥이 장막을 덮었고 장막 안에서 하나님께서는, 사람끼리 이야기를 나눌 때 서로 얼굴을 쳐다보듯이, 모세와 서로 얼굴을 쳐다보고 말씀하셨습니다. 이렇게 모세와 하나님이 대화를 나눌 때 이스라엘 백성들은 멀리 문 어구에 서서 장막 쪽을 바라보며 경외감에 차올라서 하나님께 경배하였습니다. 하나님과의 대면을 마친 모세는 진으로 다시 돌아왔습니다. 그러나 모세의 시종으로 모세를 섬기던 여호수아는 그 장막을 떠나지 않았습니다. 여호수아는 직접 주님과 교제하기 위하여 장막 안에 계속 머무른 것입니다. 하나님의 사람 모세의 시종으로 여호수아는 만족하지 않았던 것입니다. 그는 하나님을 직접 알고 싶었습니다. 바로 여호수아의 그 이유 때문에 하나님께서는 이스라엘 백성을 약속의 땅으로 인도해 들어가는 다음 지도자로 여호수아를 택하셨을 것입니다.

하나님의 위대한 사람을 만나게 되면 우리의 영혼에 평강이 찾아옵니다. 바로 이런 이유 때문에 하나님의 큰 운동이 일어남으로 인해, 교회가 부흥하고 기독교 기관과 학교와 선교 단체들이 왕성해진다고 해도, 하나님의 큰 사람이 죽으면 그렇게 왕성했던 부흥 운동도 곧 없어져 버립니다. 여호수아가 죽은 지 한 세대가 되기도 전에 이스라엘은 영적으로 쇠퇴해졌습니다. 성령으로 인한 큰 부흥들이 일어나도 한 세대가 가기 전에 그 왕성했던 부흥은 사라지고 말았다는 사실을 기독교 역사는 잘 말해주고 있습니다. 그 이유는 이런 부흥과 운동의 기초에 예수 대신에 교리가 있고 인간이 있기 때문입니다. 오직 예수만을 기초로 한 부흥만이 오래갑니다. 성령님은 예수님을 증거하시기 위해 오셨지 예수님의 사역과 교리를 증거하시기 위해 오신 것이 아닙니다. 우리가 예수 아닌 것에 우리의 관심을 집중시키면 우리는 길을 잃게 되고 생명을 상실하게 됩니다.

예수님께서는 자기의 제자들을 사역으로 부르시기 전에 먼저 그들을 자기에게로 부르셨습니다. 주님은 그들에게 사역을 맡기시기 전에 그들을 신학교에 보내거나 그 어떤 기독교 과목을 이수하도록 요청하지 않으셨습니다. 그분은 단지 제자들에게 "나를 따르라"라고만 말씀하셨습니다. 그들이 따랐을 때에 예수 안에 있던 빛이 그들 안에도 있게 되었습니다. 지금도 주님께서는 그분의 제자가 되고자 하는 자에게 단지 "나를 따르라"라고 말씀하십니다. 예수님의 이러한 부르심에 우리는 술람미 여인이 사랑하는 연인(이 연인은 예수님의 예표임)의 부름에 반응하였던 것처럼 반응하여야 합니다.

사랑하는 그대여, 나에게 말하여 주세요, 임은 어디에서 양 떼를 치고 있습니까? 대낮에는 어디에서 양 떼를 쉬게 합니까? 임이 있는 곳을 물으며 헤매란 말입니까? (아가 1:7)

하나님과 인간 사이에는 오직 예수님만 중보자로 계십니다(디모데전서 2:5). "각 사람의 머리는 그리스도입니다" (고린도전서 11:3). 하나님께서 교회에게 주신 지도자와 사역자들이 그리스도를 대신할 수는 없습니다. 지도자와 사역자들은 사람들을 그리스도에게로 인도할 뿐입니다. 주님께서는 사람들을 안수하셔서 장로와 목사가 되게 하셨는데 그 이유는 그들로 하여금 "하나님의 양들"을 치도록 하기 위함입니다(베드로전서 5:2). 그 양들은 하나님의 양이지 장로들이나 목사들의 양이 아닙니다. 교회의 역사를 살펴보면 하나님과 하나님 백성들 사이를 가로 막아서 하나님의 백성들을 마치 자기의 양으로 착각하고 사역했던 사람들이 있었음을 봅니다. 이런 일들이 미리 있을 줄을 아시고 주님께서는 사람들에게 목자가 한 명이고 양떼도 한 무리임을 말씀하셨습니다(요한복음 10:16). 주님만이 유일한 목자이심을 인정하는 사역자는 절대로 하나님의 백성들에게 군림하지 않습니다. 자신의 왕국을 확장하기 위해 잘못을 행하는 지도자들을 조심하라고 주님께서는 다음과 같은 말씀을 하셨습니다.

너희는 선생이라는 칭호를 듣지 말아라. 너희의 선생은 한 분뿐이요, 너희는 모두 학생이다.
또 너희는 땅에서 아무도 너희의 아버지라고 부르지 말아라. 너희의 아버지는 하늘에 계신 분, 한 분뿐 이시다.
또, 너희는 지도자라는 칭호를 듣지 말아라. 너희의 지도자는 그리스도 한 분뿐 이시다. 너희 가운데서 으뜸가는 사람은 너희를 섬기는 사람이 되어야 한다. 자기를 높이는 사람은 낮아지고, 자기를 낮추는 사람은 높아질 것이다.(마태복음 23:8-12)

참된 사역

세례 요한의 사역에서 우리는 참된 사역의 모델을 볼 수 있습니다. 그의 모든 사역은 예수님에게 초점이 맞추어져 있습니다. 그는 예수가 높임만 받으신다면 그의 사역이 망해도 괜찮았습니다. 세례 요한은 예수 앞에 자기를 낮출 줄 아는 자이었습니다. 예수님께서는 그런 세례 요한을 여자가 낳은 자들 중에 가장 큰 자라고 말씀하시며 그를 높여 주셨습니다(마태복음 11:11). 세례 요한의 이와 같은 마음을 우리도 갖고 주님만을 높이는 삶을 산다면, 설혹 우리의 사역이 쇠퇴한다고 해도 우리는 관계치 않을 것입니다. 우리의 모든 삶과 사역은 사람들 속에 그리스도의 형상이 이루어지도록 하는 것에 초점을 맞추어야 합니다. 그리고 그렇게 되는 것을 보는 것이 우리의 최대의 즐거움이 되어야 합니다. 우리가 예수라는 포도나무에 가지가 되어 붙어있으려는 이유는 포도열매를 맺기 위함입니다. 우리가 만일 신랑 되신 예수님의 날이 올 것을 기대하는 예수의 참된 친구라면, 그리고 주님의 날이 온다면, 그 날이 설사 우리 사역을 모두 다 접는 날이 된다고 할지라도 우리는 기뻐해야 할 것입니다.

세례 요한이 예수님이 지나가시는 것을 보자, 세례 요한은 자기의 제자들에게, "보아라, 하나님의 어린 양이다."라고 말하였습니다(요한복음 1:36). 이 말은 들은 요한과 안드레는 세례 요한을 더 이상 좇지 않고 예수를 따랐습니다. 예수님께서는 요한과 안드레가 자신을 좇고 있다는 사실을 깨닫고 몸을 돌려 그들에게 "너희가 무엇을 찾고 있느냐?" (38절)라고 물으셨습니다. 이 질문은 우리 각자에게 하시는 예수님의 질문이기에, 우리는 각자 이 질문에 대해 성실하게 대답해야 합니다. 왜 우리가 주님을 좇고 있습니까? 요한과 안드레는 "주님, 어디에 묵고 계십니까?"라는 질문을 함으로 예수님의 질문에 대한 답을 대신하였습니다. 이러한 물음에 대해 주님께서는 그들 마음속에 에녹 이후 신실하게 하나님을 찾고자 하는 자들의 마음과 동일한 마음이 있음을 아시고, "와서 보라"(39절)라고 말씀하셨습니다. 우리는 주님을 경험한 사람들의 이야기에만 머무르지 마십시오. 그들이 하는 간증만으로 살지 맙시다. 우리 자신이 직접 주님이 머무시는 곳에 가서 주님을 찾아 만나보라고 주님은 우리에게 촉구하십니다. 주님이 머무시는 곳은 물리적인 장소가 아닙니다. 이 곳은 하나님 나라입니다.

이 일이 있은 그 다음날 안드레는 역사상 첫 복음 전도자가 되었습니다. 즉 그는 자기의 형제 시몬 베드로를 만나 예수가 메시아라고 말해 주었습니다(41절, 42절). 이 때 안드레는 시몬에게 성경을 들춰가며 장황하게 설명을 늘어놓지 않았습니다. 심지어는 사영리(the four spiritual law)에 대해 설명하지도 않았습니다. 단지 "그는 그런 다음에 시몬을 예수에게로 데리고 왔습니다."(요한복음 1:42)

만일 우리가 교회로나 교리로 가지 않고 예수님에게로 간다면, 우리는 바른 기초를 세우게 됩니다. 그 결과 베드로처럼 우리의 믿음은 자라납니다. 베드로는 교육을 받지 못한 어부에 불과한 사람이었습니다. 그러나 그런 그가 각국에서 온 권력을 갖고 있고 교육도 받은 수많은 사람들 앞에서 주님이 주시는 권세를 가지고 담대히 주님을 외쳤습니다. 이런 베드로의 믿음은 어떤 조직에 헌신하였거나 가르침을 배워서 나온 것이 아닙니다. 단지 그는 예수님을 알았을 뿐입니다. 구원을 받기 위해 복잡한 것이 필요 없습니다. 단지 예수면 됩니다. 참 진리는 조직신학에 머무르지 않습니다. 예수님이 참 진리이십니다. 그분은 우리의 생명이 되시기 위해 오셨습니다. 그분은 우리의 깊은 내면을 진정으로 채워줄 수 있는 유일한 존재입니다. 우리가 그분 안에 거할 때에만 우리는 비로소 진정으로 바른 삶을 살아가게 됩니다.

만물보다 더 거짓되고 아주 썩은 것은
사람의 마음이니, 누가 그 속을 알 수 있습니까?
(예레미야 17:9)

There_
Were_
Two_
Trees_
In_The_
Garden_

There
Were
Two
Trees
In The
Garden

Part II

마음이라는 전쟁터

그날에 인간의 거만한 눈초리가 풀이 죽고,
사람의 거드름이 꺾이고
오직 주님만 홀로 높임을 받으실 것이다.
그 날은 만군의 주께서 준비하셨다.
모든 교만한 자와 거만한 자, 모든 오만한 자들이
낮아지는 날이다.

(이사야 2:11-12)

There_
Were_
Two_
Trees_
In_The_
Garden_

Chapter 9

야곱과 에서 및 루우벤과 요셉

"...나 주가 말한다. 그런데도 내가 야곱은 사랑하고 에서는 미워하였다." (말라기 1:2-3)

위의 성경 구절은 일반 신자들이 이해하기가 쉽지 않습니다. 왜 하나님께서는 부모를 사랑하였고 순종한 꽤 괜찮아 보이는 '에서' 보다, 사람들을 속이는 모략가인 '야곱' 을 더 사랑하셨을까요? 하나님의 이러한 처사는 부당한 듯 보입니다. 그러나 하나님은 사람의 겉을 보지 않고 속마음을 보신다는 사실을 기억하십시오. 에서는 겉으로 괜찮은 사람처럼 보였지만 그의 영은 미약했습니다. 에서는 영적인 유산보다는 자신의 식욕에 더 많은 관심을 가졌습니다. 그는 자신의 장자로서의 권한을 팥죽 한 그릇에 넘겨 주었습니다.

그는 하나님께 무례하게 행한 것입니다. 에서의 이토록 멍청한 행동에 대해, 우리는 놀랄 수도 있습니다. 그러나 많은 그리스도인들 속에 이러한 에서와 같은 성향이 있다는 사실을 아십시오.

주님은 자신의 피 값을 지불하셔서, 우리로 하여금 하나님의 보좌 앞에서 거할 수 있도록 하셨습니다. 그러나 우리는 자주 이 특권을 다른 것들과 바꿉니다. 많은 그리스도인들은 하나님의 말씀을 묵상하거나 기도를 하기보다는 텔레비전을 보는데 더 많은 시간을 투자합니다. 다수의 사람들이 팥죽 한 그릇의 가치만도 못한 것에 눈을 돌림으로 귀한 영적인 훈련들을 놓치고 있습니다. 우리 중 대체 그 어떤 사람이 에서에게 손가락질을 할 수 있겠습니까? 그 얼마나 많은 사람들이 하나님의 은혜를 무효화하는 듯한 삶을 살고 있습니까? 그 얼마나 많은 사람들이 그리스도 안에서 자신이 얻은 중생의 영원한 특권을 잠시 잠깐이면 없어질 육적인 즐거움과 바꾸고 있습니까?

하나님과 씨름하기

하나님에게 반항하기 위해 하나님과 씨름하는 것은 무모한 짓입니다. 그러나 하나님께서 우리에게 주신 유산을 지키기 위해 하나님과 씨름하고자 하는 태도를 하나님께서는 귀하게 보십니다. 야곱은 하나님이 자신을 축복해주실 때까지 하나님을 절대로 놓지 않기로 작정하였습니다. 야곱의 이러한 태도는 우리의 태도와는 사뭇 다릅니다. 우리는 이번에는 세게 기도하여 응답을 받아내리라고 작정하고는, 무조건 급하게 일단 기도에 들어갑니다. 그러나 응답이 없으면, 아마도 이것은 하나님의 뜻이 아닐 것이라며 곧 포기해 버립니다.

하나님께서는 예레미아에게, "너희가 온 마음으로 나를 찾기만 하면 너희가 나를 만날 것이다."(예레미야 29:13)라고 말씀하셨습니다. 주님께서는 우리가 그분을 찾아 만나기를 원하십니다. 우리가 그분을 쉽게 찾아, 그분의 축복을 쉽게 받을 것이라고 생각하는 것은 오산입니다. 그분은 때론 열심히 자신을 찾아보라고 자신을 우리에게서 숨기기도 하십니다. 그분은 마치 자신의 애기가 걸음마를 배우도록 하기 위해서 애기 앞에서부터 조금은 떨어져 있는 부모와 같은 행동을 취하십니다. 하나님께서는 우리의 온 힘을 기울여 하나님을 찾도록 하는 상황으로 우리를 몰아넣으십니다. 그러나 이 때 우리는 그분에게 힘껏 도달하려고 애쓰는 대신에 아예 주저앉아 그분에게 가기를 포기하는 모습을 보이기도 합니다.

주님은 우리가 주님을 찾는 것을 중도에 포기하는 것을 기뻐하지 않으십니다. 그분은 우리의 모든 기도에 응답해 주시기를 원하십니다. 때론 그 응답이, '안돼' 라는 응답으로 오기도 하지만 어쨌든 우리는 그분으로부터 응답의 소리를 들을 때까지 그분을 찾는 것을 포기하면 안 됩니다. 침묵은 기도에 대한 하나님의 응답이 아닙니다. 만일 하나님께서 우리의 반쪽 기도에도 응답하신다면 우리의 영성은 저해를 받게 됩니다. 우리는 그분을 찾을 때까지 포기해서는 안 됩니다.

　야곱은 하나님의 축복을 받아내는 것을 절대로 포기하지 않겠다는 태도로 일관하였고 결국 응답을 받았습니다. 이를 통해 야곱은 축복만 받은 것이 아니라 성품도 변하게 되었습니다. 하나님께서는 찬탈자라는 뜻을 가진 야곱이란 이름 대신에 '하나님이 함께 하시는 왕자' 라는 뜻의 이름을 야곱에게 지어주심으로써 이러한 사실을 증명해 주셨습니다. 이는 그가 하나님과도 겨루어 이겼고, 사람과도 겨루어 이겼기 때문입니다(창세기 32:28). 만일 우리가 중도포기하지 않고 끈질기게 하나님을 찾는다면 우리도 야곱처럼 그분을 발견할 것입니다. 그렇게 되면 우리도 야곱처럼 성품이 바뀌어, 가인과 같은 성격을 가진 자에서 주님의 성품을 가진 자로 변하게 될 것입니다. 그러면 우리도 야곱처럼 '하나님이 함께 하시는 왕자' 가 되는 것입니다.

　루우벤은 야곱의 장남으로 삼촌인 에서와 비슷한 성격을 가진 인물이었습니다. 그는 그의 육적인 욕망을 이기지 못해 아버지의 침대를 더럽게 하였습니다. 그래서 아버지로부터 유산을 받지 못했습니다. 아버지 야곱은 세상을 하직하기 전에 자기의 아들들을 축복해 주었지만 유독 루우벤에게 대해서는 다음과 같은 비난의 말을 하였습니다.

　르우벤아, 너는 나의 맏아들이요, 나의 힘, 나의 정력의 첫 열매다. 그

영예가 드높고, 그 힘이 드세다.
그러나 거친 파도와 같으므로, 또 네가 아버지의 침상에 올라와서 네 아버지의 침상을 더럽혔으므로, 네가 으뜸이 되지는 못할 것이다.

(창세기 49:3-4)

에서처럼 루우벤은 위엄과 힘에 있어서는 걸출하였습니다. 그러나 그는 육적인 욕망을 이기지 못했기에 많은 손해를 보았습니다. 인간의 자기절제의 결핍은 에덴동산의 사건에서부터 나타납니다. 그리고 오늘날도 많은 그리스도인들이 자기조절의 능력이 부족하여 하나님으로부터 마땅히 받아야 할 영원한 유산들을 놓치고 있습니다. 우리의 가장 큰 적은 바로 우리 자신입니다.

사탄의 양식

성경에서 흙은 인간의 육적인 성향을 상징합니다. 아담의 육은 흙으로 만들어졌습니다. 뱀에게 내려진 하나님의 저주는 평생을 흙 위에서 기어 다니게 된다는 저주였습니다(창세기 3:14). 이것은 사탄이 인간의 육적인 욕망을 먹고 살게 된다는 말입니다. 인간이 자신의 육성을 키워 나갈수록 사탄의 나라는 확장됩니다. 사탄은 하나님의 백성들이 육을 즐기게 함으로써 그들로부터 하나님의 유산을 강탈하는 전법을 아직껏 써오고 있습니다.

이 전법을 마귀는 심지어 예수에게도 사용하였습니다. 예수가 이 세상을 유업으로 받을 상속자라는 사실과 하나님의 목적을 이루기 위해서는 예수가 고난을 받아야 하고 거룩하게 구별(consecration)되어야 한다는 사실을 알고 있었던 사탄은 예수에게 그런 과정들을 생략할 수 있는 손쉬운 길을 제시하였습니다. 사탄은 예수에게 자신에게 절하기만 하면 이 세상을 주겠다고 제안하였습니다. 즉 십자가 없이도, 고난 없이도 그리고 오랫동안 기다리지 않고도, 세상을 얻을 수 있는 방법을 제시한 것입니다. 마귀는 이러한 동일한 제안들을 성도들에게도 하였고, 이 제안을 받아들인 수많은 성도들이 실족하였습니다. 사탄은 성도들로 하여금 좀 더 넓고 쉬운 길을 택하도록 함으로 결국 사탄에게 절하도록 만드는 방법을 쓰고 있습니다.

하나님의 길은 매우 좁고 험난한 길입니다. 그분의 길에는 지름길이란 없습니다. "우리가 하나님 나라에 들어가려면 반드시 많은 환난을 겪어야 합니다"(사도행전 14:22). 많은 사람들이 쉽고 좋은 길이 있다고 말하며, 교회를 미혹하고 있습니다. 그러나 그들이 제시한 좋은 길로 가면 하나님 나라가 없습니다. 하나님과 걷는 길은 세상의 조류와는 반대되는 길입니다. 세상의 조류에 역행해서 가는 그리스도인들은 파도에 직면할 수밖에 없습니다. "그리스도 예수 안에서 경건하게 살려고 하는 사람은 모두 박해를 받을 것입니다"(디모데후서 3:12). 사탄은 사람들에게 오해를 받지 않으려면 세상과 타협해야 한다며, 우리로 하여금 쉽게쉽게 살라고 말하며 우리를 유혹합니다. 이런 사탄의 유혹을 이길 사람들은 오직 자신의 안전과 사람들의 환영을 뒤로 물리친 사람들입니다.

교회가 교인들을 잘 훈련시키지 못하고 자기절제를 잘 가르치지 못하였기 때문에 교회는 극심한 어려움을 당하고 있습니다. 그러나 교회의 더 큰 문제는 교회가 지혜가 부족하여 나약한 사람들을 영적 지도자로 세우고 있다는 사실에 있습니다. 교회가 그렇게 하는 것은 그 사람들이 외적으로는 권세가 있어 보이고 힘이 있는 듯이 보이기 때문입니다. 고린도 교회에 이와 같은 일이 있다는 사실을 알고 사도 바울은 고린도 교회에 대하여, "누가 여러분을 종으로 부려도, 누가 여러분을 골려도, 누가 여러분을 얕보아도, 누가 여러분의 뺨을 때려도, 여러분은 참아 줍니다."(고린도후서 11:20)라며 그들을 질책하였습니다. 육적인 사람은 육의 힘이 센 사람을 따릅니다. 우리는 그 동안 보통의 사람들보다 키가 머리만큼 큰 사람을 따랐던 것이 사실입니다.

그들이 왔을 때에, 사무엘은 엘리압을 보고, 속으로 '주께서 기름부어 세우시려는 사람이 정말 주 앞에 나와 섰구나' 하고 생각하였다.
그러나 주께서 사무엘에게 이르셨다. "너는 그의 준수한 겉모습과 큰 키만을 보아서는 안 된다. 그는 내가 세운 사람이 아니다. 나는 사람이 판단하는 것처럼 그렇게 판단하지는 않는다. 사람은 겉모습만을 따라 판단하지만, 나 주는 중심을 본다."(사무엘상 16:6-7)

품위가 뛰어나고 힘이 뛰어나게 보이는 사람들 중 많은 사람들은 안 하무인격으로 행동합니다. 주님의 힘은 약함에서 나옵니다(고린도후서 12:9). "하나님께서는 강한 자들을 부끄럽게 하시려고 세상의 약한 것들을 택하셨습니다."(고린도전서 1:27) 하나님께서는 사람들에게 영적 지도자가 되기 위한 조건으로 육적인 힘, 세상 지위 및 학력을 내세운 적이 없으십니다. 오히려 그런 조건은 영적 지도자가 되는데 걸림돌입니다. 우리는 사람을 외적인 것으로 판단해서는 안 됩니다. 그러므로 우리는 성령님께서 누구를 지도자로 선출하려는 지에 대해 민감할 줄 알아야 합니다. 하나님께서는 자주 약해 보이고 느려 보이는 사람을 지도자로 선출함으로써 자신의 지혜와 힘을 분명하게 나타내 보여주시기를 원하십니다.

> 하나님의 영으로 예배하며, 그리스도 예수 안에서 자랑하며, 육체를 신뢰하지 않는 우리야말로, 참으로 할례를 받은 사람입니다. (빌립보서 3:3)

하나님께서는 이사야 선지자를 통하여 특정 태도를 가진 사람을 선택해서 쓰시겠다고 말씀하셨습니다.

주께서 말씀하신다. "하늘은 나의 보좌요, 땅은 나의 받침대다. 그러니 너희가 어떻게 내가 살 집을 짓겠으며, 어느 곳에다가 나를 쉬게 하겠느냐?"
주님의 말씀이시다. "나의 손이 이 모든 것을 지었으며, 이 모든 것이 나의 것이다. 겸손한 사람, 회개하는 사람, 나를 경외하고 복종하는 사람, 바로 이런 사람을 내가 좋아한다." (이사야 66:1-2)

참된 겸손이 있어야만 하나님께서 그 사람을 사용하실 수가 있습니다. 인간이 스스로의 힘으로 하나님처럼 되려고 하는 것은 교만입니다. 이런 교만은 하나님과 인간 사이를 갈라놓을 뿐입니다. 우리가 하나님을 있는 그대로 보기 시작하면 교만은 사라집니다. 우리가 영광의 주님을 보게 되면 이 세상 사람들의 찬사와 세상의 권세는 하찮게 보입니다. 이 세상에서 가장 의로운 사람들은 주님을 뵈었을 때 자신의 부족함을 깨달았습니다. 이 세상 여자가 낳은 사람 중에 가장 의로운 사람이라는 칭찬을 예수님으로부터 받았던 세례 요한도 주님을 보자 자신은 주님이 신으신 신발끈을 풀어드리는 종의 가치조차도 없는 자라고 생각하였습니다. 인간의 그 어떤 위대한 재주로도 하나님의 일을 이룰 수 없습니다. 오직 성령만이 성령의 것을 낳을 수 있습니다. 주님이 요구하시는 것은 우리의 강함이 아니라 우리의 약함입니다. 주 예수님께서는 우리를 섬기는 종이 되기 위해 자기를 비우셨습니다. 주님은 자신이 그러셨던 것처럼, 자신의 육을 신뢰하지 않고 성령님만을 의지하고자 하는 사람들을 찾고 계십니다.

인간의 교만을 처리하기 위해, 하나님께서는 자신의 가장 귀한 존재인 아들을 가장 미천한 곳에 내려 보내셨습니다. 예수님께서는 이 세상의 창조자이시면서도 그 당시 가장 미약한 나라였던 이스라엘에 태어나셨고, 이스라엘에서도 가장 천대받는 베들레헴에서 태어나셨습니다. 그리고 베들레헴에서도 가장 더럽고 추한 곳인 마굿간의 말구유에서 태어나셨습니다. 이런 예수에 관하여 이사야 선지자는, "그는 주 안에서, 마치 연한 순과 같이, 마른 땅에서 나온 싹과 같이 자라서, 그에게는 고운 모양도 없고, 훌륭한 풍채도 없으니, 우리가 보기에 흠모할 만한 아름다운 모습이 없다."(이사야 53:2)라고 말하였습니다. 이러하신 주님을 받아들이기 위해 우리는 우리의 교만을 제거해야 합니다. 그분께서는 외적인 모양에 끌리지 않고 성령에 이끌리는 사람들을 찾고 계십니다. 인간들은 교만으로 인해 이 우주의 창조자이며 모퉁이 돌이신 예수 하나님을 거절하였습니다. 우리가 우리의 교만을 신뢰하는 한 (인간의 능력을 의지하는 한) 결국 우리는 주님을 거절하게 됩니다. 우리가 진정 하나님의 자녀라면, 우리는 성령의 인도함을 받아야 합니다. 사도 바울은 "우리는 이제부터는 아무도 육신의 잣대로 알려고 하지 않습니다."(고린도후서 5:16)라고 말한 바 있습니다.

야곱의 큰 아들 루우벤은 힘도 세고 겉으론 괜찮게 보였지만 내적으로는 강하지 못한 사람이었습니다. 요셉은 야곱의 막내 바로 위의 아들로서 형들의 미움을 받았습니다. 그러나 하나님은 다른 형제들보다 요셉에게 장자의 축복권을 주셨습니다.

이스라엘의 맏아들 르우벤의 아들은 다음과 같다. (르우벤은 맏아들이지만, 그의 아버지의 잠자리를 더럽혔으므로, 그의 맏아들의 권리가 이스라엘의 아들인 요셉의 아들들에게 넘어갔고, 족보에 맏아들로 오르지 못하였다.

유다는 그의 형제들보다 세력이 크고, 그에게서 영도자가 났으나, 맏아들의 권리는 요셉에게 있었다.) (역대상 5:1-2)

루우벤은 자기 아버지의 아내와 잠자리를 같이하는 추악한 행동을 하였습니다. 그 결과 그는 장자권을 빼앗겼습니다. 그러나 르우벤과는 달리 요셉은 가장 큰 유혹을 물리쳤습니다. 그는 자기가 섬기는 주인 아내의 유혹을 이겨낸 대가로 감옥에 갇히게 되었습니다. 그는 감옥에 갇히기 전에 이미 숱한 고생을 하였습니다. 도덕성이 땅에 떨어진 나라 애굽에 가서도 요셉은 자신에게 가해지는 혹독한 상황에 굴하지 않았습니다. 그가 그렇게 할 수 있었던 것은 그 스스로 그 어떤 외적 환경이 자신의 내적 상태를 교란시키지 못하도록 하겠다는 삶의 원칙을 끝까지 지켜나갔기 때문입니다. 메시아를 예표하는 요셉은 그의 형제들에게 거절당했지만 결국 형제들을 구원하는 구원의 모퉁이 돌이 되었습니다.

몸, 혼 그리고 영

사람은 몸과 혼과 영의 세 부분으로 구성되어 있습니다. 몸은 땅의 성분으로 만들어졌습니다. '인간이란 먹음으로 인해 존재한다.' 라는 말이 있습니다. 건강한 상태의 몸을 계속 유지하기 위해서 적당한 음식을 섭취하고 적당한 운동을 해주어야만 합니다. 몸에 별로 도움이 되지 않는 음식들만 먹는다면 필수영양소에 결핍을 가지고 와서, 몸의 건강 상태는 곧 깨어지고 맙니다. 매일 누워만 있고 적절한 운동을 자주 해주지 않으면, 몸이 약해지게 됩니다. 그러므로 적절한 음식 섭취와 적당량의 운동을 매일 해 주는 것이 좋습니다.

인간의 혼은 지, 정, 의의 세 부분으로 구성되어 있습니다. 혼도 몸과 마찬가지로 무엇을 먹느냐에 따라 혼의 건강 상태가 결정됩니다. 혼히 나쁜 것들을 받아들이면 혼이 엉망으로 되어버립니다. 무엇을 심든지 심는 대로 거두기 마련입니다(갈라디아서 6:7). 우리가 무엇을 읽고 무엇을 생각하고 무엇을 보느냐에 따라 우리의 혼의 건강상태가 결정되는 것입니다. 그러므로 건강한 혼의 상태를 유지하기 위하여서는, 지적 훈련을 포함한 적절한 훈련들을 받아야 합니다.

몸이나 혼과는 달리, 중생한 사람의 영은 하나님에게로 향하고자 하는 속성을 가지고 있습니다. 그러나 영도 몸이나 혼과 마찬가지로 적당한 것을 섭취하고 적당한 운동을 해 주어야 건강해집니다. 예수님께서는, "내가 너희에게 한 말은 영이요, 생명이다."(요 6:63)라고 말씀하셨습니다. 주님의 말씀이 우리의 영을 건강하게 해주는 영의 음식입니다. 인간은 하나님과 영으로 교제하도록 지은바 된 존재입니다. 그러므로 하나님과 교제하지 않으면, 인간의 영은 공허한 상태가 됩니다. 영양분이 없는 음식을 먹으면 몸에 병이 들듯이, 바른 영의 음식을 섭취하지 않고 나쁜 영의 음식을 섭취하면 영이 병들게 됩니다. 가령 하나님을 모르는 사람들이 자신의 공허한 영을 채우기 위해, 물질을 추구하거나 초자연적인 하나님의 기적을 사모하는 대신 무당을 찾아가거나 굿을 하게 되면 영이 병들게 됩니다.

모든 인간들은 자신 속에 있는 영적 공허함을 채우기 위해 초자연적인 것을 추구하려는 성향을 갖고 있습니다. 인간은 영이신 하나님과 교제하도록 창조되었습니다. 그러므로 인간이 초자연적인 것과 관계를 맺으려는 경향은 당연한 것입니다. 그러나 만일 우리가 하나님으로부터 오는 참된 능력을 경험하지 못하면 우리는 사탄이 가져다주는 초자연적인 능력을 좇아가는 얼간이가 되고 맙니다. 그런 이유에서 사도 바울은, "나의 말과 나의 설교는 지혜에서 나온 그럴듯한 말로 한 것이 아니라 성령의 능력이 보여준 증거로 한 것입니다. 그것은 여러분의 믿음이 인간의 지혜에 바탕을 둔 것이 아니라 하나님의 능력에 바탕을 둔 것이 되게 하려는 것입니다."(고린도전서 2:4-5)라는 말을 고린도 교회 교인들에게 하였습니다. 성경은 이 세상 마지막이 가까워 올수록 초자연적인 영역에서의 두 세력 간의 영적인 충돌이 잦아질 것이라고 예언하였습니다. 사탄이 가져다주는 초자연적인 능력에 속지 않는 길은 모든 초자연성을 부인하는 것이 아니라, 하나님이 주시는 초자연적인 능력을 경험하는 것입니다. 그렇게 될 때 인간 속에 있는 초자연적인 것을 향한 배고픔이 올바로 채움 받습니다.

육신의 욕구에 의해 지배받는 삶을 사는 사람들은 약한 사람들입니다. 그런 사람들은 육이 요구하는 육적인 욕망과 습관에 굴복하는 삶을 삽니다. 에서와 르우벤이 그런 사람입니다. 또 어떤 사람들은 감정과 느낌과 자기의 의견에 온통 지배를 받은 혼적인 삶을 삽니다. 그러나 주님께서는 우리에게 성령에 의해 지배 받는 삶을 살라고 촉구하십니다. "하나님의 영으로 인도함을 받는 사람은, 누구나 다 하나님의 자녀입니다."(로마서 8:14) 하나님께서는 우리의 육신과 마음과 영이 모두 성령의 지배를 받기 원하십니다.

우리가 예수님을 영접하게 되면 우리의 몸과 마음이 재조정되는 일이 일어납니다. 이러한 재조정 과정이 그리 쉬운 것은 아닙니다. 이 재조정 과정을 통해 우리의 관심은 과거 우리가 관심을 두었던 육적인 것에서부터 점점 멀어집니다. 우리는 그리스도인이 되기 전에는 영적인 것들에 대해서는 관심을 거의 두지 않았습니다. 그러나 불행히도 많은 사람들이 그리스도인이 되고 나서도 영적인 것에 관심을 두지 않은 채로 살아가고 있는 것이 현실입니다. 또한 많은 교회와 그리스도인들이 영적인 성장을 이룬다는 명목 하에 지식, 지혜, 의지의 훈련과 같은 혼의 훈련에 너무도 많은 에너지를 투자하고 있습니다. 물론 혼의 훈련이 중요하지 않은 것은 아닙니다. 그러나 그리스도안에서의 삶은 혼적인 것 이상의 삶입니다.

참되게 예배를 드리는 사람들이 영과 진리로 아버지께 예배를 드릴 때가 온다. 지금이 바로 그 때다. 아버지께서는 이렇게 예배를 드리는 사람들을 찾으신다.

 하나님은 영이시다. 그러므로 하나님께 예배를 드리는 사람은 영과 진리로 예배를 드려야 한다. (요한복음 4:23-24)

주님께서는 자신의 말이 곧 영이요 생명이라고 말씀하셨습니다. 그리고 또한 예수님에게 속한 양들은 예수님의 목소리를 알아듣는다고 말씀하셨습니다. 성령의 인도를 받는 사람들이 바로 하나님의 자녀들입니다. 우리 그리스도인들은 본능이나 느낌이나 이성의 인도를 받아서는 안 됩니다. 많은 그리스도인들이 성령을 따르지 않고, 다른 것의 인도를 좇아가다가 실족하였습니다. 참 생명으로 인도함 받는 길은 좁은 길입니다. 우리가 성경이 제시하는 특정 원칙과 규율에 따라 살 수도 있고 인간의 이성과 감정에 따라 살 수 있습니다. 그러나 이렇게 사는 것은 하나님의 뜻과는 무관합니다. 우리가 진정 하나님의 자녀이기에, 우리는 반드시 그분의 음성을 듣고 성령님의 인도함을 받는 삶을 살아가야 합니다.

한 아기가 우리를 위해 태어났다. 우리가 한 아들을 얻었다. 그는 우리의 통치자가 될 것이다. 그의 이름은 "기묘자, 모사, 전능하신 하나님, 영존하시는 아버지, 평화의 왕"이라고 불릴 것이다. 그의 왕권은 점점 더 커지고 나라의 평화도 끝없이 이어질 것이다. 그가 다윗의 보좌와 왕국 위에 앉아서, 이제부터 영원히, 공평과 정의로 그 나라를 굳게 세울 것이다. 만군의 주의 열심이 이것을 이루실 것이다. (이사야 9:6-7)

There_
Were_
Two_
Trees_
In_The_
Garden_

Chapter 10

바로와 모세 그리고 영적 권위

바로는 성경적으로 볼 때 현재 이 세상을 통치하는 사탄을 상징합니다. 또한 바로는 의인화 된 뱀의 씨를 나타냅니다. 우리는 바로의 태도와 행위로부터 사탄이 어떻게 인간을 사로잡고 있는지에 대해 많은 것을 알 수 있습니다. 또한 우리는 인간을 권위로 누르는 바로의 모습으로부터 인간 속에 내재한 이기적이고도 반항적인 성향을 읽을 수 있습니다.

반면 모세는 자신의 백성들을 억압에서 풀어주시기 위해 오신 그리스도를 상징합니다. 모세는 이스라엘 백성들에게 다음과 같은 예언적인 말을 하였습니다. "주 너희의 하나님은 너희의 동족 가운데서 나와 같은 예언자 하나를 일으켜 세워 주실 것이니, 너희는 그의 말을 들어야 한다."(신명기 18:15) 그는 이 말을 이 땅에 장차 오실 참 예언자이신 예수의 삶이 어떠할 지를 미리 예견하였습니다. 우리는 모세가 겪었던 일과 예수님이 겪었던 일의 유사점들을 찾아냄으로써 모세는 예수의 예표라는 사실을 잘 알 수가 있습니다. 모세가 태어났을 때 애굽의 왕 바로는 이스라엘 남자 아기들을 다 죽이라는 명령을 내렸습니다. 헤롯은 예수가 태어났을 때 베들레헴에 있는 모든 아기들을 죽이라고 명령하였습니다. 예수가 공생애를 시작하자 사람들이 예수를 거절하였습니다. 모세도 자기 자신을 자기의 백성들에게 처음 나타내었을 때 백성들은 모세를 거절하였습니다. 이외에도 모세와 예수의 삶은 비슷한 점들이 많이 발견됩니다. 또한 예수처럼 모세는 자신의 권세를 추구하는 삶을 사는 대신에 자기 희생을 통해 참다운 영적 권위를 추구하는 삶을 살았습니다.

바로의 통치 안에서 이스라엘 사람들은 노예가 되어 많은 고생을 하며 살아갔습니다. 이 때 하나님께서 이스라엘을 애굽의 억압으로부터 풀어서 젖과 꿀이 흐르는 가나안 땅으로 보내 그들을 인도해 내어 그곳에서 평안하게 살도록 하기 위한 계획을 세우셨습니다. 그리고 그 계획을 실친할 지도자로 모세를 택하셨습니다. 여기서 우리는 서로 구별 되는 두 나라 즉 이 세상의 나라와 하나님의 나라를 보게 됩니다. 한 나라는 억압을 통해 백성들을 유린하는 나라이고 다른 한 나라는 억압받는 백성들을 자유하게 하는 나라입니다. 이 세상에서 땀을 흘리지 않고 이룰 수 있는 것은 거의 없습니다. 이것은 인간이 땅을 경작할 때 흘리는 땀을 이야기 하는 것이 아닙니다. 인간은 에덴동산에 있을 때에도 이미 동산을 가꾸는 작업을 하였습니다(창세기 2:15). 죄를 범한 후의 인간의 땀은 고통으로 찌들어 있는 땀이요 고통스런 노력으로 가득한 땀입니다. 우리는 하나님의 나라에서도 노동을 합니다. 그러나 하나님의 나라에서 주님이 우리에게 허락한 멍에는 쉽고 가볍습니다. 하나님 나라에서는 조금만 노력해도 많은 열매를 맺습니다. 모든 인간의 노고는 우리를 지치게 만듭니다. 그러나 그리스도 안에서의 모든 노고들은 영적인 노고이건 아니건 상관없이, 우리에게 쉼과 회복을 가져다줍니다.

> 나는 마음이 온유하고 겸손하니, 내 멍에를 메고 내게 배워라. 그리하면 너희는 마음에 쉼을 얻을 것이다.(마태복음 11:29)

사탄은 매우 교묘한 방법으로 우리를 자신들의 노예로 만듭니다. 때때로 사탄은 자유를 주려는 듯이 우리에게 접근합니다. 그러나 이 세상이 주는 '자유'는 결국은 우리를 묶게 합니다. "그들은 사람들에게 자유를 약속하지만, 자기들은 부패의 종이 되어 있습니다. 누구든지 진 사람은 이긴 사람의 종노릇을 하게 되기 때문입니다." (베드로후서 2:19) 오늘날 만연하고 있는 성적인 자유가 그 좋은 예입니다. 많은 사람들이 성적인 자유함을 만끽하려 하다가 결국 성의 포로가 되는 것을 봅니다. 사람들은 더 큰 성적인 만족감을 찾기 위해 새로운 방법들을 시도합니다. 그러나 결과는 더 큰 불만족이요 성적인 타락입니다. 타락의 정도가 점점 지나치게 되어 마지막에는 자기 파멸에 이르는 것입니다.

그러나 그리스도 안에 있게 되면 그 반대가 됩니다. 그리스도 안에 있으면, 처음에는 우리를 묶는 것 같이 여겨지던 것들이 실제로는 우리를 자유하게 합니다. 하나님은 인간에게 성욕이란 것을 만들어 주셨고 그 성욕이 채워지기를 바라십니다. 제일 먼저 하나님께서는 인간이 혼자 사는 것이 좋지 못하다고 말씀하셨습니다. 하나님께서는 남자가 여자와 같이 지내야 할 필요가 있음을 아시고 여자를 만드셨습니다(창세기 2:18). 남자는 여자를 만나야 온전해지도록 만들어졌습니다. 이 만남은 육체적인 만남뿐이 아닙니다. 정신적인 만남 및 영적인 만남을 포함합니다. 남녀 간의 육체적인 교합은 남자와 여자 간의 관계성에 관한 하나님의 계획 중 일부일 뿐입니다. 이 모든 것들은 둘을 하나로 연합시킵니다. 하나님은 인간이 결혼을 통한 부부 관계를 통해서 남녀 간의 영적, 혼적 그리고 육적인 연합, 이 셋이 다 이루어지도록 창조하셨기 때문에 결혼 관계 이외의 남녀 간의 교합은 금지하셨습니다.

우리가 만일 자신의 육적인 욕구를 만족시키기 위한 목적만으로 성적인 교합을 하면 할수록 점점 외로워지게 될 수밖에 없습니다. 이렇게 일단 외로움을 경험한 사람은 자신의 외로움을 채우기 위해 더 강렬한 육체관계를 추구하게 됩니다. 육욕은 스스로의 힘으로 점점 더 강하게 굴러가려는 속성을 지니고 있는 수레바퀴와 같습니다. 서로를 사랑함으로부터 나온 성적인 관계에는 서로를 하나로 묶는 힘이 있습니다. 결혼하였다고 하여 부부간의 올바른 사랑의 관계가 100% 다 보장되는 것은 아닙니다. 그러나 성은 절대로 결혼관계에서만 사용되어야 합니다. 우리는 올바른 결혼 관계를 통해 그리스도와 교회 간의 연합을 보다 잘 이해할 수 있게 되고 우리의 그분을 향한 영적인 열망을 잘 알게 됩니다. 우리가 그분과 연합하게 됨으로 얻는 만족은 세상이 주는 만족과는 비교도 안 됩니다. 이러한 그분과의 연합을 위해 인간은 창조되었습니다.

인간에게 필요한 모든 생명과 신성은 그리스도 안에서 모두 다 찾아질 수 있습니다(베드로후서 1:3). 인간은 그리스도 안에서만 온전해집니다. 그리스도 밖에서 안전과 만족을 찾으려는 것은 인간성의 왜곡과 직결됩니다. 그리스도 밖에서 안전과 만족의 찾음의 결국은 불만족과 불안입니다. 외로움은 모든 악들의 뿌리입니다. 모든 인간들 속에는 다른 인간들과 연합하고 싶어하는 경향이 자리 잡고 있습니다. 하나님의 나라는 하나의 잘 연합된 심포니이며 창조주와 피조물 사이의 아름다운 조화입니다. 그렇게 때문에 모든 피조물 속에는 연합에 대한 열망이 있습니다. 그런데 인간 속에 있는 연합에 대한 열망이 이기주의라는 것에 의해 찌그러졌습니다. 우리가 연합에 대한 찌그러진 열망을 갖게 되면 될수록 자기의 이기심과 자기주장은 그 강도를 더해갑니다. 이러한 자기주장에 의해 자기의 것을 얻으면 얻을수록 인간은 편협해지고 불안해하고 또한 불만족해 합니다. 하나님 나라를 경험하기 전까지 인간들은 클럽이나 단체들을 만들어 그 단체들에 소속하는 소속감을 느껴

봄으로 불안을 없애보려고 발버둥을 칩니다. 왜냐하면 모든 단체들에는 지위가 있고 높낮이가 있기 때문입니다. 단체에서 직위를 차지함으로 어느 정도의 불안감과 외로움을 해소할 수는 있습니다. 그러나 주님과 참으로 연합하는 즐거움을 경험하게 되면 소속감에 대한 애착은 사라지게 됩니다. 일단 주님과의 관계를 통해 참 만족을 경험하게 되면 높은 자가 되건 낮은 자가 되건 별로 상관하지 않게 됩니다. 왜냐하면 열매가 직위보다 중요하다는 것을 경험을 통해 알게 되기 때문입니다. 하나님의 목적에 부합하는 체험은 모든 직위를 덮어버립니다.

거절에 대한 두려움

인간은 주님에 의해 구원받아 주님과 연합하지 않는 이상 가인이 받았던 거절을 지니고 살 수밖에 없습니다. 인간들이 예수를 통하지 않고서 하나님의 용납을 받을 방법이 없습니다. 가인 자신의 노력이라는 희생제물을 하나님께서 받지 않으셨듯이 인간은 가인의 씨를 지니고 사는 이상, 마음 속 깊은 곳에 위치한 거절에 대한 두려움으로부터 도피할 수가 없습니다. 예수 그리스도와 함께 십자가에서 못 박히는 경험을 하지 못한 인간을 잡고 있는 최대의 두려움은 거절에 대한 두려움입니다. 이러한 두려움으로 인해 인간은 그들이 가장 필요로 하는 것으로부터 오히려 도망 다니는 양상을 보입니다. 거절에 대한 두려움을 어떻게 해서든지 없애보려고 애쓴 결과, 인간은 '자기독립성'과 '자기충분성'

이라는 가면을 씁니다. 그러나 이러한 태도는 더 많은 외로움을 양산할 뿐입니다. 이러한 악의 바퀴는 계속 굴러갑니다.

　가인은 자기 생각대로 하나님을 찾다가 하나님으로부터 거절당했습니다. 가인과 같은 왜곡된 자기 생각이 인간을 타락으로 빠뜨립니다. 인간들의 이러한 성향의 뿌리에는 불화가 있습니다. 사람들은 자기 힘으로 무엇을 해낼 수 없으면 불안해합니다. 인간은 자신이 가장 필요로 하는 연합을 이룰 수 없게 되면 불안해합니다. 그 결과 인간은 어떻게든 연합을 해 보려고 인간관계에 치중하는 대신에 조정과 위협이라는 무리수를 두게 됩니다. 그 결과 연합이 아니라 전쟁이 일어납니다. 더 큰 외로움과 두려움이 발생합니다. 조정하고 위협함으로 생겨난 거짓 연합은 참된 연합을 방해합니다. 자기추구와 자기보전이 존재하는 한 참된 연합은 있을 수 없습니다. 다만 하나님과 인간 사이의 장벽만 높아갈 뿐입니다. 참된 연합은 자신을 남을 위해 주는 희생에 기인합니다. 우리가 상대방에게 자신을 열어주고 상대방을 받아들이지 않는다면, 서로 간에 존재하는 장벽과 가면은 없어지지 않습니다. 우리가 우리의 생명을 찾고자 한다면 먼저 그 생명을 잃어야 합니다.

　그리스도 안에서 가인의 거절은 제거됩니다. 그분 안에 있을 때 우리는 그 어떤 용납보다 크신 하나님의 용납을 경험하게 됩니다. 그분의 사랑 안에서 인간은 안전합니다. 하나님은 십자가를 통해 인간에 대한 사랑을 증명하셨기에 우리가 그 사실을 믿기만 하면 그렇게 하신 하나님을 신뢰하지 않을 수 없게 됩니다. 우리가 우리의 삶 속에서 그분의 주인 되심과 그분이 나의 삶을 온전히 주관하심을 알게 됨으로 인해, 우리는 더 이상 우리 주위의 환경과 사람들을 조정하지 않게 됩니다. 그리고 그 결과 우리는 하나님의 참 안식 속으로 들어갈 수 있게 됩니다. 그렇게 될 때에만 우리는 올바른 권위를 갖고, 그분을 섬길 수 있게 됩니다.

두려움이 우리를 지배하게 되면 우리의 모든 지각은 마비되기 시작합니다. 하나님과의 연합으로 모든 것이 회복되기 전까지는 그 누가 뭐라고 해도, 인간은 전적으로 외로운 자입니다. 인간이 비록 다른 사람과 교제는 할지언정, 하나님의 온전한 사랑이 인간 속에 있는 두려움들을 다 제거하지 않는 이상, 참다운 연합이란 있을 수 없습니다. 두려움을 갖고 있는 자에게 이 세상은 위협이요 삶은 지배권을 차지하기 위한 경쟁으로 점철될 뿐입니다. 두려움으로 살아가는 사람의 결국은 억눌림입니다. 두려움으로 인해 자기의 지위에 대한 위협을 조금이라도 감지하게 되면 사람들은 필요 이상의 과잉반응을 하게 됩니다.

옛 속담에, "권력은 부패한다. 절대 권력은 절대로 부패한다."라는 말이 있습니다. 이 속담은 권력을 갖고 있긴 하지만 그리스도의 권력(권위) 아래에 들어오지 않는 사람에게 해당되는 속담입니다. 인간들이 권력을 갖기 위해 애쓰는 이유는 안전감 (security)이 없기 때문입니다. 또한 인간은 거절 받은 것으로부터 자신을 보호하기 위하여 남을 조정

합니다. 그러나 다른 사람들 위에 군림한다고 두려움이 경감되지 않습니다. 오히려 두려움이 증가할 뿐입니다. 우리가 자신이 만든 소국에서 군주로 군림하면 할수록, 자신이 져야 할 짐은 우리 자신을 더욱더 억누르게 됩니다. 우리가 우리의 삶을 주님께 포기하여 드리고 사람들을 주관할 수 있는 권리도 포기할 때, 우리는 생명과 자유를 경험하게 됩니다. 하나님의 사랑을 알지 못하고 권력을 성취하는 사람은 극한 공포심에 시달릴 가능성이 많습니다. 바른 교리에서 벗어나거나 자기의 생각만을 맘대로 주장하면 어리석음과 불행으로 끝맺게 됩니다. 자기 자신을 그리스도에게 완전히 포기해 드린 사람은 외부의 위협이나 거절에 의해 겁을 먹지 않습니다. 우리가 사람들로부터 위협을 당하거나 오해를 받아서 비탄에 빠진다고 사람들은 생각합니다. 그러나 사실은 우리가 예수님을 제대로 모르기 때문에, 사람들과의 관계에서 비탄에 빠지는 일들이 일어나는 것입니다. 어떤 지도자가 설사 겉으로는 남들을 불쌍히 여기는 것 같은 태도를 보일지라도, 그 지도자는 실상은 자기만을 위해서 일하는 지도자일 경우가 많습니다. 그런 자기 이익만 염두에 두고 일하는 지도자는 부패할 수밖에 없습니다. 진정으로 그리스도에게 자신을 드린 사람은 자신이 그리스도의 종이라는 사실을 잘 인식하고 있기 때문에 자신에게 주어진 권위를 함부로 행사할까봐 매우 조심합니다.

우리는 바로의 태도에서 가인의 씨가 어떤 반응을 보이는지를 잘 알 수 있습니다. 모세가 이스라엘 백성들의 자유를 바로에게 요구하였을 때 바로는 오히려 노예였던 그들의 짐을 더 무겁게 하는 조치를 취했습니다. 가인의 씨에게 자유를 요구하면, 가인의 씨는 그 반대로 억압을 증가시키는 조치를 취합니다. 그리고 또한 이러한 자유에 대한 요구를 도전으로 받아들여 두려움을 가지게 됩니다. 하나님을 떠난 권력은 종국적으로 부패할 수밖에 없습니다.

하나님께서 사람을 만드셨을 때, 그분께서는 사람에게 바다의 물고기와 공중의 새와 땅에 사는 모든 생물들을 다스릴 권세를 주셨습니다 (창세기 1:28). 그러나 이러한 권세를 주실 때에, 다른 인간을 다스릴 권세는 주시지 않으셨습니다. 이는 하나님 자신만이 인간의 권세가 되고자 하셨기 때문입니다. 그러나 인간은 하나님의 이런 법칙에 거역하여 자신의 길을 갔습니다. 그리고 하나님께서는 인간이 다른 인간들을 다스리도록 함으로써, 장차 일어날 심각한 파탄들을 미연에 감소시키고자 하셨습니다. 그러기에 사도들도 교회에 대해 이 세상의 권위에 순복하라고 가르쳤습니다.

사람은 누구나 위에 있는 권세에 복종해야 합니다. 모든 권세는 하나님께로부터 온 것이며 이미 있는 권세들도 하나님께서 세워주신 것이기 때문입니다.
그러므로 권세를 거역하는 사람은 하나님의 명을 거역하는 것이요, 거역하는 사람은 심판을 받게 될 것입니다.
치안관들은, 좋은 일을 하는 사람에게는 두려울 것이 없고, 나쁜 일을 하는 사람에게만 두려움이 됩니다. 권세를 가진 사람을 두려워하지 않으려거든, 좋은 일을 하십시오. 그러면 그에게서 칭찬을 받을 것입니다.

통치자는 여러분 각자에게 유익을 주려고 일하는 하나님의 일꾼입니다. 그러나 여러분 각자가 나쁜 일을 저지를 때에는 두려워해야 합니다. 그는 공연히 칼을 차고 있는 것이 아닙니다. 그는 하나님의 일꾼으로서 나쁜 일을 하는 자에게 하나님의 진노를 집행하는 사람입니다. (로마서 13:1-4)

여러분은 주님을 위하여 인간이 세운 모든 제도에 순종하십시오. 주권자인 왕에게나, 총독들에게나, 그렇게 하십시오.

총독들은 악을 행하는 사람에게 벌을 주고, 선을 행하는 사람에게 상을 주게 하려고, 왕이 보낸 이들입니다. (베드로전서 2:13-14)

세상에는 사악한 많은 왕들과 독재자들과 대통령들이 있지만 이들도 하나님이 권세를 주시지 않으면 권세를 사용할 수가 없습니다. 우리는 하나님께서 왜 악한 지도자들도 그들의 권세가 쓰이는 것을 허락하시는지에 대해 다 이해를 할 수는 없습니다. 그러나 한 가지 분명한 사실은 하나님께서 이들에게 권세를 주신 것은 자신의 뜻을 이루시기 위해서입니다. 하나님께서는 구원받지 못한 사람들이 권력을 가지게 될 때 어떻게 부패해 가는지에 대해 잘 이해하고 계십니다. 그렇게 때문에 하나님께서는 자신의 백성인 우리 성도들에게 권세를 가진 통치자들을 위하여 기도하라고 말씀하시는 것입니다. 만일 하나님의 은혜가 없다면 지도자들이 받는 유혹과 압박감을 받을 때 우리도 쓰러질 수밖에 없습니다. 그리기에 지도자들이 유혹에 무너지지 않도록 그들을 위해 기도하고 그들을 지지해줄 필요가 있습니다.

이렇듯 권세자들을 지지해 주라는 것은 결코 나치들이 주동하는 집회에 참석하거나 그들에게 유대인들의 명단을 건네주라는 말이 아닙니다. 권세자들에게 순종하라는 하나님의 명령에는 분명 예외가 있습니다. 산헤드린 사람들이 사도들에게 더 이상 예수의 이름으로 설교하지 말라고 명령하였을 때, 사도들은, "사람에게 복종하는 것보다, 하나님께 복종하는 것이 마땅합니다."(사도행전 5:29)라고 대답하였음을 기억하십시오. 인간 권세의 최종 권위자는 하나님입니다. 하나님의 권세와 인간의 권세가 서로 충돌할 때 우리는 반드시 하나님께 먼저 순종해야 합니다. 그러나 그런 경우를 제외하고라면 우리는 반드시 하나님께서 세우신 권세자에게 순복해야 합니다.

사울 왕은 악령에 사로잡혀 올바르지 못한 일을 행하였을 때, 하나님께서는 그런 그를 왕위에서 물러나게 하겠다고 말씀하셨습니다. 다윗은 곤히 자고 있는 사울 왕을 얼마든지 죽일 수 있었음에도 불구하고 대신 사울 왕의 옷깃 끝만을 잘랐습니다. 다윗은 자신이 왕의 옷깃을 몰래 자른 행위조차도, 자신의 권위자인 왕에게 그렇게 하였다고 하여 매우 가슴 아파하였습니다. 다윗은 하나님에 의해 임명받은 사람을 해치지 않는 것을 자신의 야망을 이루는 것이나 복수하는 것 보다 더 중요한 삶의 원칙으로 삼았습니다. 다윗은 이미 하나님으로부터 왕으로 기름 부음 받았지만 자신의 방법으로 왕이 되는 것을 스스로 거부하였던 것입니다. 하나님은 다윗이 이처럼 하나님의 의로운 판단에 모든 것을 맡기는 태도를 보시고 다윗의 왕국은 영원히 지속될 것이라는 약속을 하셨습니다. 만일 다윗이 왕의 권좌를 억지로 뺐었다면 그도 역시 같은 방법으로 다른 사람들로부터 왕의 권좌를 빼앗겼을 것입니다. 심은 대로 거두는 법입니다. 설혹 하나님께서 우리에게 어떤 권세를 주시기로 약속하셨을지라도 만일 우리가 그 권세를 인간적인 방법으로 취했다면 우리의 권세는 그만큼 약해집니다. 설사 이 세상의 권세자가 부패하였다고 할지라도 우리는 양심상의 이유(이 양심은 다윗이 사울의 옷자락을 자르고 양심이 괴로워했던 것과 같은 양심을 말함)로 그 권세자에게 순복해야 합니다. 우리가 설혹 특정 상황하에서 세상 권위자의 지침에 불순종하였다 하더라도, 그 사람 자체를 대적해서는 안 됩니다. 왜냐하면, 오직 재판장이신 "하나님만이 이 사람을 낮추기도 하시고, 저 사람을 높이기도 하시기 때문입니다."(시편 75:7)

물론 하나님께서 인간 창조 때부터 인간들이 인간들을 지배하도록 하시지는 않으셨습니다. 그러나 그럼에도 불구하고 하나님의 나라가 완전히 회복될 때까지는 그러한 일들이 계속될 것입니다. 교회 역사를 통하여 하나님께서는 많은 지도자들을 시험하였고, 그들 중 어떤 사람들은 시험을 무사히 통과하였습니다. 하나님의 시험을 무사히 통과한 지도자들은 앞으로 도래할 천년 왕국에서 통치자들이 될 것입니다(요한계시록 20:4). 요한계시록이 말하는 이 천년 왕국은 온전히 하나님의 통치만 받는 나라입니다. 이러한 하나님의 온전한 통치가 이루어지는 천 년이 지나고 나서의 때에 관하여 성경은, "그 때에는 이웃이나 동포끼리 서로 너는 주를 알아라 하지 않을 것이니, 이것은 작은 사람으로부터 큰 사람에 이르기까지, 그들이 모두 나를 알 것이기 때문이다. 내가 그들의 허물을 용서하고, 그들의 죄를 다시는 기억하지 않겠다. 나 주의 말이다."(예레미야 31:34)라고 기록하고 있습니다. 하나님의 원래의 계획은 인간 모두가 주님을 친밀하게 알고 그분과 교제하도록 하는 것이었습니다. 바로 그런 일이 미래의 끝에 일어납니다. 그 때에 모든 통치자들은 이러한 일들이 일어나도록 하기 위해 하나님으로부터 받은 권세를 올바로 사용할 것입니다. 이러한 통치는 하나님의 나라가 도래하기 전에는 일어나지 않습니다. 이 세상 나라의 권세와 하나님 나라의 권세가 서로 다름에 대해 예수님께서는 다음과 같이 말씀하셨습니다.

> 너희가 아는 대로, 민족들을 통치하는 사람들은 그들을 마구 내리누르고, 고관들은 세도를 부린다.
> 그러나 너희끼리는 그렇게 해서는 안 된다. 너희 사이에서 위대하게 되고자 하는 사람은 누구든지 너희를 섬기는 사람이 되어야 하고,
> 너희 가운데서 으뜸이 되고자 하는 사람은 너희의 종이 되어야 한다.
> 인자는 섬김을 받으러 온 것이 아니라 섬기러 왔으며, 많은 사람을 위하여 자기 목숨을 대속물로 내주러 왔다. (마태복음 20:25-28)

주님의 이와 같은 말씀은 이방나라 권세자들의 권세를 저주하시는 말씀이 아닙니다. 사실 하나님께서는 이방나라에도 권세자들을 세우셨

습니다. 여기서 주님께서는 세상의 권세와 하나님 나라의 권세와는 다르다는 것을 말씀하신 것입니다.

두 종류의 지도자가 있습니다. 한 종류는 자신의 이권을 위해서 백성들을 희생시키는 지도자입니다. 다른 종류의 지도자는 백성들을 위하여 자신을 희생하는 지도자입니다. 첫 번째 유형에 속하는 지도자는 세상 권세를 가진 지도자이며, 두 번째 유형의 지도자는 거룩한 신적 권세를 가진 지도자입니다. 애굽 왕 바로는 유대인들을 지배할 수 있는 자신의 영향력을 지속시키려 애쓰다가 결국 자신의 나라를 파멸로 이끌고 말았습니다. 그 반면 모세는 바로와는 전혀 반대였습니다. 그는 하나님이 주신 하늘 왕국의 권세를 올바로 사용하는 자의 모범을 보여주었습니다. 이스라엘 백성이 모세에게 계속적으로 반항하고 그를 거절하였음에도 모세는 그들을 너무도 사랑하였기에 그들과 자신을 동일화하여 자신의 목숨을 하나님의 분노를 누그러뜨릴 재물로 내놓겠다고까지 말하였습니다. 참다운 지도력을 행사하는 사람은 모세처럼 오직 예수의 마음을 가지고서만 지도력을 사용하는 사람입니다.

여러분은 이런 마음을 품으십시오. 그것은 곧 그리스도 예수의 마음입니다.
그분은 하나님의 모습을 지니셨으나, 하나님과 동등함을 당연하게 생각하지 않으시고,
오히려 자기를 비워서 종의 모습을 취하시고 사람과 같이 되셨습니다.

그는 사람의 모양으로 나타나셔서,
자기를 낮추시고 죽기까지 순종하셨으니, 곧 십자가에 죽기까지 하셨습니다.
그러므로 하나님께서는 그를 지극히 높이시고 모든 이름 위에 뛰어난 이름을 그에게 주셨습니다.
그리하여 하나님께서 하늘과 땅 위와 땅 아래에 있는 이들 모두가 예수의 이름 앞에 무릎을 꿇게 하시고… (빌립보서 2:5-10)

가인의 씨를 가진 사람은 누구나 할 것 없이 자신의 권세를 이용하여 어떻게 하든지 사람들에게 찬사를 받으려고 합니다. 그러나 그리스도는 자기희생을 하는 지도자가 되라고 우리에게 말씀하십니다. 자신의 이익을 다 내려놓고 사람들의 종이 되라고 하십니다. 그리스도를 위한 지도자는 자신의 욕심을 채우는 지도자가 아니라 자신을 비우는 지도자입니다. 우리는 좋은 평판을 얻을 목적으로 사람들을 섬기는 것이 아닙니다. 참다운 지도자는 평판을 염두에 두지 않습니다(빌립보서 2:7). 바로는 심지어 하나님까지 대적한 참으로 악한 지도자였습니다. 반면 모세에 대해 하나님은, "모세로 말하자면 땅 위에 사는 모든 사람 가운데서 가장 겸손한 사람이다."(민수기 12:3)라고 하셨습니다.

개인적인 야망은 기독교 사역자가 가장 피해야 할 것들 중의 하나입니다. 개인적인 야망을 가졌던 수많은 지도자들이 잘못 나갔고 사람들로부터 모멸을 당하였습니다. 인간적으로 성숙하기도 전에 조기에 지도자로 오름으로 인하여, 지도자 자신과 그 지도자를 따르던 사람들이 같이 패망하게 됩니다. 영적인 지도자가 세상적인 성향을 지닌 상태에서 지도력을 쓰게 됨으로 말미암아 점점 세상적이 되게 되고 그 결과 참다운 영적 지도력을 상실하게 됩니다. "섣부른 책임감은 피상적인 것만을 양산합니다."

지난 십여 년간 지도력이란 것이 교회들에게 주된 이슈가 되었습니다. 최근 지도력의 부재로 인한 교회의 혼란으로 인해 교회는 영적 지도력이 얼마나 중요한지에 대해 자각하게 되었습니다. 그리고 또한 많은 사람들은 최고의 것으로 보여지는 교리를 따라봤자 별로 효과가 없다는 사실을 깨닫게 되었습니다. 대다수의 교리들은 신뢰할 만합니다. 그러나 이스라엘 백성들은 겉으로 보기에 그럴 듯한 사울을 왕으로 선출함으로 말미암아 나라가 엉망으로 되었다는 사실을 우리는 결코 잊어서는 안 됩니다. 하나님께서는 사무엘 선지자를 통하여 하나님의 때에 왕을 세우시려고 하였습니다. 그러나 백성들이 하나님의 때를 기다릴 수 없었다는 것이 문제였습니다. 이러한 하나님의 때를 기다리지 못하는 이스라엘 백성들의 실수는 역사를 걸쳐 모든 하나님의 사람들에게 반복되어 나타나고 있습니다. 하나님은 자기 백성들의 필요를 아시고 자신의 방법대로 특정한 때에 특정한 일을 수행하려고 하십니다. 그러나 사람들은 하나님의 때를 인내심을 가지고 기다리지 못하고 자기들의 필요를 우선 채우기 위해 안달복달하며 자기의 방법대로 섣부르게 일을 처리하다가 모든 것을 엉망으로 만들곤 합니다. 가령 아브라함은 이삭을 얻기 전에 이스마엘을 낳았습니다. 그리고 이스라엘 백성들은 다윗 왕을 얻기 전에, 사울을 왕으로 삼았기에 고통을 당했습니다. 세상은 항상 육적인 것을 영적인 것 위에다 놓습니다. 그러나 하나님께서는 더 나이 어린 아들을 장자 위에 놓으심으로써, 그런 세상적인 결정과 태도가 잘못된 것이라는 것을 증명하십니다.

참된 왕이신 그분이 우리 속에서 얼마나 역사하시느냐에 따라 우리의 참된 지도력의 행사 정도가 결정됩니다. 사도 바울은 자신 안에 하나님 아버지께서 자신의 아들 예수 그리스도를 나타내시기를 기뻐하실 때까지, 자신은 사역을 하지 않고 기다렸노라고 간증하였습니다(갈라디아서 1:15-17). 이 말과 더불어 그는 이것에 관해 육과 피를 가진 사람들과 상의하지 않았다고 말하였습니다. 사도 바울은 자신이 전할 예수에 관한 복음의 메시지를 주님으로부터 직접 받았습니다. 그리고 그는 십사 년이 지난 후에야 비로소 예루살렘에 가서 사도들로부터 그가 하나님으로부터 직접 받은 메시지가 옳은 메시지라는 사실을 확증 받았습니다.

참모가 많을수록 싸움에서 승리할 확률이 높습니다. 성도들은 교회와 교회의 지도자들에게 순복해야 합니다. 그러나 이것을 너무 강조하다가는 하나님이 지도자에게 주신 지도자의 영적 권위가 희석되기도 합니다. 기독교 사역의 열매의 품성함은 교회와의 연합함에 있지 않고 주님과의 연합함에 있습니다. 수많은 교회들이 주님의 것을 한다고 주장하고 있지만 그런 교회들 중 다수가 주님과는 연합하지 않고 있습니다. 이것과 관련하여 사도 바울은, "머리에 붙어있지 않다."(골로새서 2:19)라고 말하였습니다. 그의 이런 말은 그리스도의 몸인 교회에 붙어있지 않는 사람들에 대한 경고가 아닙니다. 그는 교회에는 붙어있지만 주님과는 개인적인 교제가 없는 사람들에게 이런 경고의 말을 한 것입니다. 그러나 이것의 역은 있을 수 없습니다. 즉 주님에게 붙어있으면서 교회에 붙어있지 않을 수는 없습니다. 몸에 붙어있는 것을 중요시하느냐 머리에 붙어있는 것을 더 중요시하느냐는 연합을 위한 우리 태도의 옳고 그름을 결정해 줍니다.

혼자 고립되어 사역을 하는 독불장군식의 사역자들이 잘못된 경우가 매우 많습니다. 이런 사람들 중 어떤 사역자들은 교회의 권위에 순종하기가 싫어서 그렇게 합니다. 그러나 또한 교회의 권위에 순복한 많은 사역자들이 결국은 잘못 나갔습니다. 교회 역사는 스스로 홀로 서서 혼자만의 사역을 펼쳐나가면서 그 어떤 시험에도 굴하지 않고 끝까지 신실하게 사역했던 많은 사역자들이 있음을 말해주고 있습니다. 영적 지도력에 순복하는 것에 관한 어떤 교리들은 주님에게 순복하고 주님에게 신실한 것과는 전혀 상관없는 교리입니다.

이런 교리가 생겨난 것은 교회 내에서의 개인주의적 사역을 막고자 하는 취지에서 생겨났습니다. 그러나 그럼에도 불구하고 교회의 권위에 순복하는 것을 주님의 권위에 순복하는 것보다 위에 두는 조치는 옳지 않은 조치입니다. 우리 시대에 있었던 그 어떤 사역들은 분명히 주님께서 기름 부으셔서 교회에 주신 사역들이었습니다. 그러나 그 좋은 사역들이 단지 주님과의 연합을 강조하는 것만큼 교회와의 연합을 강조하지 않았다는 이유만으로 대다수의 교회들에 의해 거부되었다는 사실이 참으로 안타깝습니다. 성경 그 어디에도 사람에게 순복하지 않는 사람들을 물리치라는 성구는 없습니다.

영성이란 것은 삼투압 현상처럼 저절로 전파되지 않습니다. 바울과 가말리엘의 경우를 봅시다. 사도행전 22장에서 바울은 자신이 과거 가말리엘의 제자였음을 밝혔습니다. 혹자는 바울의 그런 말을 듣고 바울의 가르침이 가말리엘의 가르침과 같을 것이라고 상상합니다. 그러나 바울이 가말리엘의 가르침을 받을 때에 이와는 정반대의 일이 일어났습니다. 가말리엘이 산헤드린 공회에 간언한 것에 관한 기록을 보면 그의 인내와 지혜의 깊이를 잘 알 수 있습니다. 산헤드린 공회 회원들이 예수의 이름으로 가르치는 사도들을 죽여야 한다고 주장하였을 때 가말리엘은 그들을 그냥 내버려 두는 것이 옳다고 주장하며, "이 사람들에게서 손을 떼고, 그들을 그대로 내버려 두시오. 이 사람들의 이 계획과 활동이 사람에게서 난 것이면 망할 것이요, 하나님께로부터 난 것이면 여러분은 그것을 없애 버릴 수 없소. 도리어 여러분이 하나님을 대적하는 자가 될까봐 두렵소."(사도행전 5:38-39)라고 말했습니다. 그러나 이에 반해 사도 바울은 예수를 따르는 사람들을 잡아 죽이기까지 하였습니다. 이에 대해 바울 자신은, "나는 이 도를 따르는 사람들을 박해하여 죽이기까지 하였습니다."(사도행전 22:4)라고 말하였습니다. 사람은 사람을 변화시킬 수 없습니다. 우리는 인간의 외적인 행동은 어느 정도 바꾸게 할 수는 있을지 모릅니다. 그러나 인간을 내적으로 완전히 변화시키는 것은 성령님이십니다. 제자 훈련을 통해 사람을 조금씩은 변화시킬 수 있습니다. 그러나 완전히 새로운 사람으로 되게 하는 것은 이와는 다릅니다. 지도자가 성령을 대신하여 인간을 변화시키려는 것은 잘못된 태도입니다. 한 인간이 갖고 있는 생명과 지혜를 다른 인간에게 전이시킨다는 것은 결코 쉬운 일이 아닙니다. 성령에 의해 안수받고 인도함 받을 때에만 이런 일이 가능합니다.

그리스도인이 교회의 사람들과는 잘 지내고 교회의 일에는 열심이지만 그리스도와는 아무 교제도 하지 않을 수가 얼마든지 있습니다. 기독교 사역과 삶에서 가장 중요한 것은 주님과 올바른 관계를 맺는 것입니다. 교회는 사람을 구원하지도 못하고 아픈 사람을 치유하지도 못하며 성령의 세례를 주지도 못합니다. 그렇게 하시는 분은 오직 주님이십니다. 우리가 만일 교회를 주님보다 더 강조하면 우리는 결국 창조주보다 피조물을 더 경배하는 우를 범하게 되고 우리의 신앙은 경건의 모양은 있으나 경건의 능력은 부인하는 껍데기 신앙으로 변모하게 됩니다. 우리가 교회를 바라보는 한 영광된 모습으로 변하지 않습니다. 주님을 바라보아야 우리는 영광스러운 모습으로 변합니다(고린도후서 3:18). 교회가 세상 사람들을 자기에게 오라고 말하는 이상 세상은 변화하지 않습니다. 교회는 세상에 대해 교회로 오라고 말하지 말고, 주님에게로 오라고 말해야 합니다. 우리가 머리되신 주님에게 붙어있을 때 교회의 참된 연합은 저절로 일어납니다. 지체가 몸에 붙어있는 한 몸은 온전합니다(골로새서 2:19).

하나님의 길 알기

다윗은 "(주님께서는) 모세에게 주의 길을 알려 주셨고, 이스라엘 자손에게 주의 행적을 알려 주셨다."(시편 103:7)라고 고백하였습니다. 이러한 다윗의 관찰력은 뛰어난 것입니다. 모세는 하나님의 행사를 보는 것으로 만족하지 않았습니다. 그는 하나님의 길을 알기 원했습니다. 그 결과 모세는 전 시대를 걸쳐 가장 위대한 영적 지도자가 되었습니다. 모세의 삶을 통해 우리는 왜 그가 하나님의 길을 아는 것을 가장 귀하게 생각하였지 그 이유를 알 수 있습니다.

모세가 주께 아뢰었다. "보십시오. 주께서 저에게 이 백성을 저 땅으로 이끌고 올라가라고 말씀하셨습니다. 그러나 주께서 누구를 저와 함께 보내실 지는 저에게 일러주지 않으셨습니다. 주께서는 저에게 저를 이름으로 불러주실 만큼 저를 잘 아시며, 저에게 큰 은총을 베푸신다고 말씀하셨습니다.

그러시다면, 제가 주를 섬기며, 계속하여 주님께 은총을 받을 수 있도록 부디 저에게 주의 계획을 가르쳐 주십시오. 주께서 이 백성을 주의 백성으로 선택하였음을 기억하시기 바랍니다." (출애굽기 33:12-13)

모세는 그가 하나님의 길을 알아야만 하나님의 백성을 잘 인도할 수 있다고 확신하였습니다. 모세는 하나님의 백성을 인도해 내라는 요청을 하나님으로부터 받았습니다. 하나님의 백성을 이끌고 가야 할 길은 세상 사람들이 걸어간 길과는 다른 길임을 모세는 익히 잘 알았습니다. 세상의 길과 하나님의 길은 다릅니다. 세상의 길과 방법을 가지고서 하나님의 일을 성취시킬 수는 없습니다. 오늘날 교회 지도자들이 범하고 있는 최대의 실수는 세상에서 이름이 있는 사람들이라면 검증과정도 거치지 않고 조급히 교회의 일꾼으로 쓴다는 사실에 있습니다. 그러나 세상의 지도자는 사실 알고 보면 교회의 영적인 일을 방해할 뿐입니다. 영적인 일을 이루기 위해 세상의 능력과 달란트를 가진 사람에게 의존하는 것은 결국 교회를 파멸로 몰고 갑니다. 육으로 난 것은 육입니다. 오직 성령으로 난 것만이 성령의 것을 낳을 수 있습니다. 주님께서 자신의 교회를 이끌고 가기 위해 선출한 열두 명 가운데 세상적으로 볼 때 내세울만한 사람들은 한 명도 없었다는 사실을 기억하십시오. 세상의 눈으로 볼 때 그 열두 사람은 세상에서 성공할 가능성이 가장 낮은 사람들이었습니다.

히브리서 기자는 이스라엘 백성들이 하나님의 길을 알기 못했기 때문에 하나님의 안식에 들어갈 수 없었다고 말하였습니다(히브리서 3:10-11). 이스라엘 백성들은 하나님을 아는 것에 대한 갈망은 없이, 오직 하나님의 축복만을 바랐기에 하나님께서 그들에게 주시고자 계획하셨던 유산을 받지 못하게 되었습니다. 우리도 만일 하나님과의 교제 대신에 그분의 축복만을 바란다면 우리에게도 동일한 일이 일어날 것은 뻔합니다.

하나님께서는 이스라엘 백성에게 만일 그들이 약속의 땅에 도착하면 그들에게 젖과 꿀을 주실 작정을 하셨습니다. 그러나 하나님께서 단지 젖과 꿀만을 주기 위해 그들을 애굽 땅에서 가나안 땅으로 인도한 것은 아닙니다. 하나님께서는 이스라엘이 제사장의 나라가 되어 하나님만을 섬기고 온 세상 사람들에게 하나님과 그분의 성품을 알리도록 하시기 위해 그들을 젖과 꿀이 흐르는 가나안 땅으로 인도하신 것입니다(출애굽기 19:5-6). 그러나 그들은 하나님을 알지 못했습니다. 시내 산에서 이스라엘 역사상 가장 슬픈 일이 발생하였습니다. 그 일은 이스라엘 백성들이 하나님의 높은 부르심을 거절한 사건입니다. 그들은 여기서 주님을 직접적으로는 알지 않기로 결정하였습니다. 그리고 그 대신 하나님과 자신들 사이에 인간 중재자를 세우기로 결정하였습니다. 이것에 관한 기록이 출애굽기 20장 18-21에 나옵니다.

온 백성이 천둥소리와 번개와 나팔 소리를 듣고 산의 연기를 보았다. 백성은 그것을 보고 두려워 떨며, 멀찍이 물러섰다.
그들은 모세에게 말하였다. "어른께서 우리에게 말씀하십시오. 우리가 듣겠습니다. 하나님이 직접 우리에게 말씀하시면 우리는 죽습니다."
모세가 백성에게 말하였다. "두려워하지 말아라. 하나님이 너희를 시험하시려고 나타나신 것이며 너희가 주를 두려워하여 죄를 짓지 않게 하시려고 나타나신 것이다."

　백성은 멀리 떨어져 있고, 모세는 하나님이 계시는 먹구름이 있는 곳으로 가까이 갔다.

　이 때부터 이스라엘 백성들은 주님과 개인적인 관계를 갖고 싶어하지 않았습니다. 그들이 그렇게 한 이유는 하나님이 주시는 이득은 원했지만 하나님 자체는 원하지 않았기 때문입니다. 기독교 역사는 이와 동일한 태도를 가진 많은 교회들이 있어 왔음을 잘 보여주고 있습니다. 교회는 자신들과 하나님 사이를 연결해줄 인간들을 세워왔습니다. 그 결과 교회에는 '성직자(clergy)'와 '평신도(laity)'라는 계급적 차별이 존재하게 되었습니다. 그러나 그럼에도 불구하고 교회의 신조들은 이러한 것이 결국은 분열로 귀결된다는 사실을 감지하지 못하였습니다. 이스라엘이 그러하듯이 교회도 제사장의 나라로 부름을 받았습니다(요한계시록 1:6). 그러나 교회가 제사장 직분을 성도들의 모임인 교회에서 빼어내어 그 직분을 특권화 함으로 말미암아 교회의 목적을 상실하게 되었습니다.

　교회에서 지도자로서 살아가는 사람들은 교회에서 지도자가 아닌 사람들보다 한층 더 엄격한 기준에 부합하는 삶을 살아가야 하는 것이 사실입니다. 그러나 그렇다고 해서 교회의 지도자가 사람과 하나님 사이의 중재가 (mediator)가 될 수는 없습니다. "하나님은 한 분이시요, 하나님과 사람 사이의 중보자도 한 분이시니 곧 사람이신 그리스도 예수이십니다."(디모데전서 2:5) 사역이나 사역자가 하나님의 백성과 하나님 사이에 서는 것은 주 예수 그리스도가 하셨던 것을 박탈하는 것입니다. 예수님만이 하나님과 사람 사이에 서실 수 있습니다. 하나님께서는 교회에 사도, 선지자, 복음 전하는 자, 목사 및 교사, 그리고 장로, 집사를 주셨고 여러 가지 사역들을 주셨습니다. 그러나 "그것은 성도들을 준비시켜 봉사의 일을 하게 하고, 그리스도의 몸을 세우게 하시려는 것입니다."(에베소서 4:12)

그 어떤 사역도 우리 모두에게 부과된 영적인 책임을 대신하지 못합니다. 하나님께서 교회에 사역을 주신 이유는 교회가 성숙해지도록 하기 위함입니다. 우리 성도 모두를 하나님께서는 사역자로 부르셨습니다. 모든 성도들이 제사장으로 부름 받았습니다. 만일 어떤 사람이 자신이 유일한 하나님의 사역자요 제사장이라고 말한다면 그것은 주님의 권위와 교회의 권위를 박탈하는 것입니다. 우리 모두가 다 사역자(minister)요, 제사장입니다.

모든 그리스도인들이 다 사역자요, 제사장이라고 해서 하나님이 교회의 질서를 유지하기 위하여 교회 안에 세우신 권위자들의 권위를 무효화하지 않습니다. 교회 내에 지도자적 권위를 행사하는 사람이 없다면 교회가 제대로 일을 해나갈 수가 없습니다. 그러나 이 권위는 증가하는 권위가 아니라 감소하는 권위가 되어야 합니다. 그러므로 교회가 성숙할수록 교회의 권위자의 역할은 감소하게 됩니다. 그러므로 성숙한 교회일수록 지도자는 교인들에게 모든 것을 맡겨서 그들이 일들을 처리해 나가도록 합니다. 이는 마치 아버지가 자녀가 어릴 때에는 자녀를 일일이 돌보지만 자녀가 장성하면 자녀 스스로 자신을 보호해 나가며 일을 처리해 나가도록 하는 것과 같은 이치입니다. 하나님께서 교회에 권위자들을 주신 이유는 교회 스스로의 힘으로 설 수 있을 정도까지 교회가 성숙해지도록 하기 위함입니다.

민수기 11장 24-29절에는 모세가 얼마나 자신의 사역을 잘 이끌어 나갔는지에 대한 기록이 있습니다. 하나님께서는 모세로 하여금 일흔 명의 장로들로 하여금 장막 밖으로 모이게 하였습니다. 그리고 모세가 가지고 있었던 책임과 권위를 그들에게도 나누어 주었습니다. 그 때 성령이 내려와 장막 밖에 모여 있던 장로들을 덮었습니다. 그러자 그들 모두가 예언하기 시작하였습니다. 이 때 무슨 이유에서인지는 몰라도 두 명의 장로는 장막 밖으로 나가지 않고 장막 안에 계속 남아 있었습니다. 그런데 장막 안에 있던 이 두 사람에게도 성령이 내려왔습니다. 그래서 그 두 사람은 장막 안에서 예언하였습니다. 그러자 어떤 젊은 사람이 모세에게 달려와 이 사실을 고했습니다. 이 때 옆에서 이들이 고하는 말을 들은 여호수아가 모세에게 그들이 예언하는 것을 말리라고 요청하였습니다. 그러나 모세는 여호수아에게, "네가 나를 두고 질투하느냐? 나는 오히려 주께서 주의 백성 모두에게 그의 영을 주셔서, 그들 모두가 예언자가 되었으면 좋겠다."(29절)라고 대답하였습니다.

모세는 자신의 올바른 견해를 밀고 나갔습니다. 그는 자신이 하는 일을 여러 사람이 같이 하면 훨씬 더 좋다는 사실을 잘 알았습니다. 만일 영적 지도자가 자신의 하는 일의 특수성을 부각시키는 동시에 다른 사람들이 그런 일을 못하도록 막는다면, 그 지도자는 더 이상 올바른 영적 지도자가 아닙니다. 모세는 자기와 같은 지도자들을 세우기를 기뻐하였습니다. 모세는 이스라엘 백성들이 지도자인 자기만 바라보는 것을 원치 않았습니다. 우리도 모세의 이런 자세를 배워야 합니다. 주님을 위한 모든 사역들은 사람들이 하나님을 개인적으로 더 많이 알아가고 경험하는 것에 최종 목적을 두어야 합니다. 예수님도 이러한 목적으로 사역하셨습니다. 그러기에 그분께서는 자신이 떠나가는 것이 유익하다고 말씀하시며 그래야 성령이 그들에게 임한다고 말씀하셨습니다.

사역에 헌신함

예수님의 몸의 모든 지체들이 사역자로 부름 받았습니다. 믿는 자라면 누구나 예수님의 몸의 기능들 중 일부를 담당합니다. 그러나 우리가 그러한 기능을 담당하도록 부름 받았다고 해서 모든 성도가 다 기능을 담당할 수 있는 능력을 이미 갖고 있다고 말할 수는 없습니다. 사역에로 부름 받은 시점과 실제로 사역자로 일할 수 있는 기간 사이에는 수년간의 차이가 있을 수도 있습니다. 그리고 이 수년간 올바른 사역자가 되기 위해 훈련을 하게 됩니다. 성령님께서 사역자로 사역하도록 하시지도 않았는데, 미리 사역을 시작하는 것은 옳지 않습니다. 만일 그렇게 한다면 우리는 성령님이 이루시는 일을 막을 뿐입니다. 인간의 뜻으로는 하나님의 뜻을 결코 이룰 수 없습니다. 인간의 힘으로도 능으로 하나님의 일을 이룰 수 없습니다. 오직 하나님의 영으로만 이룰 수 있습니다.

예수님이 행하신 기적들은 각각의 기적들이 그 나름대로 다 깊은 영적 의미를 내포하고 있습니다. 예수님께서 물을 포도주로 만든 기적에는 자신의 제자들을 향한 그분의 목적을 나타내고 있습니다. 여러 개의 항아리에 물이 채워졌습니다. 물은 때때로 하나님의 말씀을 상징합니다(에베소서 5:26). 주님께서 이 기적을 행하실 때 제자들은 주님의 가름 부음을 받아야 하는 기간이었습니다. 항아리의 입구까지 물을 채운 것은 주님의 선택받은 제자들이 주님의 가르침으로 가득 채워져야 한다는 것을 의미합니다. 우리가 하나님의 부르심을 받은 후에 우리는 자신을 성별하여 하나님의 것으로 채워지는 기간을 반드시 가져야 합니다. 이 때 적당히 채워져서는 안 되고 완전히 채워져야 합니다. 그리고 완전히 채워지는 것으로 끝나서도 안 됩니다. 채워진 것이 포도주로 변해야 합니다. 받은 가르침이 생명이 되어야 합니다. 그럴 때에만 사람들이 생명을 마시게 됩니다. 너무 빨리 자신이 배운 것을 내보내는 사람은 단지 물을 내보낼 뿐입니다. 우리는 기름 부음으로 가득 찼을 때에 사역해야 합니다. 물만 마셔도 사람들은 새로움을 느낍니다. 그러나 우리가 참고 인내하면 우리를 통해 사람들은 더 좋은 포도주를 마시게 됩니다. 오직 포도주가 되기 위해 인내하며 기다린 사람들만이 세상을 뒤집어 놓을 수 있습니다.

모세는 하나님의 훈련 기간을 제대로 인내하며 마친 좋은 본보기입니다. 그가 애굽의 병사를 주먹을 때려 죽였을 때 그는 지금이 하나님의 자신을 향한 부르심의 때라고 잘못 생각하였을 것입니다. 그는 패배감에 젖어 애굽 광야로 도망갔습니다. 그리고 거기서 한낱 목동으로 사십 년의 세월을 보냈습니다. 이 기간 동안 그는 겸손해졌습니다. 그리고 하나님은 이 긴 기간 후에 그가 하나님을 위해 사역하도록 안수하셨습니다. 사탄은 사람을 세운 후에 쓰러뜨립니다. 기름 부음 받은 사역에 빠른 길은 없습니다. 학위나 직위로 사람들의 관심을 끌 수는 있겠지만 하나님의 관심을 끌 수는 없습니다. 포도주 맛을 본 사람들은 물맛에 더 이상 관심을 갖지 않습니다.

하나님의 성품 중의 하나는 바로 창조성입니다. 이 세상에 똑같은 사람이 존재하지 않듯이 똑같은 사역도 존재하지 않습니다. 성경에 나오는 모든 선지자가 다 다르고 모든 사도들이 서로 다릅니다. 하나님이 우리를 사역자로 부르실 때에 하나님이 각자에게 맡기신 사역은 언뜻 보면 비슷해 보일지라도 구체적으로 살펴보면 서로 다릅니다. 우리 각자는 다른 사람과 서로 다릅니다. 성경도 역사도 동시대에 살았던 인물들도 그러한 사실을 증명해 줍니다. 우리의 힘으로 하나님의 사역이라는 건물을 지어가지 못합니다. 그렇게 하시는 분은 하나님이십니다. 주님만이 자신의 교회를 지어가십니다. 그분이 교회의 벽돌들을 올리십니다. 하나님의 때와는 상관없이 스스로의 힘으로 자기 사역을 경주해 나가는 사람은 결국 남의 사역을 모방하다마는 값싼 사역자로 남게 됩니다. 그러나 하나님의 의도와는 상관없이 단지 튀고 싶어 남들과 구별되게 하고 싶어하는 사역자는 값싼 사역자보다 더 불쌍한 사역자입니다.

모세가 바위를 치다

우리는 민수기 20장 8-12절에서 우리를 정신 번쩍 들게 하는 사건을 접합니다. 이 사건을 통해 우리는 영적인 능력과 권세를 갖고 있는 사람들이 빠질 수 있는 덫이 어떠한 것인지를 알게 됩니다. 모세는 백성들로부터 목말라 죽겠다는 불평을 받고 힘들어 하였습니다. 이 때 하나님께서 모세에게 지팡이를 손에 잡고 바위를 향해 물이 나오라는 명령을 하라고 지시하셨습니다. 지팡이는 하나님이 모세에게 주신 권위를 상징합니다. 그러나 모세는 바위에 대하여 명령을 하는 대신에 바위를 지팡이로 내려쳤습니다. 그러자 바위에서 물이 흘러 넘쳐났습니다. 그러나 하나님의 지시를 그대로 따르지 않은 것에 대한 크나큰 대가를 치러야 했습니다. 하나님은 지도자 모세에게 이에 따른 가혹한 조치를 내리셨습니다.

주께서 모세와 아론에게 말씀하셨다. "너희는 이스라엘 자손이 보는 앞에서 나의 거룩함을 나타낼 만큼 나를 신뢰하지 않았다. 그러므로 너희는, 내가 이 총회에게 주기로 한 그 땅으로 그들을 데리고 가지 못할 것이다." (민수기 20:12)

하나님께서 자신이 갖고 있던 권세를 자신의 백성들에게도 나누어 준다는 사실은 참으로 놀랍습니다. 겸손한 자세와 순종하는 태도로 하나님이 주신 권위를 쓰면 그 권위는 큰 힘을 발휘합니다. 그러나 그 권위를 조심하지 않고 쓰면 그리스도 안에서 받은 유산을 박탈당하게 됩니다. 하나님께서는 우리가 하나님으로부터 받은 권위를 갖고 바위이신 주님을 내려치라고 권위를 주시지 않으셨습니다. 우리가 사람들에게 맹목적인 복종을 강요하는 것은 머리되시는 주님을 향하여 우리에게 복종하라고 하는 것과 진배없습니다.

오늘날 교회들은 하나님이 주신 축복의 약속의 말씀만을 붙들고 그 축복만을 요구하기 위해 성경을 파고드는 경향이 농후합니다. 이것은 우리가 아직도 교만을 버리지 못하고 있다는 증거입니다. 이것은 또한 우리가 하나님이 주신 하나님의 권세와 원칙을 자신의 승진만을 위해서 오용하고 있다는 증거입니다. 주님께서는 우리가 그분의 계획을 이루기 위한 목적으로만 사역하는 훌륭한 사역자가 되도록 우리를 훈련하시기를 원하십니다. 우리가 교만과 이기심을 가진 채로 사역한다면 우리는 결국 위기에 빠지게 됩니다. 하나님께서는 하나님의 말을 듣고 떠는 겸허한 자들을 찾고 계십니다(이사야 66:1-2). 우리는 그분을 마땅히 거룩한 분으로 대접해 드려야 합니다. 그렇지 않으면 우리도 모세처럼 약속의 땅으로 들어가지 못하게 될 것입니다.

주님을 경외하는 것은 악을 미워하는 것이다.
나는 교만과 오만, 악한 행실과 거짓된 입을
미워한다.

(잠언 8:13)

There_
Were_
Two_
Trees_
In_The_
Garden_

Chapter 11

하나님을 두려워하는 것과
사람을 두려워하는 것

사람을 두려워 함

모세는 사람들이 주는 압박감을 이기지 못해, 하나님이 시키지 않은 방법으로 자신의 손에 들려있던 지팡이를 사용하고 말았습니다. 많은 사역자들이 사람들이 주는 압박감을 견디지 못해 사역의 내리막길을 걸어왔습니다. 겸손은 사람을 두려워하는 것이 아니라 하나님을 두려워하는 것입니다. "주님을 경외하면 재앙을 피할 수 있습니다."(잠언 16:6) "이웃에게 아첨하는 것은 그의 발 앞에 그물을 치는 것입니다."(잠언 29:5) 이런 이유로 인해 사도 바울은, "내가 아직도 사람의 환심을 사려하고 있다면, 나는 그리스도의 종이 아닙니다."(갈라디아서 1:10)라고 말하였습니다. 만일 우리가 정말로 주님을 두려워 한다면 우리는 사람들을 두려워하지 않게 됩니다. 하나님을 높이며 존경하는 것으로 인해 사람을 두려워하는 것으로부터 풀려나게 됩니다.

예수님께서 바리새인들에게, "너희는 사람 앞에서 스스로를 의롭다고 하는 자들이다. 그러나 하나님께서는 너희의 마음을 아신다. 사람들이 높이 평가하는 그러한 것은 하나님이 보시기에 혐오스러운 것이다."(누가복음 16:15) 라고 말씀하셨음을 기억하십시다. 만일 하나님께서 사람들로부터 존경을 받으려고 한없이 애쓰는 우리의 모습을 보신다면 서글픈 마음이 드실 것입니다. 우리는 사람을 섬길 것인가 아니면 하나님을 섬길 것인가, 이 둘 중에서 하나를 선택해야 합니다. 우리는 사람과 하나님 둘 다를 만족시킬 수는 없습니다. 그렇기 때문에 주님께서는, "모든 사람이 너희를 좋게 말할 때에, 너희는 화가 있다. 그들의 조상이 거짓 예언자들에게 그와 같이 행하였다."(누가복음 6:26)라는 말씀을 통해 사람들의 칭찬의 말을 조심하라고 당부하셨습니다. 하나님을 위한 우리의 사역이 얼마나 잘못되느냐는 우리가 사람을 얼마나 두려워하느냐에 달려 있습니다.

우리는 모든 사람들을 섬기는 자가 되어야 합니다. 그러나 사람이 우리의 주인이 되도록 해서는 안 됩니다. 우리는 사람들을 위해 우리의 삶까지도 바쳐야 합니다. 그러나 사람들이 우리를 조정하고 위협하도록 자신을 방임해서는 안 됩니다. 사도 바울은, "사람에게가 아니라 주님께 하듯이 기쁜 마음으로 섬기십시오."(에베소서 6:7)라는 말로 에베소 교인들을 권면하였음을 기억하십시오.

사울과 다윗

사울 왕과 다윗 왕의 커다란 차이점은 기쁘게 하려고 애쓴 대상이 서로 다르다는 점입니다. 사울은 하나님보다는 사람들을 더 두려워하였고 다윗은 사람보다는 하나님을 더 두려워하였습니다. 사울은 전쟁에 나가기 전에 사무엘 선지자가 오기까지 기다렸다가 하나님께 제사지내라는 지시를 받았습니다. 그러나 그는 사무엘이 오기까지 기다리지 못하고 스스로 제사를 지냈습니다. 사무엘 선지자가 이를 이유로 사울을 꾸짖자 사울은, "백성은 나에게서 떠나 흩어지고, 제사장께서는 약속한 날짜에 오시지도 않고, 블레셋 사람은 믹마스에 모여들고 있었습니다."(사무엘상 13:11)라고 변명하였습니다. 하나님을 위한 사역을 펼치는 지도자는 사울이 압박감으로 인해 일을 망쳐버린 사건에 대해 공감하고 있을 것입니다. 사람들은 동요하여 이리저리 흩어지고 있고 적군은 쳐들어오고 있기에, 한 나라의 왕인 사울로서 아무것도 하지 않고 단지 선지자가 오기만을 기다린다는 것은 정말로 어려운 일입니다. 그런데 이런 위급한 상황을 모르시는 듯 하나님은 사울에게 기다리라고 명령하셨습니다. 사울은 급한 상황이 주는 압박감에게 지고 말았습니다. 그 결과 하나님이 사울에게 부으셨던 지도자의 기름 부음은 사울을 떠나

버렸습니다. 만일 우리가 하나님이 주신 영적 지도자의 권세를 제대로 사용하려면 반드시 하나님 한 분에게만 순복해야 합니다.

타협은 우리 마음을 파고들어 우리를 죽게 하는 우리의 또 다른 대적입니다. 나중에 사울은 아말렉 사람들을 공격하여 그들을 완전히 멸절하라는 하나님의 명령을 받았습니다. 그러나 그는 공격을 하긴 하였지만 노획물과 사람들을 완전히 멸절하지는 않았습니다. 그는 아말렉 왕을 살려주었고 왕의 소유 가축들을 죽이지 않고 포획물로 가지고 왔습니다. 사울은 하나님의 명령에 대해 불복종한 자신의 행위에 대해, 하나님께 제사드릴 제물로 가축 노획물을 쓰려고 하였다고 변명하였습니다. 성경적으로 볼 때 아말렉 사람들은 사탄의 세력을 상징합니다. 이스라엘 사람들이 애굽 광야를 지날 때 아말렉 사람들은, 사탄이 그러는 것처럼, 어둠 속에 몰래 숨어있다가 약자와 뒤에 쳐진 사람들을 모조리 쳐 죽였습니다. 하나님께서 아말렉 사람들과 그들의 소유물을 완전히 없애버리라는 것은 다분히 상징적입니다. 고대에서는 한 나라가 전쟁에서 이기면 패배한 나라의 왕을 노예로 만들거나 그 나라를 동맹국으로 만들었습니다. 하나님께서는 사탄의 영역을 쳐들어 갈 때는 절대적으로 타협히지 말라고 사울에게 지시하신 것입니다. 그러나 사울은 하나님의 명령은 뒤로한 채, 자기 머리를 굴려 적의 왕을 노예로 만들고 적의 나라를 동맹국으로 만들려고 하였습니다. 이렇게 한 것은 분명히 바르지 못한 생각에서 나온 것입니다. 그는 또한 가장 좋은 노략물을 하나님에게 바치면 좋겠다는 인간적인 생각을 하였습니다. 하나님은 사탄의 소유물이 자신을 위한 예배에 바쳐지는 것을 기뻐하지 않으십니다. 사무엘의 사울에 대한 다음의 경고는 우리에게 교훈을 던져줍니다.

> 사무엘이 나무랐다. "주님께서 어느 것을 더 좋아하시겠습니까? 주님의 말씀에 순종하는 것이겠습니까? 아니면, 번제나 화목제를 드리는 것이겠습니까? 잘 들으십시오. 순종이 제사보다 낫고, 말씀을 따르는 것이 숫양의 기름보다 낫습니다.
> 거역하는 것은 점을 봐주는 죄와 같고, 고집을 부리는 것은 우상을 섬기는 죄와 같습니다. 임금님이 주의 말씀을 버리셨기 때문에, 주님께서도 임금님을 버려 왕이 되지 못하게 하셨습니다." (사무엘상 15:22-23)

거역에 대한 무마용으로서의 희생 제물은 절대로 하나님께서 받으시지 않으십니다. 많은 사람들이 선행을 하면 자신들이 범한 죄가 무마된다고 생각합니다. 이러한 생각이 결국은 속음의 시작이고 점 보는 것과 우상 숭배의 시작입니다. 우리는 점치고 굿을 하는 것은 귀신을 몰아내고 집안의 저주를 물러가게 한다고 생각하지만 사실은 귀신과 저주를 불러들이는 것입니다. 사도 바울은 점치는 것은 육적인 것이라고 하였습니다(갈라디아서 5:20). 점보고 굿을 하는 사람들은 악한 영에게 자신을 조정하고 위협하여 자신의 삶을 엉망으로 만들라고 요청하는 행위와 같습니다. 힘든 상황을 쉽게 피해보려고 점을 보거나 굿을 하다가 신세를 망치는 사람들이 많이 있습니다. 사울도 힘든 상황을 피해보려고 하나님과 상관없이 자신의 생각대로 하나님의 마음을 누그러뜨리려는 행위를 하였지만 오히려 하나님은 이로 인해 분노하셨습니다. 어린 딸이 아버지에게 죄를 지은 후 아버지의 매를 피해보려고 아버지 앞에서 아양을 떠는 모습을 상상해 보십시다. 그런데 이 아양이 아버지를 조정함으로써 아버지의 매를 피해보려는 아양이라면 이것은 엄연히 잘못된 것이며, 이런 태도가 지나치면 결국 사술에 빠지게 됩니다. 이러한 잘못된 태도를 방치하면 결국 그 사람은 더 큰 잘못을 저지르게 됩니다. 사울도 결국 회개를 하는 대신 하나님을 조정하려고 하나님에게 아양의 태도를 보이다가 결국 하나님의 제사장들을 죽이고 마술사를 찾아가 점을 치는 과오를 범하기에 이르렀던 것입니다.

사울의 말을 들어봅시다. 사울은 사무엘에게, "내가 죄를 지었습니다. 주의 명령과 예언자께서 하신 말씀을 어겼습니다. 내가 군인들을 두려워하여, 그들이 하자는 대로 하였습니다."(사무엘상 15:24)라고 말하였습니다. 그는 자신의 죄를 고백하였고 그가 왜 죄를 지었는지도 고백하였습니다. 그러나 회개는 하지 않았습니다. 고백과 회개는 다릅니다. 고백은 사실상 조정하려는 행위입니다. 다음의 30절을 보면, 사울의 고백의 이유가 어디에 있었는지를 명백히 나타냅니다. "내가 죄를 지었습니다. 그러나 나의 백성 이스라엘과 백성의 장로들 앞에서, 제발 나의 체면을 세워 주시기 바랍니다. 나와 함께 가셔서, 내가 예언자께서 섬기시는 주 하나님께 경배할 수 있도록 하여 주십시오."(사무엘상 15:30) 그렇습니다. 사울은 자신의 고백을 미끼로 백성들이 자신을 계속해서 존경할 수 있도록 하기 위해 사무엘을 조정하려고 하였습니다. 만일 사울이 진정으로 회개하였다면 그는 사람들이 자기에 대해 어떻게 생각할지에 대해 고민하는 대신 하나님께서 자신에 대해 어떻게 생각하고 계실지에 대해 걱정하였을 것입니다.

그러나 다윗은 달랐습니다. 다윗의 삶에 관한 성경의 구절들을 읽어 나가면 나갈수록 우리는 "다윗은 하나님께 여쭈어 보았다."라는 표현을 반복해서 만나게 됩니다. 아말렉 사람들이 자기의 가족과 종들 및 소유물들을 약탈해가는 일이 벌어지고 이 위급한 상황에서 자기의 부하들이 사울을 돌로 치려고 하는 일도 벌어졌습니다. 이 때 다윗은 바로 자기 나름대로의 조치를 취하는 대신에 하나님께 어떻게 해야 하는지에 대해 물어보았습니다. 위급한 상황에서도, 압박감이 최대인 상황에서도 다윗은 인간적으로 행동하지 않았습니다. 이런 상황에 대한 다윗의 조치에 대해 성경은, "군인들이 저마다 아들딸들을 잃고 마음이 아파서, 다윗을 돌로 치자고 말할 정도였으니, 다윗은 큰 곤경에 빠졌다. 그러나 다윗은 자기가 믿는 주 하나님을 더욱 굳게 의지하였다." (사무엘상 30:6)라고 말합니다. 다윗은 아무리 상황이 위급해도 환경과 사람들을 의지하지 않고 하나님을 의지하였습니다. 바로 그 이유로 해서 다윗의 왕의 지위는 더욱 굳건해졌습니다. 아니, 그의 왕권은 영원한 왕권이 되었습니다. 우리의 사역도 이러한 굳건한 기초 위에 이룩되어야 합니다.

사람을 두려워하면 사역이 흔들립니다. 주님께서 베드로를 사탄이라고 질책하신 이유는 베드로가 하나님의 안목 대신에 사람의 생각으로 상황을 보았기 때문입니다(마태복음 16:23). 야고보도 교회 교인들에 대하여 다음과 같이 비슷한 질책을 하였습니다. "간음하는 사람들이여, 세상과 벗함이 하나님과 등지는 일임을 알지 못합니까? 누구든지 세상의 친구가 되려고 하는 사람은 하나님의 원수가 되는 것입니다."(야고보서 4:4). 우리는 그리스도의 사랑을 갖고 세상을 사랑해야 합니다. 그러나 우리가 세상의 친구는 될 수는 없습니다.

사탄의 기본 전략

세상과 타협하면 교회는 힘을 빼앗깁니다. 모세가 바로에게 가서 이스라엘 백성들을 놓아주라고 요구하였을 때 바로는 이스라엘 백성을 계속 노예로 쓰려는 전략을 폈습니다. 바로가 사용했던 전략을 사탄은 아직도 사용하고 있습니다. 그 전략은 사람들을 자기의 수하에 두고 조정함으로 예수의 십자가에 가까이 가지 못하도록 하는 전략입니다. 모세가 이스라엘을 해방시키라는 하나님의 지시를 바로에게 전했을 때 바로는 신하들에게, "그들에게는 더 힘겨운 일을 시키고, 그 일만 하게 하여서, 허튼 소리에 귀를 기울이지 못하게 하여라."(출애굽기 5:9)라는 지시를 내림으로써 하나님의 뜻에 역행하였습니다. 바로는 하나님의 백성들에게 더 무거운 짐을 지게 함으로써 그들이 하나님의 이스라엘 백성들에 대한 해방의 약속은 거짓이었다고 믿도록 하는 전략을 폈습니다. 사탄은 우리에게도 같은 전략을 폅니다. 그리고 사탄은 우리가 하나님의 약속이 이루어지는 경험을 하기 전에, 우리에게 짐을 지우게 함으로 하나님의 약속이 거짓이라고 생각하려는 계략을 씁니다.

이러한 사탄의 전략이 적중하기 시작하자 이스라엘 백성들은 실망하여 하나님의 계획의 진실성을 의심하였습니다. 사탄은 맨 먼저 우리가 낙심하도록 하는 것에 총력을 기울입니다. 만일 우리가 이러한 마귀의 전략을 미리 꿰고 있다면 우리는 모세가 했던 전략들을 미리 준비하고 낙심하지 않고 밀고 나갈 수 있습니다. 만일 여러분이 하나님으로부터 몸을 치료해 주겠다는 약속을 받았다면 사탄은 바로 달려들어 당신의 상태가 더 악화된 것처럼 느끼게 합니다. 그래서 당신이 하나님의 약속으로부터 돌아서도록 만듭니다. 그러므로 우리가 만일 하나님의 약속을 받았다면 우리는 마귀가 공격할 것을 미리 알아야 합니다. 그래서 낙심하지 않을 것을 다짐해야 합니다. 그래야 하나님의 약속을 마귀에게 빼앗기지 않게 됩니다.

모세는 조금도 물러서지 않았습니다. 그러자 사탄은 하나님의 기적을 모방하는 계략을 썼습니다. 첫 번째 낙심 전략이 적중하지 않자 사탄은 이제 하나님이 하시는 기적은 별것 아니라고 생각하게끔 하나님의 기적을 왜곡하는 전략을 쓴 것입니다. 우리는 이것을 '왜곡 전략'이라고 할 수 있습니다. 사탄은 낙심 전략이 적중하지 않으면 다음 번으로 왜곡하는 전략을 핍니다.

모세가 사탄의 왜곡 전략에 넘어가지 않자 사탄은 다음 전략을 세웠습니다. 그래서 이스라엘 백성들에게, "이제 너희는 가서, 이 땅 안에서 너희 하나님께 제사를 드려라."(출애굽기 8:25)라고 말하였습니다. 만일 우리가 계속해서 하나님만을 섬기기로 작정한다면 사탄은 못 이기는 척 우리가 하나님을 섬기도록 합니다. 그러나 계속 자기의 땅 안에서 노예인 상태로 하나님을 섬기도록 합니다. 즉 이 세상의 방법을 따르면서 하나님을 섬기도록 하는 것이 사탄의 전략입니다. 이러한 사탄의 전략에 넘어간 많은 사람들이 교회만 나가면, 죄가 사하여졌기 때문에 죄를 지어도 괜찮다고 생각하고 과거에 지었던 죄를 계속해서 짓고 있습니다. 그러나 모세는 사탄의 이러한 전략에 넘어가지 않았습니다. 우리도 이러한 사탄의 전략에 말려들지 맙시다.

하나님의 능력을 본 바로는 한발 더 물러서는 듯, "그렇다면 나는 너희를 내보내서 너희가 광야에서 주 너희의 하나님께 제사를 드리게 하겠다. 그러나 너희는 너무 멀리는 나가지 말아라."(출애굽기 8:28)라고 말하였습니다. 어디서 자주 들어본 듯한 말이 아닙니까? 우리가 세상을 떠나 하나님께 가까이 가려고 하면 세상 사람들은 그런 우리에게 종교에 너무 빠지는 것은 좋지 않다고 말합니다. 우리가 진실한 믿음을 소유한 그리스도인이라면 세상이 아무리 하나님께 가까이 가는 것을 막는다고 해도 우리는 그럴수록 그분께로 더 가까이 나아가야 합니다. 만일 이 방법이 성공하지 않을 경우 사탄은 가능한 더 강하게 여러분을 묶으려고 합니다.

사탄은 이제 이스라엘로 하여금 약속의 땅으로 들어가게 된다는 비전을 강탈하려고 합니다. 사탄의 이러한 전략으로 인해 많은 성도들이 무너졌습니다. 만일 우리가 이러한 계략에 넘어간다면 우리는 광야에서 헤매다 다시 잡혀갈 것입니다. 하나님은 이스라엘 백성에게 단지 애굽을 떠나라고만 말씀하지 않으시고 애굽을 떠나 약속한 땅에 들어가라고 말씀하셨습니다. 그러므로 이스라엘 백성이 약속의 땅에 들어가 사는 것이 이스라엘 백성에 대한 하나님의 궁극적 목적입니다. 우리는 우리에게 주신 하나님의 궁극적 비전에서 눈을 떼어서는 안 됩니다. 눈을 떼게 되면 별것 아닌 것들에 우리의 시선을 빼앗기게 됩니다.

모세가 시종여일 하나님의 부르심과 비전에 충실하자, 바로는 양보하는 듯하며 타협안을 내놓았습니다. 그가 그렇게 한 것은 만일 우리가 그러한 타협안에 양보하게 되면 결국 자기의 세력 안에 머무르게 될 수밖에 없다는 사실을 잘 알고 있기 때문입니다. 바로는 그들에게 가고 싶은 곳까지 가도 좋지만 "그러나 너희의 양과 소는 남겨두고, 너희의 아이들만 데리고 가야 한다."(출애굽기 10:24) 고 조건을 달았던 것입니다. 이것이 바로 사탄의 속임수입니다. 우리가 죽어도 주와 함께 가겠다고 끝까지 버티면 사탄은 우리에게 뭐 좀 놔두고 가라고 말합니다. 사탄이 이렇게 하는 이유는 우리의 보물이 있는 곳에 우리의 마음도 있다는 사실을 잘 알기 때문입니다. 타협은 곧 패배를 의미합니다. 우리는 사탄의 영역을 떠날 때 완전히 떠나야 합니다. 그렇기에 우리는 모세가 그랬던 것처럼 사탄에게, "우리는 우리의 집짐승을 한 마리도 남겨 두지 않고 다 몰고 가겠다."(출애굽기 10:26)라고 소리쳐야 합니다.

모세와 바로 사이에 오고간 이야기들을 통해 우리는 사탄이 하나님의 백성을 자기의 수하에 두기 위해 썼던 계획을 명백히 알 수 있었습니다. 사탄은 맨 처음에는 낙심 작전을 써서 우리를 낙심하게 만듭니다. '낙심 작전'이 성공을 거두지 못하면, 그 다음에는 '왜곡 작전'을 펴고 이것이 실패하면 '비전 강탈 작전'을 쓰고 그래도 안 되면 '타협 작전'을 써서 우리를 패배시키려 합니다.

이런 모든 작전들이 실패했다고 해서 바로가 완전 포기한 것은 아닙니다. 그러기에 우리는 사탄이 자의로 우리를 놓아준 것이 아니라는 사실을 잊지 말아야 합니다. 바로가 마침내는 이스라엘 백성들을 내놓았지만 이것은 그가 그렇게 한 것이 아닙니다. 이스라엘 백성들을 자유하게 한 것은 바로 하나님이십니다. 하나님의 능력은 모든 마귀의 권세와 영역을 없애버리실 수 있을 만큼 크십니다. 마침내 바로는 하나님의 백성들에게 자신들이 가지고 있는 애굽의 보화들을 내어주면서까지 이스라엘 백성들을 내보낼 수밖에 없었습니다. 우리가 사탄의 나라로부터 빠져나온 것은 사탄이 허락해서가 아니라 능력의 하나님께서 그렇게 하셨기 때문입니다. 우리는 유월절 어린 양 예수의 피 흘림을 타협 없이 받아들임으로 모세가 그랬던 것처럼 사탄의 권세를 무력화 시킬 수 있습니다.

좌로나 우로 치우치지 말고 앞으로만 걸어갑시다. 그럴듯 해 보이는 사탄의 제안에 타협하지 말고 전진합시다. 그래야만 십자가가 그 능력을 제대로 발휘합니다. 그래야만 사탄의 권세가 무너집니다.

There Were Two Trees In The Garden

Part III

승리

그러므로 주 하나님께서 이렇게 말씀하신다.
"내가 시온에 주춧돌을 놓는다.
얼마나 견고한지 시험하여 본 돌이다.
이 귀한 돌을 모퉁이에 놓아서,
기초를 튼튼히 세울 것이니,
이것을 의지하는 사람은 불안하지 않을 것이다."

(이사야 28:16)

There_
Were_
Two_
Trees_
In_The_
Garden_

Chapter 12

유월절

우리들의 유월절 양이신 그리스도께서 희생되셨습니다.(고린도전서 5:7)

유월절 날에 양들이 희생제물이 바쳐졌기에 이스라엘 백성들의 바로의 권세 아래에서부터 해방되었습니다. 유월절에 희생제물로 바쳐진 양은 유월절 날 십자가에 달리신 예수 그리스도를 상징합니다. 그분의 죽음으로 인해 우리는 사탄의 권세와 세상의 종노릇에서 해방되었습니다. 바로가 이스라엘 백성들에 대한 지배력이 둔화되는 것을 우려했듯이 사탄도 우리가 예수님의 십자가로 가까이 가면 분노합니다. 그 이유는 우리가 십자가로 가까이 가면 갈수록 우리에 대한 자신의 지배력이 타격을 받기 때문입니다. 유월절이 주는 상징성이 그러하듯이, 십자가도 세상의 악을 심판하는 동시에 세상으로부터 빠져나오는 사람들을 받아들입니다.

가인과 아벨 이후 하나님께 드리는 제사는 육과 영을 상징하는 두 씨가 맞부딪치는 접전지가 되었습니다. 사탄은 우리가 기독교의 교리에 열중하고 교회 일에 열심이며 기독교 단체에 열성적으로 되는 것에 전혀 겁먹지 않습니다. 아니, 사탄은 오히려 우리가 그렇게 되도록 조장합니다. 사탄은 지식나무의 선한 열매는 악한 열매만큼 인간들을 속이고 인간들에게 죽음을 가져다준다는 사실을 잘 알고 있습니다. 인간의 선은 십자가에 맞섭니다. 그 동안 인간의 선이 십자가를 대신하려 했습니다. 인간은 그 동안 인간의 선행을 하나님께서 받으실 것이라고 잘못 생각하여 왔습니다. 그래서 인간의 선행을 하나님 아들의 대속적 죽음 위에다 올려놓았습니다. 십자가의 효력을 무시하는 한, 우리가 그 어떤 종교에 아무리 열심이라고 할지라도 사탄은 전혀 관계하지 않습니다. 우리가 십자가로 시선을 향할 때 사탄은 완전히 힘을 잃습니다. 이는 십자가를 통해서 우리가 사탄의 지배권을 벗어나 성령이 주는 영광스러운 영역으로 속으로 들어가는 줄을 사탄이 너무도 잘 알고 있기 때문입니다.

종교적인 사람이 된다는 것은 십자가를 통해 성령이 주시는 참된 자유는 거부하는 사람이 된다는 것을 의미합니다. 인류의 첫 형제였던 가인과 아벨의 싸움은 다름 아닌 종교적인 인간과 참 자유인과의 싸움입니다. 이러한 싸움은 아직도 계속되고 있습니다. 십자가는 종교적인 사람의 가장 큰 대적입니다. 종교적인 사람은 십자가를 대적합니다. 예수님을 죽인 사람들은 귀신들린 사람들이 아니라 바로 하나님을 믿고 그에게 절해왔던 사람들이었음을 기억하십시오. 종교적인 사람, 도덕적인 사람, 보수적인 사람들이 예수님을 십자가에 못 박았습니다. 종교적인 사람들은 아직도 참 복음을 전파하는 사람들을 핍박하고 있습니다. 참 믿음의 사람들을 가장 혹독하게 핍박한 사람들은 머리로는 믿지만 가슴으로는 믿지 않는 사람들이었음을 기독교 역사는 잘 증명하여 주고 있습니다. 이런 사람들은 생명나무의 과실이 주는 생명력으로 사는 사람들이 아니라 지식나무가 주는 선악과 열매로 사는 사람들입니다. 그런 사람들은 또한 하나님과의 살아있고 친밀한 교제를 하는 것에 헌신하며 사는 대신에, 자신들이 옳다고 주장하는 교리에 헌신을 하는 사람들입니다.

예수님께서는, "나더러 '주님, 주님' 하는 사람이라고 해서 다 하늘나라에 들어가는 것이 아니다. 하늘에 계신 내 아버지의 뜻을 행하는 사람이라야 들어간다."(마태복음 7:21)라고 말씀하셨습니다. 하나님의 뜻대로 사는 자가 교리에 대해 잘 아는 사람보다 제대로 교리를 아는 사람입니다. 그렇게 때문에 주님께서는 또한 "하나님의 뜻을 따르려는 사람은 누구든지 이 가르침이 하나님께로부터 난 것인지, 내 마음대로 말하는 것인지를 알 것이다."(요한복음 7:17)라고 말씀하셨습니다.

사람은 여러 가지 이유로 진리를 갈망합니다. 그 이유들 중에는 교만과 자기 칭의 및 두려움 등의 진리를 갈망하는 옳지 못한 동기들이 있습니다. 사람들은 이 악한 시대에 속지 않으려고 진리를 찾아 나섭니다. 그런 사람들 중 대다수는 참 진리이신 주님을 찾지 않고 진리 자체에만 관심을 표방합니다. 그런 사람들은 교리에 집착하는 사람들입니다. 우리는 단지 하나님이 주신 진리를 사랑하기보다, 진리 자체이신 하나님을 사랑할 때에만 바르고 정확한 교리를 가질 수 있습니다. 하나님이 주신 성경을 아는 것보다 성경을 주신 하나님을 아는 것이 더 중요합니다. 우리는 개별적인 여러 가지의 진리들을 사랑하기보다 유일한 진리이신 하나님을 사랑해야 합니다. 만일 그렇게만 된다면 우리는 개별적인 진리들을 진정으로 이해하게 됩니다. 즉 우리는 이 둘 중 하나만 알아야 하는 것이 아니라 둘 다 균형있게 알아야 합니다.

새로운 시작

주께서 이집트 땅에서 모세와 아론에게 말씀하셨다.
"너희는 이 달을 한 해의 첫째 달로 삼아서 한 해를 시작하는 달로 하여라." (출애굽기 12:1-2)

유월절은 예수님의 희생적 죽음을 상징합니다. 모세는 하나님의 명령을 좇아, 이스라엘 백성이 출애굽하는 달을 한 해의 첫 달로 보고 달력 체계를 완전 재구성하였습니다. 이로써 유월절은 한 해의 시작을 알리는 날이 되었습니다. 유월절을 지낸 후 이스라엘 백성들은 바로 그들이 오랫동안 몸담아 살아왔던 노예의 땅을 떠나 하나님이 주시겠다고 약속하신 한 번도 본 적이 없는 새로운 땅을 향해 발걸음을 내딛기 시작하였습니다. 유월절 날 이후로 그들의 삶은 과거와는 완전히 다른 삶이 되었습니다. 이것은 우리에게도 동일합니다.

"누구든지 그리스도 안에 있으면 그는 새로운 피조물입니다. 옛 것은 지나갔습니다. 보십시오, 새 것이 되었습니다." (고린도후서 5:17)

예수님께서는 우리의 유월절이 되셨습니다. 우리가 이것을 믿으면 새로운 세상에 다시 태어나는 것입니다. 이스라엘 백성들은 유월절을 지냄으로 삶의 장소를 지형적으로 바꿨습니다. 우리는 유월절을 받아들임으로 영적으로 장소를 바꿨습니다. 우리가 유월절 양이신 예수를 받아들여도 우리의 외적인 조건이나 환경은 바꾸지 않습니다. 그러나 우리는 바뀝니다. 우리가 중생을 체험하게 되면 외형적인 모든 것이 달라져 보입니다. 그러나 이것은 어디까지나 환경을 보는 우리의 시각이 달라졌기 때문이지, 사물이나 환경이 달라졌기 때문은 아닙니다. 다시 태어나게 되면 하나님 나라를 보게 됩니다(요한복음 3:3). 영적인 중생은 출애굽보다 훨씬 더 영광스러운 탈출입니다. 이스라엘 백성이 지리적으론 애굽을 벗어나긴 했어도 그들 속에는 애굽 곧 세상에서 살았던 방식이 남아있었습니다. "그리스도로 말미암아 내 쪽에서 보면 세상이 죽었고, 세상 쪽에서 보면 내가 죽었습니다." (갈라디아서 6:14). 예수님께서는 우리의 마음속에 있었던 이집트 나라를 제거하시고 그 대신 그 속에 새 나라 곧 하나님의 나라를 넣어 주셨습니다. 종교적인 사람을 상징하는 가인의 씨는 항상 우리에게 이 세상을 더 살기 좋은 곳으로 만들어 볼 것을 요구합니다. 그러나 그리스도는 사람을 변화시킴으로 이 세상에서 더 잘 살 수 있게 만듭니다. 영적인 사람이란 사람을 변화시킴으로 세상을 변화시키는 사람입니다.

지구는 어둡습니다. 이 지구에 비해 우주는 하나님의 영광으로 가득 차 있습니다. 하나님이 지으신 큰 우주에 비하면 지구는 작은 하나의 점에 불과합니다. 하나님께서는 작은 지구에 사는 사람들을 구하시고 그들을 자신의 아들로 삼기 위해 자신의 아들 독자 예수를 희생시키셨습니다. 이러한 놀라운 사실을 생각해 볼 때, 지구는 하나님의 아들들에게 허락된 하나님의 왕국에 비교해서 그 존재가 너무 작습니다. 우리가 하나님과 그분의 나라의 방대함을 인지하면 할수록 사람들의 개인적인 문제들과 지구가 당면하고 있는 문제들은 작게 보입니다. 이 세상 나라에 존재하는 악은 우리의 눈에는 아무리 크게 보이더라도 하나님 나라를 바다라고 할 때 물 한 방울에 불과합니다. 하나님의 나라는 도래할 것입니다. 해가 달을 이기듯이, 하나님 나라가 악을 이기게 됩니다.

인간이 지식나무의 열매를 따 먹자 인간은 자신에게 관심을 집중하게 되었고 그 결과 자기가 이 우주의 중심인 것으로 착각하게 되었습니다. 인간의 타락 이후 태어난 모든 사람들은 이런 속임 속에서 살게 되었습니다. 그래서 중생하기 전의 모든 사람들이 자신의 문제해결과 개인의 야망을 이루는 것에만 몰두하며 살게 됩니다. 그러나 우리가 하나님 나라를 보게 되면, 우리의 시각이 변하기 시작합니다. 하늘 보좌에 앉아계신 그분을 보면 볼수록 우리는 이 세상에 일어나고 있는 문제들에 대해 초연하게 됩니다. 이 말은 우리가 세상에 산재한 문제들에 대해서 신경을 전혀 쓰지 않는다는 말이 아닙니다. 신경을 쓰긴 쓰지만 우리는 하나님이 이 세상의 그 어떤 문제보다 크신 분이신 것을 알고 인간의 생각보다 더 크고 아름다운 생각과 계획을 가지신 분이란 것을 알기 때문에, 세상 사람들처럼 걱정하고 살지는 않습니다. 우리가 그분을 새로운 시각으로 바라보게 되면 될수록 우리 속에는 인간으로서는 도저히 이해할 수 없는 놀라운 평강이 깃들게 됩니다. 세상은 변한 것이 하나도 없을지라도, 우리가 변했기 때문에 그런 일이 일어나는 것입니다.

진리 안에서 걷기

진리 안에서 걷는다는 것은 하나님과 함께 걷는 것입니다. 우리가 하나님 나라를 보게 되면 될수록 이 세상의 것들은 잘 보이지 않게 됩니다. 자연인들이 보지 못하는 것이 우리에게는 더 실제로 보입니다. 영으로 보지 못하는 사람들은 이 말들이 이해가 잘 되지 않고 오히려 어리석은 말처럼 들릴 것입니다. 사도 바울은 이렇게 말했습니다.

자연에 속한 사람은 하나님의 영에 속한 일들을 받아들이지 않습니다. 그런 사람에게는 이런 일들이 어리석은 일이요, 그런 사람은 이런 일들을 이해할 수 없습니다. 그것은 이런 일들이 영적으로만 분별되기 때문입니다.
신령한 사람은 모든 것을 판단하나, 자기는 아무에게도 판단을 받지 않습니다. (고린도전서 2:14-15)

만약에 우리가 아침에 침대에서 눈을 떴을 때 예수님께서 우리의 침대 옆에 서 계신 것을 우리의 눈으로 직접 보게 된다면 그 날 하루의 삶은 다른 날과 완전히 다른 삶일 것입니다. 만일 우리가 예수님의 손을 잡고 예수님과 같이 일터로 나가게 되는 날은 그렇지 않은 날들과 얼마나 다를까요? 성령으로 난 사람에게는 육의 눈으로 보는 것보다 마음의 눈으로 보는 것이 더 실제적입니다. 주님은 우리 안에 살고 계시기 때문에 우리가 가는 곳에 그분은 우리와 함께 가십니다. 우리가 마음의 눈을 열고 있는 한, 우리는 그분을 감지할 수 있습니다. 그분은 실체이십니다. 그러므로 우리는 부활의 능력을 가지신, 모든 통치자들과 권세들과 주관자들의 왕이신 그분을 마음의 눈으로 볼 수 있습니다.

스데반은 순교당할 때 사람들이 던진 돌에 맞아 죽어가고 있으면서도 그 돌들에 별로 신경을 쓰지 않았습니다. 그 이유는 그가 돌에 맞아 죽어가는 동안 예수님을 보고 있었기 때문입니다. 중생하기 전에 바울은 돌에 맞아 죽어가고 있는 스데반의 순교 현장을 증인으로 지켜보았습니다. 스데반이 죽어가는 그런 급박한 상황하에서, 하나님께서는 이방 나라들과 이방의 왕들에게 그리고 이스라엘의 아들들에게 자신의 이름을 전파할 사람으로서의 바울을 준비시키고 계셨던 것입니다. 바울이 스데반이 죽어가는 장면을 지켜보는 동안, 바울의 가슴 속에는 앞으로 많은 열매를 맺을 나무의 씨가 심겨졌습니다. 이로부터 수년이 지난 후 바울은 자기가 본 영적인 것들의 실체에 의거하여 다음과 같은 놀라운 말을 하였습니다.

여러분의 마음의 눈을 밝혀 주시기를 빕니다. 그리하여 하나님께서 여러분을 부르셔서 여러분에게 주신 그 소망이 무엇인지, 하나님께서 성도들에게 주신 상속의 영광이 얼마나 풍성한지,

하나님께서 우리 믿는 사람에게 강한 힘으로 활동하시는 그 능력이 얼마나 큰지를 여러분이 알게 되기를 바랍니다.

하나님께서는 이 능력을 그리스도 안에 역사하셔서 그분을 죽은 사람 가운데서 살리시고, 하늘에서 자기의 오른쪽에 앉히셔서,

모든 정권과 권세와 능력과 주권 위에 그리고 이 세상뿐만 아니라 오는 세상에서 불릴 모든 이름 위에 뛰어나게 하셨습니다.

하나님께서는 만물을 그리스도의 발 아래에 굴복시키시고 그분을 만물 위에 교회의 머리로 삼으셨습니다.

교회는 그리스도의 몸이요, 만물 안에서 만물을 충만케 하시는 분의 충만함입니다. (에베소서 1:18-23)

바울이 예수님께서 그분의 보좌에 앉으신 것을 보았을 때 모든 것들이 그분의 발 앞에 복종하는 것도 보았습니다. 사도 바울이 본 그 예수님은 아직도 그 보좌에 앉아 계십니다. 모든 권세와 나라가 그분에게 주어졌기 때문에 그분의 허락 없이는 아무 일도 일어날 수 없습니다. 사탄도 주님 몰래 일을 행할 수 없습니다. 우리의 마음의 눈이 밝아져 영적인 것들을 보게 되면 우리는 더 이상 세상 것에 얽매이지 않게 됩니다. 엘리사도 영의 눈이 밝아져 환상을 통해 영적인 실체들을 보았습니다. 엘리사는 수많은 적군들에게 포위당하자 당황한 그의 종과는 달리 평강한 마음의 태도를 가지고 언덕으로 올라갔습니다. 그리곤 자기의 종의 눈을 열어서 보게 해 달라고 하나님께 기도하였습니다. 그러자 엘리사의 종은 왜 엘리사가 그토록 그런 위급한 상황에서도 침착하고 담대하였는지를 알게 되었습니다. 왜냐하면 그는 주위에 서 있는 천사들의 수가 자신들을 포위하고 있는 적군들의 숫자보다 많은 것을 보았기 때문입니다(열왕기하 6:8-23).

성령 안에서 살기

성령 안에서 산다는 것은 하나님의 눈으로 보고 그분의 귀로 들으며 그분의 마음으로 이해하며 사는 것입니다. 진정 성령 안에서 살면 세상의 모든 문제들과 세상 영광들은 별것이 아닌 것으로 보이게 됩니다. 우리가 예수님의 영광과 권세를 목도하게 되면 점쟁이들이 하찮게 보이듯이 세상 왕들과 통치자들도 크게 보이지 않게 됩니다. 우리가 주님을 일단 보게 되면 이 땅의 자랑과 지위는 우습게 여겨지고 나라 간의 극한 위기 상황에도 별 걱정을 하지 않게 됩니다. 우리가 그렇게 세상의 상황들에 대해 초연할 수 있는 이유는, 왕 중 왕으로 자신의 보좌에 굳건히 앉아계신 그분에게 위기 상황이란 절대로 없다는 사실을 우리가 굳건하게 믿고 있기 때문입니다.

이사야는 보좌에 앉아 계신 하나님의 주위를 둘러싼 쉐라빔들이 "거룩하시다, 거룩하시다, 거룩하시다. 만군의 주님! 온 땅에 그의 영광이 가득하시다."(이사야 6:3) 라고 서로 화답하며 노래 부르는 것을 보았습니다. 세상에는 그렇게도 전쟁이 많고 싸움과 재앙, 질병과 혼동으로 가득 찼는데 어떻게 천사들이 세상에 가득 찬 영광을 보고 찬양할 수가 있었겠습니까? 그 이유는 그들은 주님의 임재 안에 거했기 때문입니다. 우리도 그분의 임재 안에서 살면 환경에 상관없이 이 세상에 가득 찬 하나님의 영광을 목도할 수가 있습니다. 우리가 이 세상에서 일어나는 수많은 나쁜 일들을 보는 것은 실제입니다. 그러나 우리는 하나님의 계획과 능력이라는 더 큰 실제를 보아야 합니다. 우리는 새롭게 태어남으로 인해 하나님 나라의 백성이 되었습니다. 그러므로 우리는 옛 사람으로서가 아닌 새 사람으로서 세상을 바라보아야 합니다.

우리는 가끔, 우리가 새 사람이 되었는데 왜 아직도 옛 사람의 성품과 싸움을 하는가 하는 의심을 합니다. 우리가 주님만 바라본다면 그런 싸움을 하지 않게 됩니다. 베드로는 주님을 바라보지 않았을 때 육과 세상의 물속으로 빠져들어 갔습니다. 이것과 관련하여 사도 바울은 로마서에서 다음과 같이 기술하였습니다.

> 나는 내 속에 곧 내 육신 속에 선한 것이 깃들어 있지 않다는 것을 압니다. 선을 행하려는 의지는 나에게 있으나, 그것을 실행하지 않으니 말입니다.
> 나는 내가 원하는 선한 일은 하지 않고, 도리어 원하지 않는 악한 일을 합니다.
> 내가 해서는 안 되는 것을 하면, 그것을 하는 것은 내가 아니라, 내 속에 자리를 잡고 있는 죄입니다.
> 여기에서 나는 법칙 하나를 발견하였습니다. 곧 나는 선을 행하려고 하는데, 그러한 나에게 악이 붙어 있다는 것입니다.
> 나는 속 사람으로는 하나님의 법을 즐거워하나, 내 지체에는 다른 법이 있어서 내 마음의 법과 맞서서 싸우며, 내 지체에 있는 죄의 법에 나를 사로잡는 것을 봅니다.
> 아, 나는 비참한 사람입니다. 누가 이 죽음의 몸에서 나를 건져 주겠습니까?
> 우리 주 예수 그리스도를 통하여 나를 건져 주신 하나님께 감사를 드립니다. 그런데 내가 마음으로는 하나님의 법에 복종하고, 육신으로는 죄의 법에 복종하고 있습니다. (로마서 7:18-25)

그리스도가 아니었다면 우리는 우리 속에 선한 것이 하나도 있을 수 없습니다. 우리는 우리 안에 악만 있다는 것을 잘 압니다. 그러나 우리가 그리스도 안에 있다면 우리는 더 이상 죄된 속성을 나타내며 살지 않게 됩니다. 예수님은 우리에게 생명과 성령을 주셨습니다. 그분께서는, "다 이루었다."라고 말씀하셨기에 정말로 다 이루어진 것입니다. 그분을 통해 하나님의 구원 사역이 마무리 되었습니다. 하나님 아버지께서는 예수님을 통하여 우리 안에 이루시고자 하셨던 모든 것을 이루셨습니다. 성숙은 더 높은 단계의 영성으로 도달하려고 애쓰는 것이 아닙니다. 성숙은 하나님의 일을 끝내신 그분 안에 거하는 것입니다. 예수님은 우리의 지혜와 의가 되시고 우리의 성화와 구원이 되십니다(고린도전서 1:30). 예수님은 우리가 되고자 하는 모든 것 되십니다. 그분 안에 거할 때에만 우리는 바른 존재가 될 수 있고 성숙할 수 있습니다.

영적인 목표를 정해놓고 그 목표에 도달하기 위해 애쓴다고 새로운 피조물이 되는 것이 아닙니다. 하나님 아들이신 그분 안에 거할 때에만 우리는 참 영성을 소유할 수 있습니다. 예수님은 알파요 오메가이십니다. 그분이 바로 모든 것의 시작이시고 끝이십니다. 예수님은, "보이지 않는 하나님의 형상이시요, 모든 피조물보다 먼저 나신 분이십니다." (골로새서 1:15) 예수님은 하나님의 모든 목적의 합이십니다. 아버지가 사랑하시고 높이시는 일에는 모두 하나님의 아들 예수님이 드러나십니다. 모든 것들이 그분에 의해, 그분만을 위해 그리고 그분 안에서 함께 연결되어져 있습니다(골로새서 1:16-17). 모든 피조물은 하나님의 아들이신 그분을 위해 존재합니다. 모든 것들이 그분 안에서만 의미를 제대로 갖게 됩니다(에베소서 1:10). 우리의 삶도 오직 그분과 연결될 때, 즉 그분 안에 거할 때에만 의미가 있습니다.

누가 철학이나 헛된 속임수로 여러분을 노획물로 삼을까 조심하십시오. 그런 것은 사람들의 전통과 세상의 유치한 원리를 따른 것이요, 그리스도를 따른 것이 아닙니다.
그리스도 안에서는 하나님의 모든 신성이 몸이 되어서 충만하게 머물러 있습니다.
여러분도 그의 안에서 충만함을 받았습니다. 그리스도는 모든 통치와 권세의 머리이십니다. (골로새서 2:8-10)

마음이 변화됨

우리의 힘으로 우리는 단지 자신의 외적인 행동만 어느 정도 바꿀 수 있습니다. 우리는 심지어 자신의 생각과 의도조차도 정확하게 판단할 수 없는 존재입니다. "만물보다 더 거짓되고 아주 썩은 것은 사람의 마음이니, 누가 그 속을 알 수 있습니까?"(예레미야 17:9) 인간이란 어느 날은 바른 동기를 갖고 행동하다가도 그 다음 날은 나쁜 동기로 행동하는 존재입니다. 우리가 마음의 동기에 따라서만 행동한다면 우리는 우리 자신에게 속아 넘어가고 또한 사탄에게 속아 넘어가게 됩니다. 우리의 마음의 동기가 우리의 삶을 지배하도록 내버려둔다면 인간의 삶은 혼동으로 가득찰 수밖에 없습니다. 우리의 삶을 마음의 동기 아래에 두지 말고 전적으로 하나님의 의지 아래에 두어야 합니다. 사도 바울은 고린도 교인들에게 다음과 같이 말하였습니다.

> 내가 여러분에게서 심판을 받든지 세상 법정에서 심판을 받든지, 나에게는 조금도 문제가 되지 않습니다. 그뿐 아니라 나도 나 스스로를 심판하지 않습니다.
> 나는 양심에 거리끼는 것이 없습니다. 그러나 이런 일로 내가 의롭게 된 것은 아닙니다. 나를 심판하시는 분은 주님이십니다. (고린도전서 4:3-:4)

이 말은 우리가 당면하고 있는 문제들을 무시하라는 말이 아닙니다. 우리는 주님의 말씀에 의거하여 영과 혼을 나누어야 합니다. 우리는 다른 사람들의 판단을 받지 않기 위해 스스로를 판단해야 합니다. 그리고 이러한 자기 판단은 오직 성령의 인도함을 받아서 이루어져야 합니다. 만일 성령의 도움 없이 우리가 우리를 마음대로 판단한다면 우리의 판단은 왜곡됩니다. 우리의 마음이 우리를 속입니다. 그 어떤 것보다 우리를 가장 잘 속이는 것은 자기의 마음입니다. 우리가 참으로 변화 받으려면 우리를 변화시키시는 주님을 의지해야 합니다. 우리가 우리 자신의 실패에 주목하지 않고 그 대신 그분의 영광을 바라볼 때 우리는 변화됩니다(고린도후서 3:18).

주님을 바라보고 있는 한 죄를 지어도 상관없다는 생각은 말도 안 되는 생각입니다. 우리의 마음의 동기가 하나님의 뜻과 어긋난다면 우리는 우리의 동기와 목적을 버려야 합니다. 하나님께서는 육신에다 죄를 정하셨습니다(로마서 8:3). 그렇다고 해서 '하나님의 은혜와 용서는 항상 있으니 죄를 지어도 어차피 용서 받는다. 그러므로 죄를 지어도 된다' 라고 주장하는 신학은 잘못된 신학입니다. 만일 우리가 그분의 은혜를 남용하여 육을 따라 사는 삶을 지속한다면 우리는 은혜에서 멀어지는 자가 되고 맙니다.

하나님께서는 우리가 감당하지 못할 시험을 당하도록 허락하시는 분이 아니십니다(고린도전서 10:13). 하나님이 우리에게 허락하신 은혜는 우리가 성령 안에서 살 수 있도록 하는 힘을 충분하게 제공해 줍니다. 그러기에 베드로는, "그리스도께서는 신적 권능으로 우리에게 생명과 경건에 이르게 하는 모든 것을 주셨습니다."(베드로후서 1:3)라고 말하였습니다.

우리가 육에게 굴복하는 것은 우리가 육을 이길 힘이 없기 때문에 굴복하는 것이 아니라 그냥 굴복하기 때문에 굴복하는 것입니다. 이것은 마치 국도 종단을 하는 마라톤 선수와 같습니다. 국토 종단하는 달리기 선수가 이제는 더 이상 한발자국도 나갈 수 없다고 생각할 때 어떻게 해야 합니까? 쉬면 됩니다. 쉬었다가 가면 새 힘을 얻어 끝까지 국토를 종단할 수 있습니다. 영적인 생활도 이와 마찬가지입니다. 우리가 유혹을 견딜 수 없다고 판단될 때 어떻게 해야 합니까? 그분 안에서 안식하면 됩니다. 안식하면 새 힘을 얻어 죄에 대해 승리할 수가 있게 됩니다. 우리는 자신에게서 나오는 힘으로 뛰는 살았기에 죄에게 승리를 내어 주었습니다. 우리가 그분의 힘을 받아 뛴다면 승리할 수가 있습니다. "내 은혜가 네게 족하다. 내 능력은 약한 데에서 완전하게 된다." (고린도후서 12:9)

그러므로 여러분의 확신을 버리지 마십시오. 그 확신에는 큰 상이 달려 있습니다.
여러분이 하나님의 뜻을 행하고 나서, 그 약속해 주신 것을 받으려면, 인내가 필요합니다.
"이제 아주 조금만 있으면, 오실 분이 오실 것이요, 지체하지 않으실 것이다.
나의 의인은 믿음으로 살 것이다. 그가 뒤로 물러서면 나의 마음이 그를 기뻐하지 않을 것이다."
우리는 뒤로 물러나서 멸망할 사람들이 아니라, 믿음을 가져서 생명을 얻을 사람들입니다. (히브리서 10:35-39)

운동선수는 자신의 한계점을 돌파해야만, 자신의 종전 기록을 새롭게 갱신할 수 있습니다. 영적인 삶의 한계점 돌파는 오직 그분으로 인해 가능합니다. 그러기에 사도 바울은, "나에게 능력을 주시는 분 안에서 나는, 모든 것을 할 수 있습니다." (빌립보서 4:13)라고 고백하였습니다. 그리스도 안에 있다면 우리는 절대로 "하나님의 나를 향한 부르심을 나는 완수할 수 없다"라고 말하지 않습니다. 우리는 "하기 싫다"라거나 "하지 못 하겠다"라고는 말할 수 있어도 "할 수 없다"라고 말할 수는 없습니다. 이는 그분께서는 그분의 능력을 우리에게 이미 주셨기 때문입니다.

그러므로 그리스도 예수 안에 있는 사람들은 정죄를 받지 않습니다.
그것은, 그리스도 예수 안에서 생명을 누리게 하는 성령의 법이 여러분 각자를 죄와 죽음의 법에서 해방하여 주었기 때문입니다.
육신이 연약하므로 율법이 할 수 없던 것을 하나님께서 하셨습니다. 곧 하나님께서는 죄를 속하여 주시려고, 자기의 아들을 죄된 육신을 지닌 모습으로 보내셔서, 육신에다 죄를 정하셨습니다.
그것은, 육신을 따라 살지 않고 성령을 따라 사는 우리에게 율법이 요구하는 바가 완성되게 하시려는 것입니다. (로마서 8:1-4)

주님은 우리를 변화시키려고만 하시는 것이 아닙니다. 그분은 우리를 죽이시려고 하십니다. 우리가 사도 바울을 본받아 그처럼 다음과 같이 부르짖는다면 우리는 하나님의 우리를 향한 높은 부르심을 마침내는 이루고야 말 것입니다. "나는 그리스도와 함께 십자가에 못박혔습니다. 이제 사는 것은 내가 아닙니다. 그리스도께서 내 안에 사시는 것입니다. 내가 지금 육신 안에서 사는 것은 나를 사랑하셔서 나를 대신하여 자기 몸을 내주신 하나님의 아들을 믿는 믿음 안에서 사는 것입니다." (갈라디아서 2:20)

세례 요한은 우리에게 진정한 영적 사역의 좋은 모범을 보여줍니다. 그는 예수님의 길을 예비하는 사역에 자신을 헌신하였고, 사람들의 관심을 주님에게로 향하게 하였으며 그분이 높임 받는다면 자신은 쇠해도 괜찮다는 생각을 갖고 사역하였습니다. 세례 요한은 예수가 높아지기 위해서는 자신이 쇠해야만 한다고 말하지 않고, "그는 흥하여야 하고, 나는 쇠하여야 한다."(요한복음 3:30)라고 말하였습니다. 자신을 쇠하게 함으로 예수를 흥하게 할 수 있다고 생각하는 것은 자기 의입니다. 이러한 자기 의로 하나님의 사역의 크기를 조정할 수 있다는 생각은 잘못된 생각입니다. 우리가 그분을 보고 그분의 영광을 주시할 때에만 우리는 그분의 형상대로 변할 수 있습니다(고린도후서 3:18). 그럴 때에만 우리의 이기적 자아는 점점 작아지게 됩니다. 우리의 힘으로 우리의 육을 못 박을 수 있다는 생각은 허상입니다. 만일 그렇게 된다면 이 세상은 인간들이 만들어낸 자기 의로만 가득한 세상이 될 것입니다. 우리는 우리 자신을 스스로 못 박는 것이 아니라, "그리스도와 함께" 십자가에 못 박힌 것입니다.

　　우리가 새로 태어난다는 것 자체가 하나님의 엄청난 사랑과 은혜를 증거 해줍니다. 우리 모두는 죄를 지었기에 영원히 멸망 받아야 합니다. 그러나 하나님 아버지께서 그런 우리를 너무도 사랑하셔서 자신의 아들을 이 땅에 보내셔서 우리를 대신하여 죽게 하셨습니다. 그 결과 우리는 모든 것을 다시 시작할 수 있게 되었습니다. 우리의 죽을 몸이 바뀌어 영원한 생명을 소유한 하나님의 친 자식이 되었습니다. 이 세상 사람들이 꾸며낸 그 어떤 이야기도 하나님의 구원의 이야기처럼 아름답고 놀라울 순 없습니다. 하나님의 영광을 갖게 된 우리는 그리스도의 복음을 위해서라면 그 어떤 일도 마다 할 수 없습니다(고린도전서 9:23).

그리스도의 사랑이 우리를 강권하시는도다 우리가 생각건대 한 사람이 모든 사람을 대신하여 죽었은즉 모든 사람이 죽은 것이라

저가 모든 사람을 대신하여 죽으심은 산 자들로 하여금 다시는 저희 자신을 위하여 살지 않고 오직 저희를 대신하여 죽었다가 다시 사신 자를 위하여 살게 하려 함이니라

그러므로 우리가 이제부터는 아무 사람도 육체대로 알지 아니하노라 비록 우리가 그리스도도 육체대로 알았으나 이제부터는 이같이 알지 아니하노라

그런즉 누구든지 그리스도 안에 있으면 새로운 피조물이라 이전 것은 지나갔으니 보라 새 것이 되었도다

모든 것이 하나님께로 났나니 저가 그리스도로 말미암아 우리를 자기와 화목하게 하시고 또 우리에게 화목하게 하는 직책을 주셨으니

이는 하나님께서 그리스도 안에 계시사 세상을 자기와 화목하게 하시며 저희의 죄를 저희에게 돌리지 아니하시고 화목하게 하는 말씀을 우리에게 부탁하셨느니라

이러므로 우리가 그리스도를 대신하여 사신이 되어 하나님이 우리로 너희를 권면하시는 것같이 그리스도를 대신하여 간구하노니 너희는 하나님과 화목하라

하나님이 죄를 알지도 못하신 자로 우리를 대신하여 죄를 삼으신 것은 우리로 하여금 저의 안에서 하나님의 의가 되게 하려 하심이니라.

(고린도후서 5:14-21)

Chapter 13

양을 데리고 집으로 들어감

너희는 이스라엘 회중에게 고하여 이르라 이 달 열흘에 너희 매인이 어린 양을 취할찌니 각 가족대로 그 식구를 위하여 어린 양을 취하되 이 달 십사일까지 간직하였다가 해 질 때에 이스라엘 회중이 그 양을 잡고 (출애굽기 12:3, 6)

하나님께서 모든 이스라엘 백성들에게 유월절에 희생 제물로 바칠 양을 자기가 사는 집으로 데리고 가서 닷새 동안 집에 있게 하셨습니다. 하나님께서 그렇게 하신 이유는 양이 집에 머무르는 닷새 동안 양에게 어떤 흠이 있는지를 알도록 하기 위함입니다. 이것은 참 유월절 양되신 예수를 상징하는 예언적 행위입니다. 예수님은 십자가에 못 박혀 돌아가시기 닷새 전에 예루살렘에 입성하셨습니다. 주님께서 그렇게 하신 것은 말씀에 기록된 예언을 이루기 위함이십니다. 예수님께서 성안에 들어가 계신 닷새 동안 유월절에 제물로 바칠 양들이 각 가정의 집에 들어가 있었습니다. 그리고 이 양들에게 흠집이 있는지를 조사하는 닷새 동안 서기관, 바리새인 그리고 사두개인들은 예수님에게서 흠을 찾아내기 위해 애썼습니다. 그러나 그들은 예수님에게서 어떠한 흠도 발견할 수 없었습니다. 하나님의 유월절을 위하여 바쳐진 예수님은 정령 흠이 없으셨던 완전한 희생제물이셨습니다. 예수님에게서 어떠한 잘못도 발견하지 못한 그들은 급기야 거짓 증인을 불러 세웠습니다.

요한복음 19장 42절에 의거하여, 우리는 예수님께서 유대인의 준비일에 죽임 당하셨음을 알 수 있습니다. 이 날 모든 유월절 양들이 축제를 준비하기 위하여 죽임을 당했습니다. 예수님께서 십자가에서 못 박히신 날, 이스라엘 전역에서 수많은 양들이 칼로 목 베임을 당하였습니다.

예수님의 제자들조차도 예수님에게 일어나고 있는 일의 의미를 알지 못했습니다. 그렇다면 우리는 제대로 알고 있는 것인가요? 예수님만이 흠 없는 유일한 양이십니다. 이러한 사실을 머리로는 알고 있을 수 있지만, 가슴으로도 정녕 알고 있나요? 하나님의 외아들 예수의 피 흘림으로만 인하여 하나님께서 우리를 전적으로 받아들이셨음을 망각하고 아직도 하나님께 받으실 만한 그 어떤 것을 만들기 위해 노력하고 있지는 않나요? 우리의 행위로는 절대로 하나님에게 나아갈 수 없습니다. 오직 주님의 피 공로에 의지하여서만 하나님에게 나아 갈 수 있습니다. 모든 인간의 노력과 행위로 하나님께 나아가려는 시도는 주님의 십자가를 욕보일 뿐입니다.

오직 십자가를 통해서만 우리가 하나님의 인정을 받는 존재가 되기 때문에, 우리의 순종을 대가로 하나님이 우리를 수용하시도록 하려는 우리의 태도는 십자가가 이룬 것을 무효화시키는 나쁜 태도입니다. 하나님의 인정을 받기 위해서 사역하려는 태도는 잘못된 것입니다. 우리는 이미 하나님의 인정을 십자가로 인하여 받았기 때문에 사역하는 것입니다. 우리가 하나님에게 순종하는 것은 하나님께서 자신의 생명 값으로 우리를 사신 결과입니다. 그러므로 우리는 더 이상 우리의 것이 아니요 하나님의 것입니다. 그분이 먼저 우리를 사랑하셨기 때문에 우리가 그분을 사랑하는 것입니다. 그분께서 우리와 화목하시기 위해 값진 희생을 우리를 대신하여 드리셨다는 사실을 알기 때문에 우리가 그분을 사랑합니다. 우리는 그분께서 자신의 희생에 대한 상급을 받으시기를 간절히 원해서 그분을 섬깁니다. 그분을 사랑하기에 섬기는 것과 용서받고 칭찬받기 위해 섬기는 것과는 엄청난 차이가 있습니다. 전자는 예배입니다. 그러나 후자는 자기 의에서 나온 자기 추구에 불과합니다.

예수님의 유월절 희생 양 되심에 대한 정확한 이해가 부족하기에, 오늘날 구원에 관한 것들이 매우 흐지부지합니다. 오늘날 국제적으로 크게 사역하는 복음전도자들에 의하면 대형 집회에서 예수님을 주님으로 영접한 사람들 중에서 주님과 교제하는 삶을 지속하는 사람들은 20%도 안 된다고 합니다. 왜 20%도 안 될까요? 우리가 전하는 복음에 문제가 있어서 그럴까요? 이스라엘 백성들이 그랬던 것처럼 예수님을 데리고 집에 가서 닷새 동안 예수에 대해 점검해 본 후 예수님을 영접하라고 하지 않고 바로 즉석에서 예수님을 영접하라고 했기 때문에 그런 결과가 생긴 것은 아닐까요? 예수님에 대해 조사를 철저히 해본 후에 하자가 없을 경우 예수를 영접하라고 하지 않았기 때문에 그런 낮은 수치가 나온 것일 가능성이 많습니다.

복음을 제시하면 바로 영접하는 일이 때로는 있을 수도 있습니다. 그러나 오늘날의 복음전도자들의 속전속결로 예수님을 영접시키는 방법은 예수님을 영접한 사람으로 하여금 그리스도 안에서 지속적인 열매를 맺게 하는 데에는 별 효력을 발휘하지 못하고 있습니다. 씨 뿌리는 비유에 대해 말씀하실 때 예수님께서는, "누구든지 하늘 나라를 두고 하는 말씀을 듣고도 깨닫지 못하면, 악한 자가 와서, 그 마음에 뿌려진 것을 빼앗아 간다."(마태복음 13:19) 고 말씀하셨습니다. 또한 그분께서는 그 말씀 후에 바로, "좋은 땅에 뿌린 씨는 말씀을 듣고서 깨닫는 사람은 .... 열매를 맺되, 백 배 혹은 육십 배 혹은 삼십 배의 결실을 낸다."라고 말씀하셨음을 상기하십시다(23절).

성경은 분명히 자신의 생각이나 깨달음을 의지하지 말라고 말씀하시는 것이 사실이기는 합니다. 그러나 복음을 받아들일 때는 그렇지 않습니다. 복음을 듣고 깨달아야 하나님과의 계속적인 교제의 열매를 맺는 그리스도인이 됩니다. 감정을 부추기거나 과장되게 설교함으로 복음을 받아들이지 않을 수 없게끔 상황을 만들어 예수님을 영접시킨다면, 예수님을 영접한 사람이 복음이 무엇인지에 대해서 충분히 깨닫지도 못하고 영접하게 되기가 쉽습니다. 그런 사람은 마귀가 와서 예수 영접의 씨를 쉽게 빼앗아 갑니다. 뭐든지 남의 말에 쉽게 수긍하는 사람들이 있습니다. 이런 사람들은 복음에도 쉽게 수긍합니다. 복음을 제대로 깨닫지도 못하고 말입니다. 어찌 이런 사람들을 마음으로 믿었다고 말할 수 있겠습니까?

구속과 구원과 하나님의 목적들은 매우 귀합니다. 이런 것들에 대해 진정으로 이해한 사람들은 자신의 뿌리를 이런 귀한 것들에 깊이 내립니다. 진정한 믿음은 눈먼 것이 아닙니다. 오히려 이것은 어두움을 밝히는 것입니다. 참 믿음은 조사하는 것을 두려워하지 않습니다. 머리로 믿는 것과 마음으로 믿는 것은 다릅니다. 그렇다고 해서 이 둘이 서로 대립하는 것도 아닙니다. 우리가 열린 마음으로 예수에 대해 지적인 조사 이상의 조사를 하고자 하면 그분에 대해 알되 더 잘 알게 됩니다. 그리고 그분에 대해 더 잘 알게 되면 될수록 우리 마음은 뜨거워져서 그분을 더 잘 믿게 되는 일이 일어납니다. 나폴레옹조차도 "요한복음을 읽은 후에 만에 하나 예수가 하나님의 아들이 아니라면 요한복음을 쓴 사람이 하나님의 아들일 것이다."라고 말하였습니다.

당신은 예수님을 누구라고 말하시겠습니까?

한번은 예수님께서 제자들에게 "내가 누구라고 생각하느냐?"라는 질문을 던졌습니다. 그러자 제자들이 "세례자 요한이라고 하는 사람들도 있고, 엘리야라고 하는 사람들도 있고, 예레미야나 예언자들 가운데 한 분이라고 하는 사람들도 있습니다."(마태복음 16:14)라고 대답하였습니다. 이 말씀을 들으신 예수님께서 다시 그들에게, "그러면 너희는 나를 누구라고 하느냐?"(15절)라고 물으셨습니다. 만일 예수님의 제자들이 다른 사람들의 말만을 믿고 예수를 따랐다면 그들이 예수님의 참된 제자라고 말할 수 없습니다. 이것은 우리에게도 마찬가지입니다. 우리는 우리가 존경하는 저술가나 교사 또는 공중파 방송 복음 전도자들의 말을 듣거나 목사가 예수가 어떤 분이라고 말하는 것만 들어서는 안 됩니다. 우리는 우리 스스로 예수가 누구인지를 알고 나서 주님을 따라야 합니다. 우리는 다른 사람들의 예수에 의해 중생하는 것이 아니라 나의 예수에 의해 중생합니다.

베드로는 예수님의 질문에 대해 "예수는 그리스도시고 하나님의 아들이시며 주시라."고 대답하였습니다. 이렇게 대답한 시몬 베드로에게 주님께서는, "시몬 바요나야, 너는 복이 있다. 너에게 이것을 알려 주신

분은 사람이 아니라, 하늘에 계시니 나의 아버지시다."(마태복음 16:17)라고 말씀하셨습니다. 베드로는 다른 사람들의 말을 듣고 말한 것이 아닙니다. 그는 하나님으로부터 직접 깨달음(revelation, 계시)을 하나님으로부터 받았던 것입니다. 우리도 베드로처럼 하나님 아버지로부터 직접적으로 계시를 받는다면 우리의 믿음도 베드로의 믿음처럼 바위에 세워진 집처럼 단단해져 그 어떤 지옥의 공격도 이길 수 있게 됩니다. 앵무새는 훈련만 받으면 진리를 입으로 조아릴 수 있습니다. 그렇다고 그것이 앵무새가 진리를 깨달았다거나 마음으로 받아들였다고 말할 수 없습니다. 입으로 조아리는 정도로만 진리를 받아들인다면 삶의 풍파가 닥칠 때 그 진리는 무너져 내리고 맙니다.

저는 지금 어떤 특정한 복음 전도자들의 복음 전도 방법을 비난하고 있는 것이 아닙니다. 바울이 말했던 바와 같이, 설혹 예수님을 전하고 나서의 결과가 별로 좋지 않다고 하더라도 예수가 세상 사람들에게 전해지는 것을 우리는 기뻐하고 또 기뻐해야 합니다. 20%만 예수 영접을 제대로 했다고 할지라도 숫자로 따지면 결코 작은 수가 아닐 수도 있습니다. 또한 복음 전도자들이 멀리까지 가서 복음을 전하지 않았더라면 그들은 복음을 듣고 구원받기가 어려웠을지도 모릅니다. 그러나 양을 희생제물로 드리기 전에 집에 가지고 와서 닷새 동안 양에게 하자가 있는지에 대해 면밀히 조사하도록 하는 것은 바로 하나님에게서 나온 지혜로운 성경적 방법이란 사실을 우리는 잊지 맙시다. 그런 하나님의 지혜로운 방법을 따른다고 진정으로 중생하는 사람들이 줄어들지 않을 것입니다. 아니, 오히려 늘어날 것입니다.

참으로 나의 백성이 두 가지 악을 저질렀다.
하나는, 그들의 생수의 근원인 나를 버린 것이고,
또 하나는, 그들이 전혀 물이 고이지 않는,
물이 새는 웅덩이를 파서,
그들의 샘으로 삼은 것이다.

(예레미야 2:13)

There_
Were_
Two_
Trees_
In_The_
Garden_

Chapter 14

우리 모두가 그분을
십자가에 못 박았다

> 너희는 그것을 이 달 열 나흗날까지 두었다가 해 질 무렵에 모든 이스라엘 회중이 모여서 잡도록 하여라. (출애굽기 12:6)

> 그러나 온 백성이 대답하여 말하였다. "그 사람의 피는 우리와 우리 자손에게 돌리시오." (마태복음 27:25)

예언의 말씀대로 이스라엘의 모든 백성들이 예수님을 십자가에 못 박도록 하였습니다. 그러나 단지 이스라엘 백성들만 예수님을 못 박아 죽인 것이 아닙니다. 모든 인간들 속에 있는 죄성이 예수를 못 박았기에, 모든 인류가 다 그분을 십자가에 못 박아 죽인 것입니다. 만일 하나님께서 자신의 아들 예수를 이스라엘이 아닌 다른 나라에 보내셨다고 하더라도 그 나라 사람들도 역시 예수를 죽였을 것입니다. 플라톤도 진짜 의로운 사람은 사람들에게 멸시받고 결국은 말뚝 형을 당하게 된다고 말하였습니다.(플라톤이 살았을 당시 그 나라에서는 말뚝 형이 바로 십자가형에 해당되는 사형 방법이었습니다.) 진실된 그리스도인들은 항상 핍박을 받아왔습니다. 지금도 진실한 그리스도인들이 세계 거의 모든 나라에서 핍박을 받고 있습니다. 주님께서 한 번은, "너희가 여기 내 형제자매 가운데, 지극히 보잘 것 없는 사람 하나에게 한 것이 곧 내게 한 것이다."(마태복음 25:40) 라고 말씀하셨습니다. 이처럼 예수님께서는 자신을 위해 목숨을 내놓은 사람과 예수님 자신을 동일시 하셨습니다. 만일 우리가 그분에게 속한 사람을 핍박하고 비방하고 상처를 입혔다면 그것은 바로 우리가 주님에게 상처를 입힌 것입니다. 만일 교회를 비방하고 목회자와 형제를 비난하였다면 아니 그들 중에 가장 낮은 자를 비방하였다거나 어떤 사람의 교리가 잘못되었다고 그 사람을 비방하였다면 또한 어떤 사람의 잘못을 가지고 그 사람에게 상처를 주었다면 그것은 바로 예수님을 배반한 것입니다.

하나님을 비난함

우리는 하나님의 영광에 미치지 못한다고 생각되는 사람들에게 돌을 던져서는 안 됩니다. 왜냐하면 하나님의 영광에는 우리도 미치지 못해 왔기 때문입니다. 만일 우리가 다른 종들이나 다른 교회들을 비난하면 우리는 사실 그분을 비난하는 셈입니다. 하나님의 자녀 된 사람들을 비판하는 것은 하나님이 이루신 일이 충분하지 않다고 말하는 것입니다. 이렇게 하는 것은 우리가 하나님보다 더 잘 할 수 있다고 말하는 것과 다름이 없습니다.

이스라엘 백성들이 모세를 비난하자 모세는 자기를 비난하는 것은 곧 하나님을 비난하는 것이라고 말했습니다(출애굽기 16:8). 모세의 이 말은 모세 자신은 완전한 사람이라거나 그가 하는 모든 일은 완전하다는 말이 결코 아닙니다. 이스라엘 백성들이 모세에게 반항한 것은 곧 하나님이 모세를 지도자로 세우신 결정이 잘못되었다고 하는 것과 같은 것입니다.

지도자를 비난하는 경향이나 자신이 처한 환경을 비난하는 경향은 우리에게도 있습니다. 하나님께서 직간접적으로 관계를 맺게 해주신 지도자나 하나님께서 겪게 해주시는 환경을 비판하는 것은, 하나님께서 사람을 제대로 이끌어가지 못하신다고 생각하고, 그렇게 밖에 못하시는 하나님을 비판하는 것입니다. 우리가 우리의 배우자나 가족 그리고 우리의 권위자들을 비난하는 것은 곧 하나님을 비난하는 것입니다. 만일 매일의 삶 속에서 하나님을 신뢰하지 못한다면, 그런 우리가 어떻게 우리에게 참 생명을 허락하신 하나님의 구원을 믿을 수 있겠습니까? 우리가 직업을 잘못 선택하였거나 우리가 잘못하여 처하게 된 난관은 분명히 우리의 책임입니다. 이런 난관들을 타개하기 위해 우리가 취해야 할 태도는 비난이 아닙니다. 오직 즐거운 마음의 태도를 가지고 믿음으로 상황과 사람들을 놓고 기도함으로만 우리는 상황을 타개해 나갈 수 있습니다.

하나님과 그분이 이루신 일에 대해 비난을 하는 바보가 되지 맙시다. 애굽에서 나온 처음 세대들은 하나님에 대해 불평하고 불만을 토했기 때문에 광야에서 죽고 말았습니다. 우리들도 불평을 늘어놓다가는 잠시만 받아도 되는 광야 훈련과정을 오랫동안 받거나 광야에서 죽고 맙니다. 만일 우리가 이스라엘 백성들처럼 광야에서 믿음을 잃게 된다면 우리는 계속 시험에 실패하여 광야만을 반복하여 맴돌게 됩니다. 하나님을 굳건히 신뢰할 때에만 우리는 광야를 벗어날 수 있습니다.

우리가 그리스도인으로서, 빛의 역할을 제대로 하지 못하고 능력 있는 교회로서의 역할을 제대로 발하지 못하고 또한 하나님의 친밀한 교제를 지속적으로 해 나가지 못하는 가장 큰 이유는 교회를 비난하기 때문입니다. 하나님께서는 이사야 선지자를 통하여 이렇게 말씀하셨습니다.

"... 네 빛이 새벽 햇살처럼 비칠 것이며, 네 상처가 빨리 나을 것이다. 네 의를 드러내신 분이 네 앞에 가실 것이며, 주의 영광이 네 뒤에서 호위할 것이다.

그 때에 네가 주님을 부르면 주께서 응답하실 것이다. 네가 부르짖을 때에, 주께서 '내가 여기에 있다' 하고 대답하실 것이다. 네가 너의 나라에서 무거운 멍에와 온갖 폭력과 폭언을 없애 버린다면..." (이사야 58:8-9)

만일 우리가 손가락질하거나 악한 말을 하지 않는다면 하나님께서는 우리에게 빛을 주고 회복과 의로움과 주님의 영광을 주실 것이고 우리의 기도에 응답해 주시겠다고 약속하셨습니다. 예수님께서는 남을 비판하기 전에 우리 속의 악을 먼저 제거할 것을 원하시기에, 이렇게 말씀하셨습니다.

너희가 심판을 받지 않으려거든, 남을 심판하지 말아라.
너희가 남을 심판하는 그 심판으로 하나님께서 너희를 심판하실 것이요, 너희가 되질하여 주는 그 되로 너희에게 되어서 주실 것이다.
(마태복음 7:1-2)

예수님의 이러한 말씀은 우리의 주위에 그대로 이루어지고 있음을 우리는 봅니다. 그 동안 많은 사람들이 자신의 견해와 자신의 교리라는 시각으로 다른 사람들을 비판함으로 상대방이 범한 실수보다 많은 실수를 저질렀고 그 결과 교회가 엄청난 피해를 입게 되었습니다. 그런 사람들은 교회를 넘어지게 하는 '거치는 돌' 입니다. 주님께서는 거치는 돌과 같은 사람들에게 경고의 말씀을 발하셨습니다.

죄짓게 하는 일이 없을 수는 없다. 그러나 죄짓게 하는 사람에게는 화가 있다.

이 작은 사람들 가운데 죄짓게 하는 것보다, 차라리 자기 목에 연자 맷돌을 매달고 바다에 빠지는 것이 나을 것이다. (누가복음 17:1-2)

의로운 판단

고린도 교회가 당면하고 있던 도덕적 불감증에 대해 사도 바울은, "여러분이 심판할 사람들은 안에 있는 사람들이 아닙니까?"(고린도전서 5:12)라는 질책의 말을 하였습니다. 교회 안에서 권위를 가지고 있는 교회의 지도자들은 교회의 사람들을 권위를 가지고 교인들을 판단할 책임이 있습니다. 그러나 이러한 판단은 반드시 성경의 원칙을 따라야 합니다. 성경이 주는 지혜를 따라 지혜롭게 교회의 사람들을 판단하는 것은 비판의 태도를 가지고 교인들을 판단함으로 교회의 거치는 돌이 되는 것과는 엄연히 구별되어야 합니다. 성경적인 원칙은 이렇습니다. 먼저 우리는 잘못한 죄를 범하였거나 잘못을 범한 교인에게 혼자서만 찾아가야 합니다. 그런데 만일 그 교인이 회개를 하지 않으면 우리는 다른 사람과 같이 잘못한 사람에게 가서 말해야 합니다. 그래도 회개하지 않으면 교회 앞에 이 문제를 정식으로 들고 나가야 합니다(참조: 마태복음 18:15-17).

주님께서는 거치는 돌이 되는 사람들에 관한 이야기가 끝나자마자 우리가 어떤 태도를 갖고 잘못을 저지른 사람들을 대해야 하는지에 대해 말씀하셨습니다. 죄를 지은 교인에 대한 조사와 판단이 정확하고 옳다고 하더라도 주님이 제시하신 교정의 순서와 원칙을 지키지 않고 무턱대고 전 교인들 앞에 그 사람의 죄를 다 드러내놓으면 교회가 큰 아픔을 겪게 됩니다.

그리고 또한 우리가 주님이 제시하신 현명한 원칙에 따른다고 할지라도 만일 우리가 바른 마음의 자세를 가지지 않는다면 우리는 또한 잘못 행하는 것입니다. 이에 대해 사도 바울은 갈라디아 교인들에게 이렇게 간청하였습니다.

교우 여러분, 어떤 사람이 어떤 죄에 빠진 일이 드러나면, 성령의 지도를 받아 사는 여러분은 온유한 마음으로 그런 사람을 바로잡아 주고, 자기 스스로를 살펴서 유혹에 빠지지 않도록 조심하십시오. (갈라디아서 6:1)

사람들을 공중 앞에서 지적하던 사람들 자신이 공중 앞에서 창피를 당하는 것을 자주 보게 됩니다. 형제들을 비판하는 태도로 책을 저술하였던 사람들은 결국 영적인 편집증이라는 병에 시달리거나 마음이 시커멓게 되어 고통당하게 되는 일이 비일비재하게 있습니다. 형제에 대해 비판의 영을 가지고 형제를 괴롭게 하는 사람은 이 세상에서도 불행하게 살지만 하나님의 심판대 앞에 서게 될 때에 다시 한 번 어려움을 당합니다. 남에게 자비를 베푼 사람은 자비를 받습니다. 은혜를 베푼 사람이 은혜를 받습니다. 우리 인간은 자비와 은혜가 필요한 존재들입니다. 그러니 우리도 남들을 위한 자비와 은혜의 그릇이 되십시다.

> 그러나 나는 너희에게 말한다. 자기 형제나 자매에게 성내는 사람은, 누구나 심판을 받는다. 자기 형제나 자매를 모욕하는 사람은 누구든지 공의회에 불려 갈 것이요, 자기 형제나 자매를 바보라고 하는 사람은, 누구든지 지옥 불 속에 던짐을 받을 것이다.
> 그러므로 네가 제단에 제물을 드리려고 하다가, 네 형제나 자매가 네게 어떤 원한을 품고 있다는 생각이 나거든,
> 너는 그 제물을 제단 앞에 놓아두고, 먼저 가서 네 형제나 자매와 화해하여라. 그런 다음에, 돌아와서 제물을 드려라. (마태복음 5:22-24)

어떤 사람들은 자신들이 미워하는 형제들에게 찾아가는 것을 정당화하기 위해 이 구절을 오용합니다. 그러나 이 말이 뜻하는 바는 그것이 아닙니다. 우리는 우리에게 잘못을 범한 사람들을 용서해 주어야만 합니다. 그러나 우리는 또한 그런 사람들에게 찾아가서 화해를 함으로 그런 사람들과 올바른 관계를 가져야 합니다. 우리는 그런 사람들에게 자비를 베풀어야 합니다. 그러나 상대방에게 자비를 베풀 것을 강요해서는 안 됩니다. 상대방이 화해하고 말고는 상대방 자신과 하나님과의 문제이기에 우리가 간섭할 바가 아닙니다. 우리는 우리가 해야 할 것만 신경쓰면 됩니다. 어떻게 보면 이것은 부당한 듯이 보일 수도 있을 것

입니다. 그러나 여기서의 핵심은 정당성이 아닙니다. 만일 정당성을 놓고 따지면 우리는 죽었어야만 하는 죄인입니다. 만일 우리가 남들을 용서하고 자비를 베풀 수 있는 기회에 그렇게 한다면 우리에게 하나님의 더 많은 용서와 자비가 베풀어집니다. 그러나 우리가 남을 용서하고 자비를 베풀 때에는 하나님 앞에서 비밀스럽게 해야 합니다. 그래야 우리가 하나님의 상을 받습니다. 우리가 다른 사람의 칭찬을 받으려는 목적으로 사람들을 용서한다면 우리는 이미 사람의 칭찬을 받은 것이기에 하나님의 상은 받지 못하게 됩니다.

남태평양 지역에선 여자와 결혼하려면 소가 있어야 합니다. 이에 관한 이야기를 하나 해드리겠습니다. 그 곳에선 보통의 경우, 딸이 결혼하면 딸의 아버지가 사위 될 사람에게 소 두 마리를 받습니다. 그리고 딸이 좀 예쁘게 생겼으면 세 마리를 받고 아주 아름답게 생겼으면 네 마리를 받는다고 합니다. 얼굴이 별로로 생긴 딸을 둔 아버지가 있었습니다. 그래서 그는 이 딸이 결혼할 때 아마도 한 마리의 소밖에 받지 못할 것이라고 생각하였습니다. 어느 날 같은 섬에 사는 어느 현명하고 눈이 정확한 젊은이가 이 아버지에게 와서 소를 여덟 마리를 주고 딸을 아내로 데리고 갔습니다. 마을 사람들은 이 젊은이가 정신이 나갔다고 생각했습니다. 그러나 얼마 지나지 않아 이 별로로 생긴 딸은 그 섬에서 가장 아름다운 여인으로 변했습니다. 그녀는 자신이 '난 소 아홉 마리의 가치가 있을 정도로 아름답고 괜찮은 여자다.' 라고 생각하기 시작하자 정말로 그렇게 된 것입니다.

우리는 사람들이 돈을 지불하는 양에 따라 상품의 가치를 결정합니다. 당신의 아내, 남편, 자녀, 부모, 친구 및 상사의 가치는 얼마나 됩니까? 하나님께서는 이들을 가장 높은 값 곧 자신의 아들의 피 값으로 사셨습니다. 우리는 모든 사람을 성령에 따라 보고 하나님이 우리를 보시는 눈으로 보아야 합니다. 우리가 그렇게 할 때 남태평양의 한 여인에게 일어났던 변화와 같은 변화가 우리에게 일어나게 됩니다. 잘못된 시각으로 상대방을 대함으로 예수님을 다시금 십자가에 못 박히시게 하는 일을 하지 말아야 합니다. 그 대신 우리는 하나님이 우리를 귀하게 보시듯이 상대방을 귀하게 봄으로 하나님을 높이고 하나님이 성취하신 일을 인정해 드려야 합니다. 우리가 육을 따라서가 아닌, 성령을 따라 서로서로를 높일 때 우리는 교회를 잘 세워나갈 수 있습니다. 내가 하나님의 눈으로 보고 하나님의 귀로 들으며 하나님의 마음으로 사람들을 이해할 수 있게 해달라고 기도합시다. 만일 우리가 그렇게만 된다면 우리가 사는 땅에서 우리는 가장 현명하고 눈이 정확한 사람이 될 수 있습니다.

하나님의 대변인 되기

"나 주가 말한다. 네가 돌아오면, 내가 너를 다시 맞아들여 나를 섬기게 하겠다. 또 네가 천박한 것을 말하지 않고, 귀한 말을 선포하면, 너는 다시 나의 대변자가 될 것이다. 너에게로 돌아와야 할 사람들은 그들이다. 네가

그들에게 돌아가서는 안 된다." (예레미야 15:19)

만일 우리가 아무리 겉으론 가치 없이 보이는 사람에게서라도 그 사람의 귀함을 알아, 그 사람에게 다가가 그 사람의 존귀성에 대해 말해주고 그 존귀성을 이끌어내어 준다면, 하나님께서는 그런 우리를 이 시대에 하나님의 뜻을 실현시키는 예언적인 사람으로 사용하실 것입니다. 우리는 미천하게 보이는 사람들을 멸시함으로 그 사람 속에 있는 예수 그리스도를 다시금 못 박는 행위를 하지 말아야 합니다. 그 대신 그 사람 속에 있는 주님을 인식하여 그 사람을 높여주고 귀하게 대해 주어야 합니다.

일세기에 바리새인들이 그랬던 것처럼, 오늘날도 많은 사람들이 예수가 흰 말을 타고 모든 사람들을 다스리는 정복자의 모습으로 올 것으로 믿습니다. 그래서 사람들 속에서 출중한 사람을 찾고 있습니다. 물론 하늘나라에서 주님은 그런 위엄을 가지신 분이십니다. 만일 우리가 사람들 사이에서 예수를 찾고자 한다면 우리는 반드시 시므온과 안나가 가졌던 마음을 가져야 합니다. 시므온과 안나는 한 어린 아기를 보고 그 아기가 이 세상을 구원하게 될 구원자임을 알았습니다. 우리는 열매만을 찾아 바쁘게 다니는 관계로 장차 큰 열매를 맺게 될 씨는 보지 못합니다. 주님을 특정 모습과 형태로 제한하지 마십시다. 그래야 엄연히 당신 앞에 계신 주님을 놓치지 않게 됩니다. 참으로 지혜로운 사람은 주님이 갓난아기여도 그 주님을 경배합니다. 참 사도는 사람들 속에 주님의 형상이 나타나도록 하기 위해 심혈을 기울이는 사람입니다. 참 선지자는 모든 사람들이 주님께 초점을 맞추도록 자신을 불러주신 그분께 감사하여 그렇게 되도록 하기 위해 항상 주님에게만 집중함으로 주님의 길을 곧게 예비하는 사람입니다.

Chapter 15

생명은 피에 있다

그리고 그 피는 받아다가, 잡은 양을 먹을 집의 좌우 문설주와 상인방에 발라야 한다. (출애굽기 12:7)

이스라엘 백성들이 출애굽하기 위해 양의 피를 문설주에 발랐던 유월절 날, 죽음의 사자는 양의 피를 문설주에 바른 집은 들어갈 수 없었습니다. 만일 양의 피가 없었다면 이스라엘 사람들은 애굽의 사람들이 심판을 받아 죽어야 하듯이 죽어야만 했습니다. 예수의 피를 우리 마음에 바르면 우리는 죄로 인해 세상에 내려지는 하나님의 심판을 면할 수가 있습니다. 죄의 삯은 사망입니다. 예수의 피만이 우리를 죽음에서 구원할 수 있습니다.

이스라엘 백성들은 이 날 유월절 양을 갖고 있었습니다. 그리고 그들은 갖고 있는 양이 오늘 희생이 될 양이라는 사실을 알고 있었습니다. 그들이 이러한 사실을 아무리 알고 있다고 하더라도, 만일 그 양을 잡아, 양의 피를 집 문설주에 바르지 않고서는 그들도 죽을 수 밖에 없습니다. 이 점에 있어서는 우리도 마찬가지입니다. 우리가 아무리 우리의 죄를 속하는 예수님의 속죄에 대해 지식적으로 알고 있다고 하여도 예수님의 피를 나의 마음에 바르지 않고서는 아무 소용이 없습니다. 진리를 머리로 아는 것은 아무 소용이 없습니다. 마귀도 구원의 교리는 잘 알고 있습니다. 우리가 구원받는 것은 머리로 알아서가 아니라 마음으로 믿어서입니다(로마서 10:9-10).

하나님께서는 모세에게, "생명이 피에 있다."(레위기 17:11)라고 말씀하셨습니다. 예수님의 생명의 피를 우리가 바를 때에 우리는 구원받습니다. "우리가... 그분의 아들의 죽으심으로 하나님과 화해하게 되었다면, 하나님과 화해가 이루어진 지금에 와서 하나님의 생명으로 구원을 받으리라는 것은 더욱 확실한 일이 아니겠습니까?"(로마서 5:10) 예수님에 관한 역사적 사실을 공부하고 영의 원칙들에 대해 이해한다고 구원을 받는 것이 아닙니다. 그분의 생명이 우리 삶에 발라져야 합니다.

너무도 자주 지식이 생명을 대신해 왔기 때문에 많은 사람들이 자신이 어두움 속에 있다는 사실을 모르면서도 편안해 합니다. 지식을 갖고 있는 것과 생명을 갖고 있는 것은 별개의 문제입니다. 이것은 전기에 대한 이론에 아무리 통달한 사람이라고 할지라도 밤에 일어나 전기 스위치를 올리지 않으면 어두움 속에서 지낼 수밖에 없는 것과 마찬가지 이치입니다.

지식의 증가

오늘날 영적인 지식을 포함한 지식의 양은 급속도로 증가하고 있습니다. 주님이 오늘날 우리에게 주신 사명을 잘 완수하기 위해 지식이 필요한 것은 사실입니다. 그러나 교회가 지식으로 생명을 대신하려고 한다면 그 교회는 곧 힘을 읽게 되고 속 좁은 교회가 되고 맙니다. 생명을 위해 겸손하게 접근하지 않는다면 그 어떤 지식도 우리를 거만하게 할 뿐입니다. 주님이라는 길은 인격이시지 수학 공식이 아닙니다. 예수에 대해 영적으로 이해하고 공식화하는 것은 진리가 아닙니다. 우리가 예수를 우리의 생명으로 받아들여, 그분과 개인적으로 교제하지 않는다면 우리는 길도 모르고 진리도 모르는 것입니다.

주님께서는 자신의 힘이 얼마나 강한 지를 보여주어서 우리를 감동시키기 위해 기적을 행하시지 않으셨습니다. 주님이 행하신 모든 기적들에는 영적인 의미가 있습니다. 그분의 첫 번째 기적에 대한 영적 이해를 해보도록 하겠습니다. 주님께서는 새로 제자들을 선출하신 후 그들을 가나혼인잔치집으로 데리고 가셨습니다. 그리고 그 혼인잔치집에서 주님께서는 일꾼들에게 물 담는 항아리들을 모으라고 지시하셨습니다. 항아리 (vessel)들은 제자들을 상징합니다. 그 후에 주님께서는 모아진 항아리들을 물로 채우라고 말씀하셨습니다. 물은 하나님의 말씀을 상징합니다. 항아리에 물이 담기자, 주님께서는 항아리 속에 담긴 물들을 포도주로 바꾸시는 기적을 행하셨습니다. 이것은 말씀이 성령과 생명으로 변하는 것을 상징합니다. 우리가 포도주의 맛을 일단 보게 되면 물맛에 만족하지 않게 됩니다. 그런데 주님께서는 물을 채울 때 항아리의 입구까지 가득 채우라고 말씀하셨습니다. 그리고 물을 포도주로 변하기 전까지는 사람들에게 갖다 줄 수 없었습니다.

사도 바울은 이렇게 말했습니다. "나를 모태로부터 따로 세우시고 은혜로 불러 주신 분께서 그 아들을 이방 사람에게 전하게 하시려고, 그 아들을 나에게 기꺼이 나타내 보이셨습니다." (갈라디아서 1:15-16) 이 말은 사도 바울이 주님을 머리로 안 것이 아니라 은혜와 체험으로 알았다는 말입니다. 즉 주님이 머리로 이해된 것이 아니라 바울의 삶 속에 들어와 채워졌다는 말입니다. 사도 바울은 어떻게 주님의 피가 그에게 발리졌는지에 대해서는, "나는 그리스도와 함께 십자가에 못 박혔습니다. 이제 사는 것은 내가 아닙니다. 그리스도께서 내 안에 사시는 것입니다." (갈라디아서 2:20)라고 말하였습니다. 구원은 죄를 용서하는 것 이상입니다. 구원은 우리에게 악을 행하도록 하는 악의 근원으로부터 우리가 구출받는 것입니다. 그 구원은 예수의 십자가 사건으로 가능하게 되었습니다. 우리가 주님과 함께 십자가에서 죽음으로, 그분의 부활 생명이 나의 것으로 된 것입니다. 먼저 죽지 않고 하나님의 생명을 받을 육체는 이 세상에 아무도 없습니다.

성찬식

그 날 밤에 그 고기를 먹어야 하는데 고기는 불에 구워서 누룩을 넣지 않은 빵과 쓴 나물을 곁들여 함께 먹어야 한다. (출애굽기 12:8)

예수께서 그들에게 말씀하셨다. "내가 진정으로 진정으로 너희에게 말한다. 너희가 인자의 살을 먹지 않고 또 인자의 피를 마시지 않으면 너희 속에는 생명이 없다.
내 살을 먹고 내 피를 마시는 사람에게는 영생이 있을 것이요, 마지막 날에 내가 그를 살릴 것이다.
내 살은 참된 양식이요, 내 피는 참된 음료다.
내 살을 먹고 내 피를 마시는 사람은 내 안에 있고, 나도 그 사람 안에 있다.
살아 계신 아버지께서 나를 보내셨고 내가 아버지로 말미암아 사는 것과 같이 나를 먹는 사람도 나로 말미암아 살 것이다 "(요한복음 6:53-57).

인간의 존재 가치는 무엇을 먹느냐에 따라 결정된다는 말이 있습니다. 만일 우리가 생명나무이신 주 예수님을 먹으면 우리는 생명을 가지게 됩니다. 그런데 위에 기록된 말씀에서 예수님께서는, "나의 살을 이미 먹은 사람은…"이라고 과거형으로 말씀하시지 않고 현재형을 써서 "나의 살을 먹는 사람은…"이라고 말씀하셨습니다. 그리고 또한 그분은 "나의 살을 먹어라"라는 식의 명령형으로 말씀하지도 않았습니다. 이렇게 현재형을 쓰셨다는 말은, 우리가 그분을 계속 먹어야 그분 안에 계속적으로 거할 수 있다는 말입니다. 참된 만나이신 예수님은 하늘에서 내려오신 분이십니다(요한복음 6:58). 이스라엘 사람들은 광야에서 생활할 때 하늘에서 내려오는 만나를 매일매일 구해야 했습니다. 그 날 먹고 남은 만나를 다음 날 먹겠다고 놔두면, 놔둔 만나가 썩어버렸습니다. 우리는 예수님을 매일 새롭게 구해야 합니다. 우리는 과거에 받았던 은혜로 오늘을 살아서는 안 됩니다. 그러면 썩은 은혜를 먹을 뿐입니다. 내가 어제 영적이었다고 오늘도 당연히 영적이라는 생각은 망상일 뿐입니다. 그분은 우리에게 매일 새로우신 분이셔야 합니다.

예수님께서는 자신의 살을 먹고 피를 마시라고 말씀하셨습니다. 그러나 그분의 말은 정말로 예수의 살을 뜯어먹고 예수의 혈관을 찢어 흘러나오는 피를 정말로 마시라는 말이 아닙니다. 예수님께서 하신 이 말을 상징적으로 이해해야 합니다. 이 말은 '주님의 생명과 육체를 가져라'라는 말입니다. 예수를 믿은 우리가 교회가 되라는 말입니다. 우리가 그렇게 되면 우리의 뼈와 살은 그분의 뼈와 살이 됩니다. 이 말을 처음 들었을 때 많은 제자들이 너무도 혼동에 빠져, 주님을 떠나버리고 말았습니다(요한복음 6:66). 예수님께서 자신의 살과 피를 먹고 마시라는 말을 오해한 교회 지도자들이, 이 귀한 진리를 '성찬식' 이라는 예식으로 축소시키는 잘못을 범하고 말았습니다. 예수님은 이 말씀을 하실 때, 성찬식이라는 교회의 의식을 염두에 두고 말씀하신 것이 아니라, 실제 (reality)를 염두에 두고 말씀하셨습니다. 성찬식에 참석하는 것과 주님을 받는 것과는 별개입니다. 성찬 예식은 주님의 그 말씀을 기억하기 위해 행해져야지 실제적 진리를 대신하기 위해 행해져서는 안 됩니다. 주님의 살과 피를 먹고 마시는 것이 의식으로 되어버리면 교회에서 생명이 떠납니다. 그래서 교회는 어두워집니다. 중세 시대에 교회가 그런 일을 행했기 때문에 중세 시대의 교회가 영적 생명을 상실하게 되었습니다. 그래서 중세 교회가 암흑시대를 맞이하게 되었습니다.

사도 바울은 고린도 교회에게 편지할 때, 성찬 예식에 대하여서는 이렇게 말하였습니다. "우리가 축복하는 축복의 잔은, 그리스도의 몸에 참여함이 아닙니까? 우리가 떼는 빵은 그리스도의 몸에 참여함이 아닙니까?" (고린도전서 10:16) 성찬 (communion) 이라는 단어는 공통 (common) 이라는 단어와 결합 (union)이라는 단어의 합성어입니다. 그리고 이 성찬(코뮤니온, communion)이라는 합성어는 헬라어 '코이노니아(koinoia)' 라는 말의 영어 번역입니다. '코이노니아' 라는 말은 '어떤 물건을 공동으로 사용한다' 라는 말입니다. 교회의 지체들을 하나로 만드는 것은 성찬식에 사용되는 빵과 포도주가 아니라 바로 예수님의 피와 살입니다. 성찬식을 통해 우리가 하나 되는 것은 아닙니다.

성찬은 그리스도로 인하여 서로가 하나 되었음 (common-union)을 상징하는 의식 (ritual)입니다. 예수님 자체가 우리의 성찬되십니다. 그분이 우리를 서로 하나로 묶으십니다. 의식은 단지 하나로 묶어졌음을 상징할 뿐입니다. 사도 바울은 고린도 교회에 대해 이렇게 경고하였습니다.

> 내가 여러분에게 전해 준 것은 주님께로부터 받은 것입니다. 곧 주 예수께서 잡히시던 밤에 빵을 드시어서
>
> 감사를 드리신 다음에 떼시고, 말씀하셨습니다. "이것은 너희를 위하는 내 몸이다. 이것을 행하여 나를 기억하여라"
>
> 식후에 잔도 이와 같이 하시고서 말씀하셨습니다. "이 잔은 내 피로 세운 새 언약이다. 너희가 마실 때마다 이것을 행하여 나를 기억하여라"
>
> 그러므로 여러분이 이 빵을 먹고 이 잔을 마실 때마다, 주님의 죽으심을 그가 오실 때까지 선포하는 것입니다.
>
> 그러므로 누구든지 합당하지 않게 그 빵을 먹거나 주님의 잔을 마시는 사람은 주님의 몸과 피를 범하는 죄를 짓는 것입니다.
>
> 그러니 각 사람은 자기를 살피십시오. 그런 다음에 그 빵을 먹고, 그 잔을 마시십시오.
>
> 주님의 몸을 분별함이 없이 먹고 마시는 사람은, 지기에게 내릴 심판을 먹고 마시는 것입니다. (고린도전서 11:23-29)

몸을 분별함

만일 우리가 그리스도의 빵과 떡을 뗄 때, 그리스도의 몸을 바르게 분별하지 않고 뗀다면 그것은 우리가 우리 스스로를 심판하는 것입니다. 만일 단지 우리가 성찬 예식을 잘 끝마치기만 한다면, 예수님이 요구하신 자신의 피와 살을 마시고 먹으라는 의무 조건을 충족하는 것이라고 생각하고 성찬 의식에 참여한다면 우리는 우리를 스스로 속이고 있는 것이 됩니다. 실제를 의식으로 대체하려고 할 때마다 주님이 이루신 구속과 구원을 박탈당하게 됩니다. "바로 이 때문에 여러분 가운데는 몸이 약한 사람과 병든 사람과 죽은 사람이 많습니다." 몸의 일부가 몸에서 떨어져 나가면 그 떨어져나간 부분이 약해져서 결국은 죽습니다. 만일 우리도 교회라는 영적인 몸에서 떨어져 나가면 결국은 병들어 죽게 됩니다. "그러나 하나님께서 빛 가운데 계신 것과 같이, 우리가 빛 가운데서 살면 우리는 서로 사귐을 가지게 되고, 하나님의 아들 예수의 피가 우리를 모든 죄에서 깨끗하게 해주십니다."(요한일서 1:7) "사귐"이란 '코이노니아' 즉 성찬입니다. 주 예수님께서는 "생명에 피에 있다"라고 말씀하셨습니다. 만일 우리가 그분과 더불어 성찬(사귐)에 참예하면 머리와 몸이 서로 붙는 결과를 이루어 우리는 머리 되신 그분 아래 모인 한 몸이 되는 것입니다. 그 결과 생명되신 그분의 피가 우리 속에 흐르게 됩니다.

우리 속에 참 생명이 흐르게 하려면 우리 각자가 그리스도의 몸에 붙어야만 합니다. 이것은 선택이 아닙니다. 그렇지만 몸에 붙는 것과 머리에 붙는 것은 분명히 다릅니다. 많은 현대의 그리스도인들 특히 사람들의 칭찬과 인기에 연연하는 현대의 그리스도인들이 머리에 붙지 않고 몸에만 붙었습니다. 그리고 머리되신 분과는 전혀 개인적인 교제를 하지 않습니다. 이십 세기 후반 동안 교회는 머리에 붙는 것은 거의 강조하지 않고 몸에 붙는 것만을 강조해 왔습니다. 만일 우리가 머리에 붙으면 몸에는 저절로 잘 붙게 됩니다. 그러나 몸에 붙는다고 머리에도 잘 붙어있다고는 결코 말할 수 없습니다. 말 앞에 수레를 두는 바보들이 교회에는 많이 있습니다.

물론 어떤 사람들은 주님만을 찾고 그분과만 교제하기 때문에, 자신은 교회에 소속하지 않는다고 말합니다. 베드로는 이러한 태도는 바른 교리와 가르침 그리고 성경을 왜곡하는 것이라고 말하였습니다. 주님과 교제하는 것도 해야하고 교회 지체들과 교제하는 것도 해야 합니다. 둘 다 해야 합니다. 그러나 주님과 교제하는 것이 먼저입니다. 그리고 그 다음에 주님의 몸(교회의 지체들)과 올바로 교제하는 것입니다. 이 둘다를 통해서 생명을 갖습니다. 주님께서는 "나의 살을 먹으라."고 말씀하시고, 또한 "나의 피도 마셔라."고 말씀하셨습니다.

전체를 다 먹어야 한다

> 너희는 고기를 결코 날로 먹거나 물에 삶아서 먹어서는 안 된다. 머리와 다리와 내장 할 것 없이, 모두 불에 구워서 먹어야 한다.
> 그리고 너희는 그 어느 것도 다음 날 아침까지 남겨 두어서는 안 된다 (출애굽기 12:9-10).

어떤 사람들은 성경 전체 내용 중에서 구속에 관한 것만 취하는 사람들이 있습니다. 우리가 주님의 유월절에 참예하게 되면 우리는 그분 전부를 받아들여야합니다. 주님께서는 만일 우리가 보물이 묻혀있는 밭을 발견하면 보석만 살 수 없고 밭 전체를 사야한다고 말씀하셨습니다.

주님께서 모든 나라들로 가서 제자들을 만들도록 하기 위해 자기의 제자들을 파송하셨을 때 그분께서는, "내가 너희에게 명한 모든 것을 그들에게 가르쳐 지키게 하여라."(마태복음 28:20)라고 말씀하셨습니다. 성경에서 우리가 원하는 부분만 발췌해서 전한다면 복음은 힘을 잃게 됩니다. 때론 우리에게 가장 위협을 주는 것이 우리가 가장 필요로 하는 것일 수도 있습니다.

우리를 위협하는 것으로 보이는 그 어떤 것이 사실 알고 보면 우리를 위협하는 것이 아닐 경우가 많습니다. 성경에서 우리가 원하는 것만 집어 취하는 태도는 그분이 우리의 삶의 주님 되심을 포기하는 태도입니다. 그분이 우리의 삶의 주인이 되는 것을 거부하면 그분은 우리의 구원자가 될 수 없습니다. 우리가 우리를 이기적 삶에서 구출해 주신 그분의 주 되심을 부인하면 우리는 결국 죽게 됩니다. 주님을 구원자로 받아들였다고 하면서도 자기 마음대로 사는 사람은 속고 사는 것입니다. 구원받았다는 것은 자기 뜻대로 사는 이기적인 삶에서 구출 받아서 그분의 생명을 갖고 살아가는 것을 말합니다. 만일 그분이 내 삶 전 분야의 주인이 아니시라면 그분은 내 삶의 주인이 아닙니다.

복음을 잘 받아들이도록 하기 위해 복음을 매끄럽게 한답시고 복음에 타협한다면 그 결과 복음은 구원의 능력을 잃어버립니다. 몇 가지를 변화시킨 복음은 사람들을 악의 권세로부터 구출시키지 못합니다. 악에서부터 구출된다는 것은 사람들이 자신의 의지로 살았던 과거의 습성을 버리고 사는 것이고, 스스로의 힘으로 하늘까지 높아지려고 쌓아왔던 바벨탑 쌓기를 더 이상 하지 않는 것입니다.

인간을 향한 첫 유혹이면서도 가장 성공적이었던 사탄의 유혹은 바로 인간으로 하여금 하나님처럼 되도록 해주겠다는 유혹이었습니다 (창세기 3:5). 인간의 가장 파괴적인 잘못은 자기가 자기 삶의 주인이 되고자 하는 것입니다. 세상은 스스로의 힘으로 스스로를 완성시킨 사람을 존경합니다. 만일 어떤 사람이 자신의 힘으로 자신의 형상을 빚어간다면 그 사람은 분명 하나님과는 전혀 관계가 없는 삶을 사는 사람입니다. 스스로의 힘으로 크게 성공한 사람은 하나님이 보시기에 크게 실패한 사람입니다. "사람이 온 세상을 얻고도 자기 영혼을 잃어버리면 무슨 소용이 있단 말입니까?" 유월절 희생 양이 되셔서 죽으신 그분은 단지 우리의 몸만 그분의 피로 색칠하기 위해 죽지 않으셨습니다. 그분의 피는 죽음의 천사들을 괴멸시키시고 우리의 죄악을 없애시고 우리의 의지를 없애십니다. 우리의 완전한 항복을 요구하지 않는 구원은 구원이 아닙니다. 그런 거짓 구원은 복음의 원수일 뿐입니다. 타협으로 만들어진 거짓 복음은 진리에 대해 우리를 무감각하게 만들어서 그 결과 우리로 하여금 참 복음을 받아들이지 못하도록 합니다.

> "누구든지 제 목숨을 구하고자 하는 사람은 잃을 것이요, 누구든지 나를 위하여 제 목숨을 잃는 사람은 찾을 것이다." (마태복음 16:25)

우리가 그분의 생명을 원할진대 우리는 그분의 죽음에 반드시 동참해야합니다. 어느 날 주님께서는 어떤 사람에게 자신을 따르려면 모든 것을 버려야 한다고 말씀하시고 나서, 사람들에게, "그러므로 이와 같이 너희 가운데서 누구라도 자기 소유를 다 버리지 않으면 내 제자가 될 수 없다."(누가복음 14:33)라고 말씀하셨습니다. 그분이 이 말씀을 하실 때 문자적으로 말씀하셨는지 아니면 마음으로 호소만 하신 것인지는 별로 중요한 문제가 아닙니다. 예수님의 이 말씀은 실제요 또한 전부입니다. 우리는 욥이 자신이 가진 모든 것을 다 잃고 나서야 비로소 하나님만이 그가 필요로 하는 실제요 전부라는 사실을 알게 되었다는 사실로부터 교훈을 배울 수 있어야 합니다. 주님이면 다 된다고 철저히 믿고 살아가는 사람은 주님을 제외한 그 어떤 것에도 얽매이지 않고 살아갈 수 있습니다.

오늘날 교회는 조각났습니다. 우리는 지금 예수님의 몸의 부분 중에서 우리가 원하는 부분만 받아들이고 있습니다. 오늘날의 교회들은 지금 가장 편안하다고 생각하는 쪽으로만 나가려는 경향을 보이고 있습니다. 그 결과 많은 교회들은 균형을 유지하지 못한 지체 부자유자가 되어가고 있습니다. 어떤 교회는 복음전도에 기울어져 있고 다른 교회는 목양 쪽으로 치우쳐져 있습니다. 그리고 또 다른 교회는 예언 쪽으로만 나갑니다. 이것은 예수님의 몸이 전부 발이거나 손이거나 눈이라는 말입니다. 이러한 교회들은 예수님의 온전한 몸을 흉측스럽게 만들고 있는 것입니다. 몸의 각 지체는 조화되고 적절하게 붙어있어야 서로에게 도움을 주고 정상적으로 작동합니다. 만일 아무리 심장이 튼튼하더라도 폐, 간, 신장과 적절히 연결되어 있지 않으면 심장이 아무 소용이 없습니다. 우리의 교회들은 지금 다 심장만 되려고 하거나 간만 되려고 하고 있습니다. 몸의 장기들은 서로 교류해야 하고 연관을 맺어야 합니다. 그리고 몸이 전체적으로 힘을 발휘하려면 각각의 장기들이 있어야하고 그 장기들은 제 위치에 있어야 합니다.

목사는 양을 잘 보살필 수 있는 조심성이라는 감각을 하나님으로부터 받았습니다. 선지자는 성격상 비전을 제시하는 사람입니다. 교회에서 예언 사역이 바른 균형을 잡지 못하면 목사는 어디로 가야할지 몰라

비틀거리게 됩니다. 그래서 자기가 생각한 길만을 고집하게 됩니다. 그 반대로 선지자가 목사의 영향 받기를 거절하면 비전을 갖고 있긴 하지만 그것을 어떻게 이루나갈 줄은 모르게 됩니다. 교사는 실제적이어서 하나님의 말씀을 다른 지체들에게 줍니다. 그러나 다른 사역자들과는 상관하지 않고, 혼자만 가르치게 되면 교회에는 원칙과 공식만을 가득한 곳이 되고 맙니다. 그 결과 교회가 생명이 없게 됩니다. 복음을 전하는 자는 잃어버린 영혼에게 관심을 집중하기 때문에, 초신자들을 성숙하게 만들지는 못합니다. 그러나 교회에 복음전도자가 없다면 교회는 잃어버린 영혼을 불쌍히 여기는 마음을 상실하고 맙니다. 그래서 교회에 사도, 선지자, 교사, 목사, 복음 전하는 자가 모두 있어 잘 균형을 이루고 있어야 좋은 교회입니다. 그래야 교회가 제 길을 찾아 제대로 갑니다. 성령은 우리를 하나 되게 합니다. 성령으로 우리가 하나 된다는 말은 모두가 동일한 형태를 갖는다는 말이 아닙니다. 하나 됨은 다양성을 인정하는 하나 됨이어야 합니다. 그러기에 주님께서는 교회에 다양한 사역들을 주셨습니다. 사도를 주셨고 선지자와 복음 전하는 자를 주셨으며 또한 목사와 교사를 주셨습니다. 그 이유는 성도들을 성숙하게 세워주기 위함입니다(에베소서 4:11-12). 그러므로 교회는 이 다섯 가지 사역을 다 받아들여야 합니다. 우리가 주님의 몸에 참예할 때 (교회가 될 때)주님의 "몸 전체를 다 먹어야 합니다."

"우리는 사랑 안에서 진리를 말하면서 모든 면에서 자라나서, 머리이신 그리스도에게까지 이르러야 합니다."(에베소서 4:15) 사도들은 "가서, 성전에 서서, 이 생명의 말씀을 남김없이 백성에게 전하여라!"라는 명령을 받았습니다(행 5:20). 그리고 시편 기자는 "주의 말씀의 모두 합쳐서(the sum of they word) 진리입니다." (시편 119:160)라고 말하였습니다. 우리는 작은 진리들에 집중하다 보면 진리이신 주님을 놓치게 됩니다. 우리가 먹을 것들에 급급하다 보면 생명의 강이신 그분을 놓치게 됩니다. 대부분의 경우, 각 교파들은 한 가지 진리만을 중점적으로 강조한 결과로 세워지게 되었습니다. 그들 각 교파들은 다른 진리들도 가르치긴 하지만 하나님의 전체적 계시 중에서 한 부분만을 특별히 강조하는 경향이 농후합니다. 우리가 성경의 진리들 중에서 한 곳만 쳐다보면 진리 전체를 보지 못하게 됩니다. 그러나 우리가 참 진리이신 예수만을 쳐다보면 우리는 모든 다른 진리들을 다 볼 수 있게 됩니다. 예수님은 하나님의 모든 말씀들의 합입니다.

예수가 모든 영적 진리들의 합인 것을 알지 못하면 우리는 코끼리 만지는 장님과 같은 사람이 되고 맙니다. 어떤 장님은 코끼리의 다리를 만지고 코끼리가 나무처럼 생겼다고 말합니다. 어떤 장님은 코끼리의 귀를 만지고 코끼리가 부채처럼 생겼다고 말합니다. 코끼리의 꼬리를 만진 장님은 채찍처럼 생겼다고 주장합니다. 그러나 눈을 뜨고 코끼리의 전체를 보아야 코끼리를 제대로 볼 수 있습니다. 하나님의 말씀을 전체로 보면서 부분을 해석할 때 제대로 된 해석을 할 수 있게 됩니다. 주님께서는 성경 전체가 자신을 가리키고 있다고 말씀하셨습니다(요한복음 5:39-40). 성경의 한 부분을 지나치게 강조하면 성경을 제대로 이해할 수 없습니다. 사도 바울은 히브리서에서, "하나님께서 옛날에는 예언자들을 시켜서, 여러 번에 걸쳐 여러 가지 방법으로 우리 조상들에게 말씀하셨으나, 이 마지막 날에는 아들을 시켜서 우리에게 말씀하셨습니다."(히브리서 1:1-2)라고 말하였습니다. 하나님 아버지는 우리에게 부분만을 주시지 않으십니다. 그분은 우리에게 빵 덩어리 전체를 주시고, 그 전체를 다 먹으라고 하십니다.

우리는 진정 교회의 모든 지체들이 올바로 연합된 온전한 교회를 꿈꾸고 있습니다. 그래서 교회는 모든 사람들이 교회로 오는 날을 고대합니다. 그러나 교회로 사람들이 나아가도록 하는 것이 교회의 꿈이 되어서는 안 됩니다. 교회는 일단 교회에 나온 사람들을 세워주어 그들 스스로의 힘으로 교회가 아닌, 주님에게 나갈 수 있도록 해주어야 합니다. 주님이 높이 올려지면 사람들은 말 안해도 주님에게로 몰려들게 됩니다. 이러한 사실을 잘 인식한 다윗은 '연합의 시'를 이렇게 지어나갔습니다. "그 얼마나 아름답고 즐거운가! 형제자매가 어울려서 함께 사는 일! 머리 위의 보배로운 기름이 수염 곧 아론의 수염을 타고 흘러서 그 옷깃까지 흘러내림 같구나."(시편 133:1-2) 우리의 머리 되시는 주님을 찬양하고 그분에게 헌신하는 것은 머리에 기름을 붓는 것입니다. 머리에 부어진 기름은 얼굴을 타고 온 몸 곧 그리스도의 몸인 교회로 흘러내리게 됩니다. 그래서 교회는 온통 기름으로 뒤덮이게 됩니다. 어느 날 분명히 교회는 온전히 하나가 될 것입니다. 그러나 그 날 교회는 자신이 그렇게 바랐던 하나가 되었다는 사실을 전혀 눈치 채지 못할 것입니다. 그 이유는 교회의 모든 지체들이 주님만을 집중하여 왔기 때문입니다.

Chapter 16

성령의 움직임에 민감함

서둘러서 먹어야 한다

너희가 그것을 먹을 때에는 이렇게 하여라. 허리에 띠를 띠고, 발에 신을 신고, 손에 지팡이를 들고 서둘러서 먹어라. 유월절은 주 앞에서 이렇게 지켜야 한다. (출애굽기 12:11)

이스라엘 백성들은 유월절 절기에는 누룩을 넣지 않고 구운 떡(무교병)을 먹습니다(출애굽기 12:14-20). 그들은 평상시에는 주식으로 누룩을 넣어 만든 떡을 먹었습니다. 그러나 유월절 절기를 지키는 칠일 동안은, 첫날부터 이스라엘 백성들은 누룩을 넣어 만든 떡은 먹을 수가 없었습니다. 이스라엘 백성은 애굽에서 탈출하여 나올 때 급히 나와야 하였으므로 누룩을 넣어 떡이 부푸는 동안 기다릴 시간이 없어서, 할 수 없이 무교병을 먹어야 하였습니다. 그 후 이스라엘 백성들은 출애굽 사건을 기념하기 위하여 유월절 기간동안에 무교병만을 먹었습니다.

그들은 이집트에서 가지고 나온 부풀지 않은 빵 반죽으로 누룩을 넣지 않은 빵을 구워야 하였다. 그들은 이집트에서 급히 쫓겨 나왔으므로 먹을 거리를 장만할 겨를이 없었다 (출애굽기 12:39).

누룩은 빵 전체를 부풀게 합니다. 누룩 (효모)은 성경에서 죄를 상징합니다.

여러분이 자랑하는 것은 좋지 않습니다. 여러분은 적은 누룩이 온 반죽을 부풀게 한다는 것을 알지 못합니까?
여러분은 새 반죽이 될 수 있도록 묵은 누룩을 깨끗이 치우십시오. 여러분은 누룩을 넣지 않은 반죽입니다. 우리들의 유월절 양이신 그리스도께서 희생되셨습니다.
그러므로 우리는 묵은 누룩, 곧 악의와 악독이라는 누룩을 넣은 빵으로 절기를 지키지 말고, 성실과 진실을 넣어서 만든, 누룩 없이 된 빵으로 지키십시다. (고린도전서 5:6-8)

누룩은 또한 진실이 결여된 율법적인 교리를 상징합니다. 주님께서는, "너희는 바리새파 사람들과 사두개파 사람들의 누룩을 주의하고 경계하여라!"(마태복음 16:6)라고 말씀하셨습니다. 복음이 처음으로 전파되기 시작하자 바리새인들 중에서 예수를 믿는 사람들이 생겨나기 시작하였습니다. 그런데 그들은 율법의 멍에를 교회에 가지고 들어왔습니다. 율법의 멍에는 사탄이 아담의 신부인 하와에게 선악 나무의 열매를 먹으라고 유혹하였듯이, 둘째 아담인 예수의 신부된 그리스도인을 동일하게 유혹하는 방법입니다. 그리스도인이 되기 위해 짐스런 율법도 지켜야 하는지에 대해 내에서 열띤 논쟁이 벌어진 후, 사도들은 기독교 역사상 가장 중요한 다음과 같은 성명서를 내었습니다.

성령과 우리는 다음 몇 가지 필수 사항 밖에는 더 이상 무거운 짐을 여러분에게 지우지 않기로 하였습니다.
여러분은 우상에게 바친 제물과 피와 목매어 죽인 것과 음행을 멀리하여야 합니다. 여러분이 이런 것을 삼가면, 여러분은 잘 행동한다고 할 수 있습니다. 안녕히 계십시오. (사도행전 15:28-29)

웹스터 새 세계 사전 (Webter's New World Dictionary)에는 누룩에 대해 "발효를 하는 이스트와 같은 물질. 특히 빵을 반죽하여 부풀게 할 때 사용함"이라고 적혀 있습니다. 그리고 발효에 대해서는, "흥분, 휘저음, 동요 등과 같은 불안정한 상태"라고 적혀 있습니다. 예루살렘 교회의 사도들과 장로들은 교회에 동요가 발행하는 것을 이렇게 목격하였기에, "우리 가운데서 몇몇 사람이 여러분에게로 가서 우리가 시키지 않은 여러 말로 여러분을 혼란에 빠뜨리고, 여러분의 마음을 어지럽게 하였다는 소식을 들었습니다."(사도행전 15:24)라고 보고하였습니다. 이것을 통해 우리는 영적인 누룩들이 교회에 어떤 해를 끼친다는 사실을 알 수 있습니다.

교회에 혼란을 야기하는 교리들은 대부분 율법주의에서 나온 교리들입니다. 교회들은 교회가 성숙하고 성장하려면 항상 원리와 원칙에 충실해야 한다고 생각하고 이것들에 과도하게 집착하는 양상을 보여왔습니다. 즉 이러한 생각은 교회에게 먹음직하고 보암직하고 교회로 하여금 지혜롭게 하는 듯 보이는 유혹임이 분명합니다(창세기 3:6). 사탄은 우리에게 그럴듯하게 보이는 것으로 유혹하지 않으면 우리를 넘어지게 할 수 없다는 사실을 잘 알고 있습니다. 율법, 원리, 원칙 등에 교회가 쉽게 넘어가는 이유는 이런 것들이 교회로 하여금 편안히 안주할 수 있는 거짓 안전을 제공해 주기 때문입니다. 율법과 원칙대로만 나가면 적어도 크게 어려움은 당하지 않을 것이란 생각 때문입니다. 그러나 이것들은 거짓 안전만을 제공해 줄 따름입니다. 이렇게 하는 것은 참 안전이신 예수님은 밀쳐놓고 우리 자신을 안전의 제공자로 삼는 행위입니다.

율법보다 위대한 의

"하나님의 영으로 인도함을 받는 사람은, 누구나 다 하나님의 자녀입니다"(로마서 8:14). 앞에서도 언급한 바와 같이 성령을 따라 사는 것과 율법을 지키는 것과는 상관이 없습니다. 성령을 따라 산다는 것은 율법을 지키며 사는 것 이상입니다. 성령을 따라 사는 것은 율법을 이루는 것입니다. 가령 예를 들어보십시다. 율법은 이웃의 소유물이나 이웃의 아내를 탐내지 말라고 말합니다. 그러나 성령님은 이보다 한층 높은 것을 요구하여 이웃을 사랑하라고 말씀하십니다. 만일 우리가 이웃을 사랑하면 우리는 절대로 이웃의 것을 탐내거나 이웃을 해롭게 하는 일을 하지 않습니다. 성령님은 명령하는 것으로 그치지 않습니다. 그분은 우리에게 사랑할 수 있는 힘을 주십니다. 즉 성령님은 자신의 사랑을 우리에게 부어주시며 사랑하라고 명령하십니다. 예수님께서는 율법을 파괴하러 오신 분이 아니시라 율법을 완성시키러 오신 분이십니다. 그분은 우리를 율법 위에다 두시려 오셨습니다. 그분은 율법의 요구를 충족시키고도 남을 만큼의 능력을 우리에게 주시려고 오셨습니다.

성령 안에서 행하는 것은 생명이고 평안이며 성취입니다. 그러나 쉽지는 않습니다. 육은 성령을 거스르기 때문에 어렵습니다. 우리 속에 있는 '내가 해야 한다.'는 가인과 같은 태도가 우리로 하여금 성령에 잘 순복하지 못하게 합니다. 우리 육속에 뿌리깊이 박혀있는 하나님처럼 되려는 속성으로 살아가려는 것이 문제입니다. 내가 살고 싶은 대로 살고자 하는 태도가 성령님의 뜻대로 사는 것을 막습니다. 성령의 인도함대로만 살려고 한다면 주님만이 우리의 주인이 되어야 합니다.

성령님에게 민감하기보다 규율과 법칙들에 민감하기가 더 쉽습니다. 규칙대로만 하면 질서가 금방 잡히고 많은 문제들이 쉽게 해결되기 때문입니다. 그러나 규칙은 속사람을 변화시키지 못합니다. 규칙이 삶의 무질서들을 해결해주지 못하는 때가 반드시 닥칩니다. 그러기에 우리는 규칙보다 더 단단히 우리를 붙들어줄 수 있는 기초석과 같은 것이 필요합니다. 만일 안전과 질서 둘 다를 얻으려 하면, 결국 둘 다를 잃게 됩니다.

속는 것을 두려워한다고 속지 않는 것은 아닙니다. 오히려 그 반대로, 속는 것을 두려워할수록 잘 속게 됩니다. 두려움을 갖고 살지 말고, 믿음을 갖고 살아야 합니다. 성경은 속지 않는 유일한 방도로서 진리이신 그분을 사랑하는 방법을 제시합니다. 우리가 어두운 밤에 불 켜진 방안에서, 창문의 커튼을 열어젖히면 바깥의 어두움이 들어옵니까? 아닙니다. 방안의 밝은 빛이 밖으로 나갑니다. 빛은 어두움보다 강하기 때문에 빛은 항상 어두움을 이깁니다. 만일 우리가 하나님 아버지만을 섬기고, 그분의 뜻만을 준수한다면, 우리의 삶에서 안전과 질서는 저절로 찾아옵니다. 그 결과 그 어떤 난관도 극복할 수 있게 됩니다. 우리는 이 세상의 수많은 소리들과 구별되는 하나님의 소리를 들을 수 있는 능력을 키워나가야 합니다. 세상이 흔들릴 때가 반드시 옵니다(히브리서 12:25-29). 우리는 하나님의 음성을 듣고 그분의 명령대로 따름으로 인해, 우리는 안전합니다. 하나님의 음성을 듣고 순종하는 것만이 최고의 안전입니다.

그러나 우리가 하나님의 음성을 듣고 순종함으로 안전하다고 해서, 사회가 요구하는 법과 규율과 규칙을 무시할 수는 없습니다. 이와 관련하여 바울 사도는, "율법이 제정된 것은 의로운 사람 때문이 아니라, 법을 어기는 자와 순종하지 않는 자와, 경건하지 않는 자와, 죄인과, 거룩하지 않는 자와, 속된 자와, 아버지를 죽인 자와, 어머니를 죽인 자와, 남을 죽이는 자와, 간음하는 자와, 남색하는 자와, 사람을 유괴하는 자와, 거짓말하는 자와, 거짓 맹세를 하는 자와, 그 밖에도 무엇이든지 건전한 교훈에 배치되는 일 때문임을 우리는 압니다."(디모데전서 1:8-9)라고 하였습니다. 하나님의 나라가 완전히 도래할 때까지는 이 세상에 법과 규율들이 있어야 할 필요가 있습니다. 그러나 사회의 법률과 규칙을 지키는 것이 성령이 시키시는 것을 대체할 수는 없습니다. 성령은 영적인 것을 낳지 율법적인 것을 낳지 않습니다.

성경은 인간을 위한 하나님의 지침서입니다. 성경은 인간의 언어로 기록된 책들 가운데서 가장 위대한 지혜를 포함하고 있습니다. 성경은 인간이 어떻게 작동하고 어떤 문제들을 갖고 있으며 어떠한 능력들을 갖고 있는지 그리고 어떻게 올바로 살아갈 수 있는지에 대한 모든 것들을 포함하고 있습니다. 그러기에 성경의 가치는 돈의 양으로 가늠할 수 없을 정도로 어마어마합니다. 그러나 성경의 가장 위대한 점은 성경이 우리로 하여금 예수님에게로 인도한다는 것입니다. 그러나 그럼에도 불구하고, 성경이 예수님은 아닙니다.

영적 질서

예수님께서는 지나치다 싶을 정도로 교회의 질서에 대해서는 거의 언급을 하지 않으셨습니다. 이렇게 하신 데에는 그럴 만한 충분한 이유가 있습니다. 그리스도인들에게 가장 필요한 것은 목자이신 그분의 음성을 듣고 그분을 양처럼 따르는 것입니다. 교회는 머리이신 주님을 따라야지 인간이 만든 규례를 따라서는 안 됩니다. 그분이 교회에 규칙들에 대해서는 언급하지 않은 이유가 바로 교회된 우리로 하여금 주님만을 따르도록 하기 위해서입니다. 신약 성경은 세상이 들어보지 못한 놀라운 가르침을 주는 지침들로 가득 차 있습니다. 그러나 예수님과 예수님의 제자들만큼은 교회에 그 어떤 규칙이나 규례를 제정함으로 교회에 짐을 주는 일을 거의 하지 않았습니다. 그 이유는 교회에 내려진 규칙들은 교회로 하여금 주님만을 구하고 찾는 것을 방해한다는 사실을 잘 알았기 때문입니다.

성령이 하시는 가장 중요한 일은 우리로 하여금 그분과의 교제를 중진시키는 일입니다. 성령님은 우리를 예수에게 인도하시기 위해 우리에게 보셨습니다. 만일 성경이 하나의 규범집으로서만 사용된다면 성경은 지식나무가 되어 인간들을 죽이고 인간들로 하여금 성경을 숭배하게 만듭니다. 그러나 성경이 제대로 사용되어지게 되면 성경은 우리로 하여금 주님에게 눈을 돌려 주님을 찾고 그분과 살고 그분 안에 거하도록 해서 그분을 더 많이 알도록 해줍니다. 성경은 예수님에 대해 많은 지식을 주는 책이 아니라, 그분을 경험하도록 해주는 책입니다.

바리새인들은 문제가 생길 때마다 새로운 규칙을 만들었습니다. 주 예수님께서는 그들이 만든 규칙들을 누룩에 빗대어 말씀하셨습니다. 왜냐하면 누룩은 모든 것을 휘젓고 어지럽게 하기 때문입니다. 우리의 교회에 문제가 일어날 때 새로운 규정들을 만듦으로 교회의 소요사태를 진정시키려 한다면 우리는 바리새인들처럼 누룩을 교회에 첨가하는 잘못을 범하게 됩니다. 바리새인들이 만든 교리는 단지 외관만 질서 있는 듯 보이게 할 뿐 문제 자체를 근본적으로 해결해주지 못합니다. 규범과 교리가 교회에 어느 정도의 질서는 가져다 줄 수 있습니다. 인간사의 가장 큰 질서는 묘지에서 발견됩니다. 교회가 주님과의 관계를 강조하지 않고 교회 안에서의 질서만을 강조하다 보면 교회는 결국 영적인 공동묘지로 변합니다. 죽은 자는 문제를 일으키지 않습니다. 영적으로 죽은 사람들이 많은 교회는 질서있는 듯 보일 수 있습니다. 주님께서는 질서를 주시기 위해서 오지 않으셨고 풍성한 삶을 주시기 위해 오셨습니다. 풍성하다는 것은 좋은 것만 풍성한 것이 아닙니다. 풍성한 삶 속에는 좋은 것도 있지만 나쁜 것도 포함되어 있음을 기억하십시오.

규칙을 준수하는 것에 따라 사는 삶은 겉으론 질서가 있어 보이나 그런 사람의 영은 혼동과 불안을 낳습니다. 율법으로 사는 사람은 죽을 때까지 참 안식을 얻지 못합니다. 율법은 인간을 기계나 허수아비로 만듭니다. 인간은 율법과 관계하는 존재가 아니라 창조주와 관계하는 존재입니다. 예수님은 '안식일의 주인' 이십니다. 이 말은 주님은 쉼의 주인이라는 말입니다. 그분 안에 거할 때에만 생명과 평화가 있습니다. 하나님께서는 우리에게, "너희는 잠깐 손을 멈추고, 내가 하나님인 줄 알아라."(시편 46:10)라고 말씀하셨습니다. 율법은 우리로 하여금 자기 자신에게로만 시선을 향하게 함으로 결국 우리에게 죽음과 부패를 가져다줍니다. 그러나 이에 반해 성령은 우리 속에 사랑을 창조해 주시는 생명의 주님에게로 우리의 시선을 향하게 하고, 우리가 항상 주님만을 추구하는 삶을 살도록 해줍니다.

"주의 말씀을 열면, 거기에서 빛이 비치어 우둔한 사람도 깨닫게 합니다."(시편 119:130)라고 시편 기자는 고백하였습니다. 하나님의 말씀 안에는 우리가 아직 깨닫지 못했던 놀라운 것들이 숨어 있습니다. 심지어 우리는 성경 속의 기본적인 진리도 충분히 깨닫지 못했습니다. 성경에 대한 기초 지식을 충분히 이해하고 있다고 생각하는 것은 오산입니다. 우리는 단지 진리를 옛날 거울을 통해 보듯 희미하게 볼 뿐입니다. 우리는 그분을 온전히 알 때까지는 아무것도 온전히 알 수 없습니다. "의인의 길은 동틀 때의 햇살 같아서, 대낮이 될 때까지 점점 더 빛납니다"(잠언 4:18). 우리의 진리에 대한 이해가 활동을 멈추면 우리의 삶에는 어두움이 드리우기 시작합니다.

물은 성경에서 자주 하나님의 말씀으로 상징되고 있습니다(에베소서 5:26). 예수님께서는 영적인 것을 말씀하실 때 자연적인 것들에 빗대어 말씀하셨습니다. 이는 눈에 보이고 잡히는 것들이 그렇지 않는 영적인 것들을 쉽게 설명해줄 수 있기 때문입니다. 물은 흐르는 성질을 가지고 있습니다. 물이 한 곳에만 고여 있다면 쉽게 썩습니다. 하나님의 말씀도 이와 같습니다. 하나님께서 계시하여 주신 영적인 진리가 우리 속에서 더 깊은 진리로 확장되어 흘러들어가지 않는다면 우리의 영은 얼마 안가 썩고 맙니다. 생명의 강물은 고인 연못물도 아니고 고인 호수 물도 아닙니다. 생명의 강물은 흘러야 합니다. 그 어디로든 흘러가야 합니다. 그러므로 "동일한 강에 두 번 들어가는 것은 불가능하다."는 옛 선현들의 말은 정말로 맞는 말입니다.

바리새인의 영을 가진 사람들은 교회의 지체들이 하나님의 진리에 대한 이해의 깊이가 확장되는 것을 별로 달가워하지 않습니다. 바리새인의 영을 가진 사람들은 하나님에 대한 열심은 강하고 진리 자체를 수호하고자 하는 마음은 강합니다. 그러나 그들은 실상 인간들이 세운 전통을 수호하기 위한 일념밖에는 없습니다. 그래서 사람들이 진리에 접근하는 것을 극도로 경계합니다. 바리새인의 영을 가진 사람들 자신은 부인하겠지만, 그들은 사실은 자신들이 만든 규칙들을 성경이 계시하고 있는 진리들과 같은 수준에 놓고 있습니다. 우리가 진리에 대해 더 깊은 이해를 하게 될수록 기존의 교리들에 하자가 있다는 사실을 알게 될 확률은 점점 높아집니다. 진리에 대한 더 깊은 이해를 용납하지 않는 교리는 그리스도인들을 힘없게 만드는 독성을 갖고 있습니다. 진리를 갖고 있다고 속지 않는 것이 아니라 진리를 사랑해야 속지 않습니다.

　이스라엘 백성들이 애굽을 떠날 때 급히 떠나야 했으므로 떡 반죽에 누룩을 넣어 부풀릴 시간이 없었습니다. 만일 우리도 성령의 운행하심에 민감하여 성령을 따라 민감하게 움직인다면 우리의 삶에 죄와 연약함 그리고 율법주의의 누룩들이 우리 삶을 오염시킬 시간이 없어집니다.

　저는 이미, '유월절 양은 잡기 전에 집에 데리고 와서 닷새 동안 면밀히 조사를 해서 이상이 없을 경우에만 희생 양으로 쓴다' 라고 말한 바 있습니다. 이처럼 우리는 그리스도를 영접하기 전에 충분히 그리스도를 조사해 보아야 합니다. 그러나 일단 그리스도에게 자신의 삶을 내어 맡긴 이상 우리는 애굽을 속히 빠져나와야 합니다.

　초대 교회 시절에는 처음 예수를 영접한 사람에게는 바로 세례(침례)를 주었습니다. 그렇게 함으로 예수 그리스도를 따르는 그리스도인이 되었다는 사실을 모든 사람들 앞에서 인증하였습니다. 저는 예수를 영접하고 싶은 사람을 오늘날처럼 설교단 앞으로 불러내거나 손을 들도록 하였다는 구절은 성경 그 어디에서도 찾아볼 수 없었습니다. 손을 들게 하거나 앞으로 불러내는 것들을 포함한, 예수 믿고자 하는 사람들에게 가해지는 여러 가지 복잡한 절차들은 새로 믿게 된 사람들로 하여금 예수에게 헌신하도록 하는 마음을 빼앗아 가버립니다. 예수 믿고 싶어하는 사람들에게는 바로 세례 (침례)를 주는 가장 성경적이고 좋은 방법입니다. 그렇게 하는 것이 손을 들게 하거나 설교단 앞으로 걸어 나오게 하는 등의 절차들을 거치는 것보다 좋습니다. 바로 세례(침례)를 주는 것이 좋은 것은, 세례를 받았을 때의 신선한 경험이 삶에 곧 닥칠 수도 있는 어려움들을 극복하게 하는 가장 큰 힘이 되기 때문입니다.

Chapter 17

이방 사람은 아무도 먹지 못한다

유월절 규례는 이러하다. 이방 사람은 아무도 유월절 제물을 먹지 못한다. (출애굽기 12:43)

교회가 성장하기 시작하고 주님에 대한 우리의 이해가 증가하게 되면 될수록 교회의 수용성은 증가합니다. 그러나 그렇다고 해서 교회가 모든 것들을 조건없이 받아들여서는 안 됩니다. 교회의 역사는 교회에 하나님의 진리가 회복될 때마다 다수의 사람들에게 의해 이 진리가 희석되고 짓밟아 없어질 뻔 하였던 일들이 일어났었음을 우리에게 잘 가르쳐주고 있습니다. 만일 우리가 수호하고자 하는 진리의 옳고 그름의 여부를 이 진리에 동조하는 사람들의 숫자로 가늠하고자 한다면, 그 진리들은 부패하여 교회를 오염시키고 말

것입니다. 우리는 사람들이 우리에 대해 좋게 말해주는 것에 신경을 쓰지 말아야 합니다. 과거에 이스라엘 사람들은 거짓 선지자를 환영하다가 하나님의 심판을 받았습니다(누가복음 6:26). 하나님이 인정해 주시면 다 됩니다. "사람을 두려워하면 올무에 걸리지만, 주님을 의지하면 안전합니다."(잠언 29:25)

문 (door) 의 역할은 두 가지입니다. 하나는 사람들을 안으로 들어오도록 하는 역할이고, 다른 하나는 외부의 사람들이 들어오지 못하도록 하는 역할입니다. 예수님은 교회의 문입니다. 교회의 지체로 인정되지 않아야 할 사람을 교회의 지체로 인정하면 교회가 무너지고 아직 예수를 영접하지 않는 사람들에게 피해가 가해질 수 있습니다. 이 말은 불신자는 교회의 예배에 참석하면 안 된다는 말이 아닙니다. 그러나 분명히 말하건대 불신자는 교회의 지체가 될 수는 없습니다. 그들이 예수를 믿음으로 교회의 머리되신 예수에게 붙어있지 않고서는 절대로 교회의 몸의 일부가 될 수 없습니다.

헛된 예배

교회의 건물을 새로 짓거나 교회에 가정생활센터를 세우거나 프로젝트와 프로그램들을 시작하면, 그렇게 하지 않는 것보다 많은 사람들이 교회에 나옵니다. 그러나 그렇게 해서 교회에 나오는 사람들이 평생 동안 예수가 누구인지는 모르고 살 수가 있습니다. 우리는 교회에 나오는 사람들이 역동성이 넘치는 교제를 서로 하게 하면, 그들이 결국은 그리스도를 알게 될 것이라고 생각하고 있습니다. 그러나 그런 생각은 잘못된 생각입니다. 중생하는 경험을 하지 못한 사람들을 교회의 멤버로 인정해주면, 이로 인해 진정으로 예수를 영접하는 사람들의 예수 영접을 방해하는 결과를 초래하게 됩니다. 왜냐하면 성령이 주시는 확신으로 인해 중생을 경험하게 되는 것이 약화되고 그저 편안히 교회의 순서들에만 참석하면 자연적으로 기독교인이 되는 것이라는 오해를 불신자들로 하여금 불러일으키기 때문입니다.

하나님께서는 아담을 창조하고 나서, 사람이 혼자 있는 것이 좋지 않다는 말씀을 하셨습니다. 하나님은 인간을 서로서로 교제해야 행복을 느끼게 되는 사회적인 존재로 만드셨습니다. 교회는 인간 사회에 존재하는 모임들 중에서 가장 역동성이 강한 모임이 되어야 합니다. 그러나 우리는 교인들이 주님을 알게 되는 것을 갈망하는 것보다 교회 모임에 참석하는 것을 더 갈망하게 되는 것을 조심해야 합니다. 사람들은 진리에 대해 얼마든지 이야기할 수 있고 때론 바른 행동도 할 수 있습니다. 그리고 예수에 대한 바른 교리도 갖고 있을 수가 있습니다. 그러나 그런 사람들이라고 해서 반드시 예수 그리스도를 영접한 사람들이라고 말할 수는 없습니다. 매우 영적이면서도 예수는 모를 수가 얼마든지 있습니다. 그러기에 주님께서는 이렇게 말씀하셨습니다.

그 날에 많은 사람이 나에게 말하기를 "주님, 주님, 우리가 주님의 이름으로 예언을 하고, 주님의 이름으로 귀신을 내쫓고, 또 주님의 이름으로 많은 기적을 행하지 않았습니까?" 할 것이다.

그 때에 내가 그들에게 밝히 말할 것이다 "나는 너희를 도무지 알지 못한다. 불법을 행하는 자들아, 나에게서 물러가라." (마태복음 7:22-23)

"언제나 내 안에 머물러 있어라. 그러면 나도 너희 안에 머물러 있겠다. 열매를 맺을 수 없는 것과 같이, 너희도 내 안에 머물러 있지 않으면, 열매를 맺을 수 없다." (요한복음 15:4)라고 주님은 말씀하셨습니다. 예수님만을 통하여 교회의 지체가 될 수 있으며, 그렇게 될 때에만 지체에게 바른 생명과 능력이 공급됩니다. 교회는 우리를 머리 되시는 주님과 연결시켜 주지 못합니다. 우리가 머리 되신 주님에게 연결되면 그것이 바로 교회입니다. 우리는 머리 되신 주님을 알지 않고서도 교회의 지체가 될 수 있는 쉬운 방법들을 구상하고 이를 적용해 보려는 실책을 범하고 있습니다. 사도 바울은 오직 십자가에 달린 그리스도만을 전하였음을 기억하십시오. 사도 바울이 그리스도만 전한 것은, 그리스도 이외의 것을 전하면 거짓 신도만을 양산한다는 사실을 가슴깊이 인식하고 있었기 때문입니다. 사도 바울은 복음을 전할 때, 그 어떤 인간들이 만든 심리학이나 방법론을 쓰지 않았습니다. 그는 단지 복음 그 자체만을 증거하였습니다. 왜냐하면 복음만이 유일하고도 가장 강력한 것임을 그는 너무도 잘 알았기 때문입니다.

올바로 분별받는 것을 피하는 교회는 크나큰 위험에 처하게 됩니다. 교회가 예수님의 문을 통과하지 않은 사람을 지체로 받아들여서는 안 됩니다. 기본적인 것이 분명하지 않은데 그 사람이 영적이라는 이유만으로 그 사람에게 점수를 주어서는 안 됩니다. 주님의 속죄의 죽음을 개인적인 사건으로 받아들여서 주님을 영접하였는지에 대해 확실히 하는 교회가 바른 교회입니다. 교회가 교회의 문이신 예수님에 대한 진정한 이해 없이 단지 교리에만 집착하는 교회는 예수님의 몸에서 떨어져 나가 결국은 이단으로 전락하게 됩니다.

하나님이 계시는 곳

모세의 성막은 주 예수님도 상징하지만 교회도 상징합니다. 성막에 하나님이 계시듯이 교회 안에 하나님이 계십니다. 구약시대에 모세의 성막에 가까이 접근 할 수 있는 사람일수록 자신을 더 성결하게 하였습니다. 우리에게도 이러한 법칙은 통합니다. 히브리 기자는 그리스도인들에게, "모든 사람과 더불어 화평하게 지내고 거룩하게 살기를 힘쓰십시오. 거룩해지지 않고서는 아무도 주님을 뵙지 못할 것입니다."(히브리서 12:14)라고 경고하였습니다.

모세의 성막은 거룩합니다. 그래서 성결하지 못한 사람 (unsanctified man)은 성소에 들어갈 수도 없었고, 성소 안에 있는 기물들을 볼 수도 없었습니다. 이 규칙을 무시한 사람은 죽어야만 하였습니다(민수기 4:20). 이와 마찬가지로 우리가 가장 거룩한 것들을 보기 위해서 우리는 정결해야만 합니다. 어두움 속에 살던 사람이 갑자기 강한 빛을 보게 되면 잘 보이지 않게 되고, 심하면 눈이 멀게 됩니다. 그러므로 우리는 불신자나 초신자에게 진리를 말해줄 때 너무 깊은 진리를 말해주는 것을 극히 조심해야 합니다. 고기를 아기에게 주면 소화하지 못하고 그 고기로 인해 아기의 숨구멍이 막힐 수가 있습니다.

아카시아 나무 (조각목)는 잘 휘고 마디가 많이 있습니다. 그래서 아카시아 나무는 작업하기 힘든 나무로 잘 알려져 있습니다. 성경에서 아카시아 나무는 자주 인간의 타락한 본성을 상징합니다. 모세 장막의 바깥뜰에 있는 기구들은 자연산 아카시아 나무들로 만들어졌고 그 나무들은 장막의 바깥뜰에서 자연의 햇빛을 받았습니다. 이런 사실은 성막의 바깥뜰에 머무르는 사람은 자신의 죄된 속성이 자연의 빛에 의해 그대로 들어나게 된다는 것을 상징합니다.

그러나 한 걸음 더 나아가 성소라고 불리는 성막 안으로 들어가게 되면, 거기에도 아카시아 나무로 만든 기구들이 있었습니다만, 성소에 있는 아카시아 나무로 만든 기구들은 변하지 않는 정금으로 된 금박으로 입혀졌습니다. 정금은 하나님의 속성을 잘 나타내줍니다. 성소에 있는 유일한 빛은 등잔에 올리브 기름(감람유)을 부어 그 기름을 태움으로 나오는 빛입니다. 이 올리브 기름은 성령의 기름 부음을 상징합니다.

고로 성소 안에는 자연적인 빛이 없습니다. 그 어떤 인간도 자신의 자연적 본성을 갖고 성소 안으로 들어갈 수는 없습니다. 성소에 들어간 사람은 오직 성령에만 의지해야 합니다. 지성소는 성막의 가장 안쪽 부분으로서 하나님이 계신 곳입니다. 속죄소는 안쪽 면과 바깥 면 모두가 금으로 입혀졌습니다. 지성소에 있는 빛은 오직 하나님으로 나오는 빛뿐입니다. 성막 뜰에서 성소를 거쳐 하나님이 계신 지성소로 더 가까이 나아 갈수록 금의 요소는 더욱더 증가합니다. 이것은 하나님에게로 더 가까이 나아갈수록 자연적인 존재에서 하나님의 영광을 더 많이 갖게 되는 존재로 점점 변해가는 것을 상징합니다(고린도후서 3:8). 우리의 발걸음이 하나님의 임재가 있는 곳으로 가까이 나아갈수록 성령의 기름 부음으로 인해 우리는, 태양 빛을 의지하지 않고, 점점 더 하나님의 영광의 빛만 의지하게 됩니다.

"우리 하나님은 태워 없애시는 불이십니다."(히브리서 12:29) 아카시아 나무가 금박지로 쌓여지지 않는다면 그 나무는 하나님의 영광의 불로 인해 타서 없어지고 말 것입니다. 우리가 주님을 원한다면 반드시 먼저 우리 자신이 거룩해져야 합니다. 거룩해지지 않은 상태에서 주님을 보게 되면 우리는 소멸하고 맙니다(히브리서 12:14).

불행하게도 거듭난 많은 사람들이 하나님 아버지를, 화가 나서 우리를 죽이시길 원하시는 구약의 하나님쯤으로 인식하고 있습니다. 이것은 잘못된 인식입니다. 하나님은 자신의 아들을 죽이면서까지 우리를 사랑하신 사랑의 아버지이십니다. 하나님은 우리를 너무도 사랑하시기에 우리와 교제하고 싶어 하십니다. 그분은 우리가 그분에게 가까이 나가 자신과 그분과 친밀한 교제를 할 수 있도록 하기 위해 자신의 아들을 이 땅에 보내어 고난 받게 하시고 죽게 하셨습니다. 하나님은 거룩하신 분이십니다. 그래서 하나님은 거룩하지 못한 것은 태워 없애시는 불이기도 하십니다. 그러므로 그런 하나님을 보려면 우리가 거룩해져야 합니다. 만일 우리가 아직도 나무요 풀이요 잘려버린 나무 밑둥이라면 우리는 그분의 임재를 만나면 타서 없어지고 맙니다. 그러나 우리가 아무리 타서 없어지는 존재라고 하더라도 우리가 예수님 속에 거하면 우리는 그분의 성품으로 금박이 입혀지게 됩니다. 그래서 우리는 맘 놓고 하나님 아버지 곁으로 가까이 가도 괜찮게 됩니다. 주님께서 십자가에서 돌아가시는 순간 성소와 지성소를 갈라놓고 있던 성전 휘장이 둘로 찢어졌습니다. 그 전에는 휘장이 인간과 하나님 사이를 갈라놓고 있었습니다. 우리가 예수님과 함께 십자가에 못 박혀 죽을 때 그분의 피가 우리를, 금박이 아카시아 나무를 싸듯이, 싸게 됩니다. 그 결과 우리는 하나님에게 담대히 나갈 수 있습니다. 하나님은 우리가 담대히 하나님 앞으로 나오기를 간절히 바라십니다.

성막 바깥뜰에서 이루어지는 사역은 사람들을 위한 사역입니다. 성소와 지성소에서 이루어지는 사역은 주님을 위한 사역입니다. 주님을 위해 사역할 때 우리는 변화합니다. 나의 삶 속에서 주님을 향한 사역이 먼저 이루어지지 않고서는 절대로 바깥뜰에서의 사역이 그 효력을 발휘할 수가 없습니다. 우리는 주님의 빛을 받아야 합니다. 그러나 우리는 정결해지기 않은 사람을 주님의 빛이 있는 곳으로 데려가서는 안 됩니다. 그 어떤 이방인도 주님의 유월절에 참예할 수 없습니다. 주님의 몸을 올바로 분별하지 못한 사람은 그 어떤 사람도 주님의 떡과 포도주에 참예해서는 안 됩니다.

세 수준의 사역

성막이 세 부분으로 나뉘어져 있듯이 주님의 사역도 세 가지 수준으로 나누어집니다. 첫째 수준의 사역은 성막 바깥뜰과 같은 사역으로 다수의 대중을 향한 사역입니다. 둘째 수준의 사역은 성소의 사역으로 열두 제자들을 향한 사역입니다. 세 번째 수준의 사역은 세 명의 예수님의 수제자를 위한 지성소의 사역이었습니다. 주님께서는 대중에게는 비유를 사용하여 말씀하셨고 기본적인 것들만 가르치셨습니다(성막 바깥뜰 사역에 해당). 열두 제자들에게는 신비한 것들에 대해 말씀하셨습니다. 그리고 예수님의 열두 제자들은 기름 부음을 경험했습니다(성소 사역에 해당). 예수님의 세 명의 수제자들은 변화산에서 주님이 영광스런 모습으로 변화하는 것을 경험하였습니다(지성소 사역에 해당). 복음 전파의 성향이 강한 목사들은 교회의 사역의 중심점을 성막 바깥뜰에 두고 있습니다. 이에 반해 가르치는 것을 잘하기에 교사적인 성향이 강한 목사님은 성소 사역에 중점을 둡니다. 그리고 마지막으로 예언자들에 의해 인도함을 잘 받아나가는 목사들은 지성소에 거하는 것을 사모하는 사역에 중점으로 둡니다. 그러나 예수님은 세 수준의 사역을 모두 골고루 균형있게 하셨습니다. 건강한 교회는 세 수준의 사역들이 다 존재하고 있고, 이 세 수준의 사역들이 적절한 균형을 이루고 있는 교회입니다.

모든 교회와 모든 교회의 사역들은 잃어버린 영혼들을 구원하는데 중점을 둘 뿐 아니라 또한 자체 내의 지체들이 성숙해 가는 데에 중점을 두어야 합니다. 만일 교회들이 균형 맞춘 사역을 하지 않는다면 사역이 잘못되어 나가게 됩니다. 교회에 새로 예수 믿는 사람들이 들어오지 않는다면 교회는 정체됩니다. 이와 아울러, 인간의 욕구와 압박에 초연하여 오직 주님의 영광을 사모하여 주님만을 경배하고 예배하는 데에 헌신하는 모임들이 교회에 없다면, 그런 교회는 겉으로만 교회일 뿐입니다. 교회는 모름지기 기름 부음과 능력이 나타나야 합니다.

교회의 지도자는 교회에 이 세 수준의 사역들이 잘 균형을 이루고 있는지를 분별하여 낼 수 있어야 하고, 그 세 수준에 해당하는 사람들이 잘 성숙해가고 있는지를 알고 더 성숙한 수준으로 갈 수 있도록 해주어야합니다. 그러나 수준이 다르다고 해서 교인들을 차별대우하면 절대적으로 안 됩니다. 세 수준으로 나눈 이유는 더 높은 수준의 사람으로 성숙하도록 하기 위함입니다. 이 세 사역들이 적절히 제 나름대로의 기능을 발휘한다면 각 지체들은 더 성숙하여 자연적으로 그 다음의 수준으로 올라갈 것입니다. 그래서 점점 더 높은 경험을 하게되고 주님과의 더 친밀한 교제로 들어가게 될 것입니다. 그러므로 교회 내의 사역자들은 자신이 담당한 사람들이 하나님을 더 효과적으로 섬기도록 더 성숙한 자가 될 수 있도록 해주는 데 중점을 두어야 합니다. 그러나 교회가 지체들의 성숙도가 다르다고 해서 지체들을 차별해서는 안 됩니다.

어떤 사람들은 이렇게 세 수준으로 성도들을 나누는 것을 악용하여 자신이 다른 사람들 보다 높은 수준에 있다고 사람들을 얕보기도 합니다. 그러나 그러면 교회가 절대로 세워지지 않습니다. 베드로는 사도 바울의 가르침 중에는 이해하기가 쉽지 않은 가르침도 있다고 말하면서 사도 바울 가르침을 제대로 이해하지 못하는 사람들이 그의 가르침을 억지로 해석하여 교회를 어지럽게 한다고 지적하였습니다(베드로후서 3:15-16). 자만심이 남아있는 사람들은 성경을 해석할 때 자신의 욕망을 채우는 쪽으로 해석합니다. 참으로 겸손한 사람이란 다른 사람들과 하나님에게 이롭게 하는 쪽으로 결정을 해나가는 사람입니다.

자신이 얼마나 열등한지를 잘 표현하는 것은 겸손이 아닙니다. 겸손은 하나님의 위대하심을 진정으로 아는 것입니다. 사도 바울이 지적하였듯이 남과 자기를 비교하고 스스로를 높게 생각하는 사람은 이해가 부족한 사람들입니다(고린도후서 10:12). 하나님은 남을 섬기라고 우리에게 권위와 지위를 주십니다. 자신을 남들보다 더 훌륭한 사도라고 스스로를 높이는 사람보다 겸손하고 신실하게 사람들을 섬기고 도와주는 사람을 하나님이 더 좋게 생각하십니다.

가라지가 있는 이유

교회라는 밀밭에 가라지도 끼여 있습니다. 사도 바울이 임명한 장로들 중에는 이리처럼 활동하는 사람들이 있었습니다(사도행전 20:29-30). 예수님이 선택하신 열두 제자들 중에도 유다와 같은 사람이 있었습니다. 이런 사람들은 교회에 큰 해를 끼치는 사람들입니다. 그러나 크게 보면 이런 사람들도 결국은 하나님의 목적을 이루기 위해 사용될 뿐입니다. 모든 일들은 서로 합력하여 하나님의 선하신 목적을 이룹니다. 이런 사람들이 있음으로 인하여, 우리는 영이신 하나님께 더욱더 의존하게 되고, 육과 피를 가진 사람들은 덜 의지하게 됩니다. 그러나 그렇다고 해서 가라지 같고 이리 같은 역할을 하는 반역자와 거짓 형제들에게 교회의 직분을 줄 수는 없습니다. 그러나 이런 사람들도 결국은 하나님의 선하신 목적이 이루어지는데 도움을 줍니다.

1960년대와 70년대의 교회들은 순종을 모토로 내걸었습니다. 순종은 하나님으로부터 나온 단어입니다. 하나님께서는 우리가 하나님께 불순종함으로 엄청난 아픔을 경험한다는 사실을 알았기에 우리에게 순종하라고 말씀하셨습니다. 그러나 언제부터인가 교회가 순종을 교리로 내세우고 순종을 지나치게 강조하기 시작하였습니다. 그 결과 교인들로 하여금 순종의 결과로 생기는 열매에 주목하기보다 순종이라는 교리에 더 주목하게 하는 잘못을 범하고 말았습니다. 그 결과 순종의 교리를 받아들인다는 이유로 교만하고 순종하지 못하는 사람들이 교회에 들어와 교회를 장악하게 되었습니다. 그 반대로 순종의 교리를 인정하지 않는다는 이유만으로 겸손하고 순종적인 사람들이 교회에서 도태되는 일들이 빈번하게 일어났습니다. 이것은 교리에만 집착하는 교회의 속 좁은 태도가 얼마나 교회를 약화시키는지를 말해주는 좋은 예입니다.

최근에 교회는 '겸손'을 강조하기 시작하고 있습니다. 이렇게 되는 것은 참으로 시기적절하고 좋은 일입니다. 그러나 우리는 순종을 강조함으로 교회가 저질렀던 잘못을 거울삼아 이번에는 절대로 동일한 실수를 범하지 말아야 합니다. 주님께서는 교만한 사람은 물리치시고 겸손한 사람에게는 은혜를 더 베풀어주십니다. 그러나 거만한 사람을 물리치고 겸손한 사람을 받아들이는 것은 우리가 해야 할 일이 아니라 하나님이 하셔야 할 일입니다. 우리는 사람들을 성령을 따라 판단해야지 육을 따라 판단하면 안 됩니다. 오직 성령 하나님만이 정확하게 판단하실 수 있습니다. 외모만 보고 판단하면 항상 속습니다. 사울 왕은 겉으론 겸손하게 보였던 사람입니다. 사울 자신도 사람들이 자신을 큰 사람인 것으로 보아주었을 때, 꽤나 겸손하게 보일만한 말과 행동을 했었습니다. 그 반면 다윗은 교만하고 거만하게 보였습니다. 가령 그 한 예로 그는 이스라엘 군대들을 겁쟁이라고 말하였으며 다윗은 사울 왕이 자신의 갑옷을 벗어주자 자기에게는 별로 좋은 갑옷이 아니라고까지 말했습니다. 우리 인간들의 경향은 남들보다 장대하게 보이는 사람을 첫째라고 생각하는 경향이 있습니다. 우리는 이 육적인 경향을 뛰어넘어 사람들을 볼 줄 알아야 합니다.

우리가 가라지라고 판단했던 사람이 가라지가 아닌 것으로 판명날 수가 있습니다. 이 반대의 경우도 일어날 수 있습니다. 그러기에 주님께서는 밭에서 가라지와 알곡이 같이 자라나도록 내버려두라고 말씀하셨습니다. 추수 때가 되기 전까지 알곡과 가라지의 겉 보습은 너무도 닮아있어서 서로를 구별해 내기가 여간 어려운 것이 아닙니다. 때로는 가라지와 알곡 모두가 교만하게 행동하기도 하고, 둘 다 성경을 잘못 가르치기도 하며 또한 둘 다 죄를 짓기도 합니다. 그러나 성숙해지면 구별이 명백해집니다. 추수할 때가 되면 알곡은 머리를 숙이지만 가라지는 꼿꼿이 서 있습니다. 알곡은 크면 겸손하지만 가라지는 커서도 계속 교만합니다.

우리는 또한 하나님의 은혜와 그분의 심판, 둘 다를 잊어서는 안 됩니다. 어떤 가라지는 회개하여 알곡이 되기도 합니다. 어떤 알곡은 실족하여 교회에 거치는 방해물이 되기도 합니다. 그 어떤 이방인도 유월절에 참여하지 못하게 해야 합니다. 그러나 우리는 이방인은 유월절 음식을 먹지 못하게 하라는 하나님의 명령을 어떻게 적용할지에 대해서는 지혜로워야 합니다. 한 가지 분명한 사실은 예수라는 문을 통과하지 않은 사람은 교회의 지체가 될 수 없습니다. 여기에서 지나치게 되면 실수하게 됩니다.

만일 우리가 진실로 빛 되신 주님 안에서만 거하길 원한다면 우리는 양극단주의자들이 펼치는 진리들에 관한 논쟁에 끼어들어서는 안 됩니다. 양극단세력들이 서로 논쟁 중인 파라독스한 진리는 진리대로 두어야지 그 진리를 원칙화하거나 교리화해서 결론을 맺으려고 해서는 안 됩니다. 성경에서 해석하기 힘든 진리를 이론화하려는 시도는 지식 나무의 열매를 따 먹으려는 시도와 같습니다. 성경에 파라독스가 있는 것은 우리들로 하여금 하나님의 마음과 지혜에만 의지하도록 하기 위함입니다. 그렇게 할 때 우리는 원리와 율법에 인도되는 삶이 아니라 성령에 인도되는 삶을 살 수가 있게 됩니다. 공식화하려는 태도를 버립시다. 양 극단들은 진리를 있는 그대로 놔두어 보십시다. 그럴 때에 우리는 생명나무의 열매를 먹게 됩니다. 기독교는 규칙들을 모아 놓은 것이 아닙니다. 기독교는 하나님과 함께 사는 것입니다.

이 왕들의 시대에
하늘의 하나님이 한 나라를 세우실 터인데,
그 나라는 영원히 망하지 않을 것입니다.
그 나라가 도리어 다른 모든 나라를 쳐서 멸망시키고,
영원히 설 것입니다.

(다니엘 2:44)

There_
Were_
Two_
Trees_
In_The_
Garden_

Chapter 18

승리

애굽의 태도

이스라엘 자손은 모세의 말대로 이집트 사람에게 은붙이와 금붙이와 의복을 요구하였고,
주님께서는 이스라엘 백성이 이집트 사람에게 환심을 사도록 하셨으므로, 이집트 사람들은 이스라엘 자손의 요구대로 다 내어 주었다. 이렇게 하여서, 그들은 이집트 사람들에게서 물건을 빼앗아 가지고 떠나갔다.

(출애굽기 12:35-36)

애굽에서 종살이한 지 400년이 지나자 이스라엘 백성들은 유월절을 처음으로 지내기 시작하였습니다. 그

들이 유월절에 참예하자 그들은 그들이 상상할 수 없을 정도로 부요해 졌습니다. 우리도 유월절의 주체이신 예수님에게 참예하면 이 세상 모든 것을 다 가지신 부자 하나님의 아들이 됩니다. 우리가 그리스도 안에 있게 됨으로 얻는 영적인 부는 세상에 있는 부에 비교하면 아무것도 아닙니다. 이와 관련하여 성경은, "눈으로 보지 못하고 귀로 듣지 못하고 사람의 마음에 떠오르지 않은 것들을 하나님께서는 자기를 사랑하는 사람들에게 마련해 주셨다."(고린도전서 2:9)고 말하고 있습니다. 그리스도인이 됨으로 우리는 우리가 상상할 수 있는 것보다 더 많은 것을 가진 부자가 되었습니다.

이스라엘 백성들이 애굽을 떠날 때, 애굽 사람들이 준 많은 귀중품들을 갖고 떠났습니다. 그러나 광야에서는 시장이 없기 때문에 귀중품들이 별 소용이 없었습니다. 하나님은 그들을 광야로 인도하여 그들의 수중에 있는 백 원조차도 전혀 쓸모없게 만드셨습니다. 광야에서 그들은 귀한 일에 그들이 소유하고 있는 귀중품을 사용하였습니다. 즉 그들은 하나님이 거하시는 처소인 성막을 세우는 데에 그들이 가지고 있던 부를 사용하였습니다.

오늘날 교회들은 그리스도 안에서 우리가 갖게 된 부요함에 대해 예전보다 더 많이 가르치고 있습니다. 이러한 가르침은 시기적절한 가르침입니다. 지난 수 세기 동안에 교회는 하나님이 주신 귀한 유산들을 마귀에게 강탈당해 왔습니다. 그러나 불행하게도 어떤 교회들은 하나님이 주신 귀한 유산들에 대해 가르칠 때, 영원한 유산보다는 물질적인 소유에 더 강조점을 둡니다. 풀려난 노예가 다음날 눈을 뜨면 왕이 되어있을 것이라고 생각하는 것은 헛된 망상일 뿐입니다. 우리는 분명 애굽을 떠났지만 우리 속에는 아직도 애굽적인 생각이 남아 있습니다. 그러나 그럼에도 불구하고 오늘날의 교회에 물질 축복관을 거절하고, 부요 자체이신 그리스도에게만 집중하여 살고자 하는 그리스도인들이 점점 많이 생기고 있다는 사실은 우리에게 많은 용기를 부어줍니다.

> 우리 주 예수 그리스도의 하나님 아버지께 찬양을 드립니다. 하나님께서는 그리스도 안에서 하늘에 속한 온갖 영적인 복을 우리에게 주셨습니다. (에베소서 1:3)

그리스도 안에서 받아 누리는 영적인 축복들을 경험하기 시작하면 더 이상 물질적인 축복에 매어달리지 않게 됩니다. 만일 어떤 사람이 전 인류가 충분히 사용하고도 남을 만큼의 어마어마한 양이 매장되어 있는 금맥을 발견하였다면, 그 사람은 더 이상 금맥 주위에 뿌려진 조그만 금가루들에 신경을 쓰지 않게 됩니다. '예수 그리스도' 라는 어마어마한 금맥이 우리의 것이 되었습니다. 그런데 우리는 왜 아직도 잠시 잠깐이면 없어질 것들에 연연해합니까? 그것은 아마도 있는 그대로의 그분을 아직도 보지 못했기 때문일 것입니다. 아마도 우리는 그분에 대해 아주 조금만을 알고 있기 때문일 것입니다.

믿음의 장이라고 불리는 히브리서 11장에는 훌륭한 선재 신앙인들의 믿음에 관한 이야기들이 기록되어 있습니다. 하나님은 그들의 믿음에 대해 신실하게 응답해 주셨습니다. 오늘날도 아름다운 믿음을 가진 사람들의 이야기들이 우리의 마음을 감동시키고 있습니다. 그러나 우리를 감동시킨 믿음의 사람들 중에, 히브리서 11장에 기록될 만큼의 믿음을 가쳤던 사람은 별로 없습니다.

여자들은 죽었다가 부활한 가족을 다시 만났습니다. 또 어떤 이들은 고문을 당하면서도 더 좋은 부활의 삶을 얻고자 하여, 구태여 놓여나기를 바라지 않았습니다.

또 어떤 이들은 조롱을 받기도 하고, 채찍으로 맞기도 하고, 심지어는 결박을 당하기도 하고, 감옥에 갇히기까지 하면서 시련을 겪었습니다.

또 그들은 돌로 맞기도 하고 톱으로 켜이기도 하고 칼에 맞아 죽기도 하였습니다. 그들은 궁핍을 당하며, 고난을 겪으며, 학대를 받으면서, 양과 염소의 가죽을 입고 떠돌았습니다.

세상은 이런 사람들을 받아들일 만한 곳이 못 되었습니다. 그래서 그들은 광야와 산과 동굴과 땅굴을 헤매며 다녔습니다.

이 사람들은 모든 믿음으로 말미암아 좋은 증언을 받았지만, 약속된 것을 받지는 못하였습니다.

하나님께서 우리를 위하여 더 좋은 계획을 미리 세워 두셨기 때문에, 그들은 우리가 없이는 완성에 이르지 못할 것입니다. (히브리서 11:36-40)

더 좋은 부활을 고대했던 사람들은 화형의 핍박과 사자의 핍박도 견디어 내었습니다. 그들은 자신의 목숨을 구차하게 구걸하지 않고 죽음을 택했습니다. 그들은 왕궁에서 살지 않았습니다. 어떤 사람들은 땅굴에서 살고 동굴에서도 살았습니다. 주님께서는 자기의 머리 둘 곳도 없이 살으셨습니다(마태복음 8:20). 일단 그리스도의 부요함을 체험하게 되면 우리는 어디서 살게 되건 관계하지 않습니다. 주님이 계신 곳이라면 지하 동굴도 왕궁보다 좋습니다. 우리가 그리스도 안에만 거한다면 왕궁에서 살든지 동굴에서 살든지 전혀 문제가 되지 않습니다. 어떤 사람들은 궁핍하게 사는 것이 더 영적이라고 말하고, 어떤 사람들은 풍요하게 사는 것이 하나님이 같이 하신다는 증거를 보여주는 삶이라고 말합니다. 그러나 둘 다 틀린 말입니다. 부하고 가난하고가 문제가 아니라, 하나님께서 부르신 환경과 장소에서 살지 않는 것이 문제입니다. 우리가 신경 써야 할 것은 재물의 많고 적음이 아니라 그분에게만 집중하고 그분에게만 헌신하는 것입니다.

가인은 땅만 바라보고 사는 사람들의 조상입니다. 그는 땅을 경작하는 사람이었습니다. 육적인 사람들은 항상 세상에서 살면서 자기의 이득만 생각합니다. 그들은 아무리 영적인 것처럼 가장할지라도 속은 세상을 향해 있습니다. 하나님의 나라는 이 세상 나라에 속해 있지 않았습니다. 이와 마찬가지로 하나님 나라의 백성은 이 세상에 속해 있지 않았습니다. 하나님 나라를 사모하는 사람은 이 세상에서 이방인이요 임시 체류자일 뿐입니다. 그들은 이 세상에다 영원한 도시를 세우지 않습니다. 그들은 하나님이 세우시는 영원한 도시를 바라는 사람들입니다.

　이 세상을 잠시 머물러가는 곳으로 생각하는 신앙은 돈으로는 살 수 없는 귀한 신앙입니다. 그러한 이기적인 목적으로 신앙을 가지려는 것은 영적인 황폐함을 낳을 뿐입니다. "하나님의 모든 약속은 그리스도 안에서 '예'가 됩니다. 그러므로 그리스도로 말미암아 우리는 '아멘' 하면서 하나님께 영광을 돌리는 것입니다."(고린도후서 1:20) 하나님의 약속은 부정적인 약속이 아니라 긍정적인 약속입니다. 이것에 대한 바른 이해를 하지 못하면 세상적이며 영적이지 못한 사람들입니다. 그런 사람들의 일부는 수도원과 같이 폐쇄적인 곳에 들어가서 삽니다. (이 말은 수도원과 같은 곳에 있는 모든 사람들이 다 그렇다는 말은 아닙니다.) 진정으로 영적인 사람들이란 영적인 것에 사로잡혀 세상의 것들에 대해서는 신경을 쓸 시간이 없거나, 있다고 해도 흥미를 느끼지 못하는 사람들입니다. 우리가 일단 그리스도 안에 있는 영적인 부요함을 맛보게 되면 절대로 세상으로 다시 돌아가지 않습니다. 이것은 마치 이미 백만장자가 된 사람이 최저 임금을 벌기 위해 길거리 청소부로 되돌아가지 않는 것과 마찬가지입니다. 아직도 세상 것에 대한 집착을 버리지 못하는 사람은 하나님의 아버지의 사랑을 듬뿍 받아보지 못한 사람입니다(요한일서 2:15). 사도 바울은 이렇게 말했습니다.

　여러분이 그리스도와 함께 죽고, 세상의 유치한 원리에서 떠났는데, 어찌하여 아직도 이 세상에 속하여 사는 것과 같이 규정에 얽매여 있습니까?

"붙잡지도 말아라, 맛보지도 말아라, 만지지도 말아라" 하니 웬 말입니까?

이런 것들은 다 한때에 쓰다가 없어지는 것으로서 사람의 규정과 교훈을 따른 것입니다.

이런 것들은 꾸며낸 경건과 겸손과 몸을 학대하는 데는 지혜를 나타내 보이지만, 육체의 욕망을 억제하는 데는 아무런 유익이 없습니다.

(골로새서 2:20-23)

진정한 영성이란 단지 세상 것을 싫어하고 세상에 대해서는 아무 흥미를 느끼지 못하고 사는 것이 아닙니다. 진정한 영성은 성령님에 관련된 것들을 불타는 사랑으로 사랑하고 하나님에 대해 지극한 관심을 표명하는 것입니다. 이렇게 되는 방법은 단 하나입니다. 그것은 육의 눈으로 세상을 보는 것보다 영의 눈으로 영적인 것을 봄으로 인해, 세상적인 것보다 영적인 것이 더 실제라는 사실을 깨닫는 것입니다. 그 결과 영적인 것에 우리의 모든 신경이 가있는 것입니다.

곡식단 흔들기

하나님께서는 제사장으로 하여금 유월절 축제의 마지막에, 그 해에 수확한 첫 곡식 단을 하나님 앞에서 흔들 것을 명령하셨습니다(레위기 23:9-15). 이 유월절 축제는 추수 후 초봄, 첫 싹이 나올 때 행해지는 축제입니다. 유월절 안식일 다음날, 추수가 시작되었다는 것을 알리는 첫 수확의 곡식을 묶는 단을 사람들이 제사장에게 주면, 제사장은 그 단을 하나님 앞에서 흔들었습니다. 이러한 단을 흔드는 의식은 예수님께서 십자가에 돌아가신 그 다음 다음 날, 즉 예수님이 무덤을 부활하시던 날에도 행해졌습니다. 예수님은 부활의 첫 추수(첫 열매)를 상징합니다. 예수님은 우리 모두가 장차 한꺼번에 부활 할 것에 대한 예표로서 맨 처음 부활하셨습니다. 그분은 부활의 첫 번째 추수 단이 되셔서 하나님 앞에 흔들리셨습니다.

성경에서 흥미로운 사실을 하나 발견할 수 있습니다. 그것은 바로 중생하는 것이나 교회의 질서에 관한 성경의 기록들보다, 아브라함이 그의 가족들을 위하여 무덤을 선택하는 것에 관한 성경 기록들이 더 많다는 사실입니다. 이삭과 야곱은 아브라함이 마련한 가족 무덤에 안장되기를 고집하였습니다. 요셉은 죽을 때, 이스라엘의 자녀들에게 자기가 죽으면 자기의 뼈를 가지고 애굽을 떠나, 아브라함의 무덤에 자신의 뼈를 묻어달라고 요청하였습니다. 왜 이들은 그렇게 자기들의 조상 아브라함이 묻힌 곳에 묻히길 원했을까요? 그 궁금증은 다음의 마태복음 27장 50-53절을 통해 풀리게 됩니다.

　예수께서 다시 크게 소리 지르시고 영혼이 떠나시다.
　이에 성소 휘장이 위로부터 아래까지 찢어져 둘이 되고 땅이 진동하며 바위가 터지고

무덤들이 열리며 자던 성도의 몸이 많이 일어나되

예수의 부활 후에 저희가 무덤에서 나와서 거룩한 성에 들어가 많은 사람에게 보이니라.

아브라함이 가족들을 위해 마련한 무덤은 예루살렘 바로 바깥쪽에 위치하고 있었습니다. 아브라함은 예수님의 부활을 미리 본 선지자였습니다. 이에 관해서는 예수님께서는, "너희 조상 아브라함은 나의 때 볼 것을 즐거워하다가 보고 기뻐하였느니라."(요한복음 8:56)라고 말씀하셨습니다. 아브라함은 예수님의 부활하시는 것을 미리 보고 자신과 그의 가족들이 예수님의 부활에 참예하도록 하고 싶었습니다.

아브라함과 그의 자손들은 단지 그들이 어디에 묻혀야 하는지에 대해서만 관심이 있었던 것이 아닙니다. 그들은 자신들이 어디에 묻히느냐 보다는 언제 부활하느냐에 더 관심이 있었습니다. 미래에 대한 꿈을 가진 자들은 죽은 것보다 부활하는 것에 더 관심을 갖고 있습니다. 만일 우리가 그리스도와 함께 장사지낸바 되었다면 우리는 반드시 그와 함께 부활할 것입니다(로마서 6:5). 모든 그리스도인들은 매일 죽어야 합니다. 우리는 주님을 위하여 자신의 삶을 매 순간 내놓을 때, 앞으로 있을 부활을 준비하게 됩니다. 역사상 가장 위대한 비전의 사람들 중의 한 명인 사도 바울은 교회에 대해 다음과 같은 매우 중요한 말을 하였습니다.

하나님의 성령으로 봉사하며 그리스도 예수로 자랑하고 육체를 신뢰하지 아니하는 우리가 곧 할례당이라.

또한 모든 것을 해로 여김은 내 주 그리스도 예수를 아는 지식이 가장 고상함을 인함이라. 내가 그를 위하여 모든 것을 잃어버리고 배설물로 여김은 그리스도를 얻고

그 안에서 발견되려 함이니 내가 가진 의는 율법에서 난 것이 아니요 오직 그리스도를 믿음으로 말미암은 것이니 곧 믿음으로 하나님께로서 난 의라.

내가 그리스도와 그 부활의 권능과 그 고난에 참여함을 알려 하여 그의 죽으심을 본받아 어찌하든지 죽은 자 가운데서 부활에 이르려 하노니

내가 이미 얻었다 함도 아니요 온전히 이루었다 함도 아니라. 오직 내가 그리스도 예수께 잡힌 바 된 그것을 잡으려고 좇아가노라.

형제들아 나는 아직 내가 잡은 줄로 여기지 아니하고 오직 한 일 즉 뒤에 있는 것은 잊어버리고 앞에 있는 것을 잡으려고

푯대를 향하여 그리스도 예수 안에서 하나님이 위에서 부르신 부름의 상을 위하여 좇아가노라. (빌립보서 3:3, 8-14)

사도 바울은 예수를 안 이후로는 오직 한 가지 일에만 전념하였습니다. 우리도 그런 사도 바울을 본받아 오직 주님만을 보고 날려갑시다. 그렇게 된다면 우리의 전 존재는 영광으로 가득 차게 될 것입니다. 그 결과 우리는 예수님의 부활의 생명과 능력을 경험하게 될 것입니다.